KB220515

빌
립
보
서

빌립보서

강해와 묵상

■ 양창삼 지음

한국학술정보

머리말

평소 빌립보서를 좋아했다. 바울이 가장 힘든 시기에 정중함과 사랑의 마음을 담아 마케도니아에 있는 빌립보 교회에 보낸 편지이기 때문이다. 사랑의 편지다. 빌립보서를 읽을 때마다 바울의 그 마음을 읽는다. 그러니 어찌 아니 좋겠는가.

내가 강해서 '빌립보서'를 쓰게 된 것은 중국 연변과학기술대학 외방채플과 연관이 있다. 학기마다 한 주간 내게 새벽기도 시간을 인도하고 말씀을 묵상할 기회가 주어졌다. 그때 나는 부러 빌립보서를 택했다. 한 주간이 지나고 그 다음 학기에 또 한 주간이 할애되었다. 하지만 한 해가 지났어도 빌립보 1장을 끝내지 못했다. 한 절 한 절 접할 때마다 그만큼 더 깊은 묵상을 하고 싶었기 때문이다. 서울로 돌아와서도 빌립보서에 대한 묵상을 중단하지 않았다. 이렇게 해서 나온 것이 이 책이다. 그동안 빌립보서를 묵상하게 하시고, 이를 통해 그리스도인이 이 땅에서 어떻게 행동해야 하는가를 배우게 되어 감사하다. 이젠 그 가르침을 우리 삶에 실천해야 할 일만 남았다.

빌립보 교회는 바울이 유럽에 세운 첫 번째 교회다. 그러니 더 마음이 갈 수밖에 없다. 그 교회를 생각할 때마다 바울은 행복했다. 그 교회도 바울을 사랑했고, 그를 도왔다. 바울이 로마 감옥에 있는 지금 에바브로디도를 보내 그의 필요를 채웠다. 에바브로디도가 빌립보로 돌아가고자 했을 때 바울은 그 편에 편지를 보내 선물에 대해 감사하고, 교인들을 격려했다. 이것이 바로 빌립보서다.

　바울은 이 편지에서 그리스도 안에서의 기쁨과 행복이 어떠한 것인지 묘사했다. 바울은 지금 로마 감옥에 갇혀 재판을 기다리고 있다. 인간적으로 볼 때 기쁨과 행복을 논할 수 없음에도 불구하고 그 가운데서 기쁨하고 있다. 환경을 초월한 기쁨이다. 이것이 바로 주 안에서의 기쁨, 예수 그리스도 때문에 얻는 기쁨이다.

　바울은 빌립보서를 통해 무엇보다 예수 그리스도가 어떤 분이신가를 가르쳐 주고자 했다. '그는 근본 하나님의 본체시나 하나님과 동등 됨을 취할 것으로 여기지 아니하신 분'이고, '오히려 자기를 비워 종의 형체를 가지사 사람들과 같이 되셨고 사람의 모양으로 나타나사 자기를 낮추신 분'이시며, '죽기까지 복종하여 십자가에 죽으신 분'이시다. 바울은 예수 그리스도의 모범을 따라 서로 겸손한 마음으로 남을 돌보고, 말씀에 합당한 생활을 하도록 했다. 참 그리스도인이 되라는 말씀이다.

빌립보서의 키워드는 겸손, 자기희생, 하나 됨, 그리스도인의 삶, 그리고 기쁨이다. 빌립보서는 모두 4장으로 구성되어 있다. 1장에서 바울은 '살든지 죽든지 내 몸에서 그리스도가 존귀하게 되는' 마음을 보여주고 있다. 2장에서는 '그리스도 예수의 마음을 품고 두렵고 떨림으로 너희 구원을 이루라' 한다. 3장에서는 '육체를 신뢰하지 말고 오직 그리스도를 알고 본받으며 푯대를 향해 달려가라' 한다. 그리고 4장에서는 '주 안에서 하나 되고, 주 안에서 항상 기뻐하며, 관용하라' 한다. 빌립보서의 핵심에는 늘 예수 그리스도가 있다. 우리가 '그리스도 안에' 있을 때 기쁘고 행복할 수밖에 없음을 논증하고 있는 것이다.

이 땅에서 그리스도인으로 산다는 것은 결코 녹록치 않다. 그리스도인에 대한 시선도 곱지 않다. 이것은 그만큼 우리가 참 그리스도인다움을 보여주지 못했기 때문이다. 아무쪼록 빌립보서를 묵상함으로써 예수 그리스도를 다시 발견하고, 다시금 헌신의 자리로 나아가는 독자 되기를 기원한다.

양창삼

차 례

빌립보서 3장

빌립보서
1장

인사말(1-2절): 주의 은혜와 평강이 너희에게 있을지어다

1. 그리스도 예수의 종 바울과 디모데는 그리스도 예수 안에서 빌립보에 사는 모든 성도와 또한 감독들과 집사들에게 편지하노니
2. 하나님 우리 아버지와 주 예수 그리스도로부터 은혜와 평강이 너희에게 있을지어다

"그리스도 예수의 종 바울과 디모데는 그리스도 예수 안에서 빌립보에 사는 모든 성도와 또한 감독들과 집사들에게 편지하노니(1절)."

"그리스도 예수의 종 바울과 디모데는." 빌립보서 저자는 바울 (Paulos, Paul)이다. 그런데 바울은 '바울과 디모데(Timotheos, Timothy)는'이라 했다. 공동저자처럼 느껴지지만 저자는 바울이다. 1장 3절에서 일인칭 '나'를 사용했고, 2장 19절에서 "내가 디모데를"이라 말한 점으로 보아 바울이 저자임에 틀림없다. 편지를 쓸 당시 디모데는 바울과 함께 있었던 것으로 보인다. 앞으로 디모데를 빌립보 교회에 보낼 생각을 가진 그로썬 그를 언급하는 것이 아주 의미 있는 일이라 여겼을 수 있다. 바울은 빌립보에 보내는 이 서신에서 자

신뿐 아니라 디모데도 같은 마음으로 편지를 보내는 것으로 했다.

서신의 서두에서 바울은 '나 사도된 바울'이라는 말을 쓰지 않았다. 교인들이 그의 사도됨을 믿었기 때문에 쓸 필요가 없었을 것이다. 그 대신 자신들을 가리켜 '그리스도 예수의 종'이라 했다. 원문은 '종들(duloi)'이라 했다. 세상의 종이 아니라 그리스도 예수의 종들이라는 말이다. 종에겐 생명권과 소유권, 그리고 영광권이 없다. 그 모두 우리의 주인이신 주님의 것임을 선포하는 의미를 담고 있다. 우리의 생명도, 소유도, 영광도 다 주님의 것이라는 말이다. 그의 생에서 어쩌면 마지막이 될 감옥에서 이 단어를 사용한 것을 볼 때 실로 엄청난 선포다.

"그리스도 예수 안에서 빌립보(Philippi)에 사는 모든 성도와 또한 감독들과 집사들에게 편지하노니." 이 서신을 받을 대상이 누구인가를 확실히 하는 부분이다. 그는 이 서신이 빌립보 교회의 모든 성도와 감독들, 그리고 집사들을 대상으로 한 것임을 분명히 했다.

빌립보는 마케도니아에 있는 성으로 알렉산더 대왕의 아버지 빌립 2세(Philip II of Macedon)의 이름에서 따온 것이다. 로마가 페르시아를 정복하면서 이 도시도 로마의 식민지가 되었다. 그리스 북쪽에 위치해 있으며, 바울 당시에는 이 지역을 마케도니아라 불렀다. 유럽과 아시아의 교차로에 위치에 있어 상업이 발달했다.

빌립보 교회는 바울이 드로아에 있을 때 "와서 도우라"는 마케도니아인의 환상을 보고 실라와 함께 그곳을 방문해 자주장사 루디아의 집을 중심으로 시작한 교회다. 유럽대륙에 세워진 첫 번째 교회다. 사도행전을 보면 바울과 실라, 디모데, 누가가 소아시아를 떠나에게 해를 건너 빌립보에 왔다(행 16:11-40). 바울의 두 번째 선교여행 때다. 빌립보 교회는 주로 이방인들로 구성되어 있었고, 그들이 구약에 익숙지 않아 이 서신에서는 구약을 인용하지 않았다.

바울은 첫 번째 선교여행에서 시리아 안디옥에 가까운 도시들을 방문했다. 두 번째와 세 번째 여행에서는 더 멀리 갔다. 그만큼 그가 세운 교회와 교인들로부터 거리가 멀어져 직접 그들 모두를 감독할 수 없게 되었다. 여러 교회에 편지를 쓰게 된 것도 이 때문이다. 다행히 바울은 디모데, 마가, 그리고 에바브라(Epaphras)를 포함해 여러 사람들의 도움을 받을 수 있었다. 그들에게 편지를 전하고 믿음 가운데 거하도록 격려했다.

빌립보서는 빌립보 교회에 보내는 개인적인 편지다. 이것은 모든 교회가 돌려가며 읽을 목적으로 쓰지 않았다. 하지만 성령의 감동함을 받아 쓴 이 편지는 모든 시대에 걸쳐 믿음을 일깨우는 서신이 되었다. 바울은 이 서신을 통해 자신을 도운 빌립보 교인들에게 감사하고, 로마감옥에 갇혀있고 재판을 기다리는 상황에서도 왜 기뻐할 수밖에 없는가를 말하고 싶었다. 바울은 이 서신을 통해 교인들에게 겸손할 것과 주 안에서 하나 됨을 강조하고, 교회 생활을 하면서 있을 수 있는 여러 문제점들에 대해 경고했다. 이 편지는 서기 67년경에 쓰인 것으로 알려져 있다.

그는 '그리스도 예수 안에서' 이 편지를 쓴다 했다. 바울은 종종 '그리스도 안에서(en Christo)'라는 단어를 사용했다. 이것은 우리의 교제가 예수 그리스도 안에서 이뤄지는 신비하고도 영적인 연합임을 강조한 것이다. 그러므로 이 편지는 그만큼 거룩하고, 차원이 높은 것임을 말해준다.

그가 첫 번째로 언급한 수신자는 빌립보에 사는 모든 성도(all the

saints)다. 성도는 예수를 믿는 자를 가리킨다. 성도는 원래 '분리'라는 뜻을 가지고 있다. 악에서부터 하나님께로 분리되었다는 것이다. 악을 떠나 하나님에게로 종속되었다는 말이다. 헬라어로는 영적으로 거룩한 자(hagiois, the holiness)는 의미를 담고 있다.

왜 성도들을 먼저 언급했을까? 그것은 그들에 대한 깊은 관심과 함께 그들이 자기에게 보여준 성의, 곧 헌금에 대한 감사 때문이다. 바울이 로마 감옥에 있을 때 빌립보교회는 에바브로디도(Epaphroditus)를 통해 헌금을 보냈고, 그를 격려해 주었다. 가난하고 힘든 교인들이 보낸 헌금이라 감사한 마음이 더 컸을 것이다. 그 마음을 담아 빌립보서를 쓴 것이다.

감독들(episkopois, overseers)은 누구일까? 로벗슨(P. Robertson)은 장로(bishops, presbyter)로 보았다. 칼빈은 도덕적 임무수행자(administrator)로, 빈센트(T. Vincent)는 봉사자(servant, minister)로 보았다. 여러 해석이 있지만 교회의 중요한 감독자, 장로, 도덕적 감독자로 해석된다. 감독의 자격 조건은 디모데전서 3장 1-7절과 디도서 1장 5-9절에 있다. 집사들(diakonois, deacons)은 교인들 중 가난하거나 병이 들었거나 영적으로나 육적으로 약한 자를 돌보는 등 독특한 임무를 가진 교회직원(deacon) 또는 돕는 자(helper)로 간주된다. 집사의 자격은 디모데전서 3장 8-13절에 있다. 감독과 집사는 당시 교회를 이끈 지도자들이었다.

"하나님 우리 아버지와 주 예수 그리스도로부터 은혜와 평강이 너희에게 있을지어다(2절)."

"하나님 우리 아버지와 주 예수 그리스도로부터." 이 말은 은혜와 평강이 하나님 우리 아버지와 주 예수 그리스도로부터 나오며, 그 은혜와 평강이 너희에게 있기를 기원한다는 것이다.

이 구절은 바울서신의 대표적 인사말이지만 글을 마칠 때 자주 쓰는 말이기도 하다. 시작과 끝이 같다. 이 구절을 읽을 때마다 엠마오로 가는 두 제자를 향해 "평안하뇨?" 묻던 예수님의 말씀이 생각난다.

여기서 은혜(charis)는 주님이 우리에게 주시는 은혜를 말한다. 우리가 흔히 쓰는 카리스마도 여기에서 나온 말이다. 은혜는 하나님이 우리에게 주시는 선물로, 우리에게 어떤 공로가 있어 주어진 것이 아니다. 우린 이것을 받을 만한 공로가 전혀 없다. 우리는 당연히 정죄 받아 마땅한, 아주 엄중한 상태에 있었다. 그럼에도 불구하고 은혜를 받았다. 예수 그리스도가 십자가에서 흘리신 보혈 때문이다. 값은 내가 치른 것이 아니라 주님이 치루셨다. 그리고 그 값으로 인해 우리가 속량함을 받았다. 구속(redemption)[1]이다.

구속, 속량을 생각하면 우리는 감사할 것밖에 없다. 성도는 자기 의로 살아가는 것이 아니라 하나님의 은혜로 살아가는 자다. 바울에게 있어서 은혜는 매우 중요하다. 그것은 구속받은 자, 곧 하나님과 화해된 상태, 곧 죄 사함 받은 데서 출발한다. 화해가 이뤄지지 않으면 은혜를 받을 수 없다. 구속의 은총이기 때문이다. 이것은 성도가 누릴 수 있는 엄청난 몫이다.

---

1) 구속 : 속량
   구원하면 쉽게 이해가 된다. 하나님이 우리를 죄에서 구원하셨기 때문이다. 그러나 주님이 우리를 죄에서 구속하셨다, 속량하셨다 하면 이해하기 어렵다. 쉽게 이해할 수 있는 방법은 없을까? 예를 들어보자. 한 아들이 돈이 필요했다. 헌데 돈이 없다. 그래서 자기 시계를 전당포에 잡히고 돈을 빌려 쓰게 되었다. 시계를 다시 찾으려면 빌려 쓴 돈에 이자를 쳐서 갚아야 한다. 하지만 없는 상태에서 빌린 것이라 갚을 길이 없다. 그 사정을 안 아버지가 돈을 대신 갚고 아들의 시계를 다시 찾아주었다. 이것이 구속, 곧 속량(redemption)이다.
   마찬가지로 예수님이 우리가 치러할 죄의 값을 대신 치루시고 우리를 죄에서 구원해 자유의 몸이 되게 하셨다. 그것은 원래 우리가 치러야 할 몫이었다. 그런데 하나님 아버지께서 우리를 지극히 사랑하셔서 대신 치러주신 것이다. 이것이 바로 구속이다.

평강은 평화(eirene)를 말한다. 평강은 보통 히브리어로 '샬롬'을 많이 쓰는데, 바울은 헬라어를 사용했다. 그곳 사람을 배려한 것이다. 평강은 은혜와 마찬가지로 하나님으로부터 은혜로 받은 선물이다. 참 평안의 근원은 하나님이시다. 하나님과 화해하지 않으면 이 평화를 얻을 수 없다. 죄를 씻김 받지 않으면 얻을 수 없는 하늘의 평화다.

바울은 이 은혜와 평강이 하나님으로부터(apo Theou) 온다 했다. 이 모두 하나님과 관계되어서 오는 것이지 우리에게서 오는 것 아니라는 말이다. 바울은 그냥 하나님이라 하지 않고 우리 아버지라 했다. '우리들의 아버지(patros hemon),' 곧 성부 하나님이란 말이다. 하나님과 우리의 관계가 아버지와 아들의 관계처럼 매우 밀접하다는 것이다. 그 관계가 매우 개인적이고 인격적(personal)임을 실감케 한다.

힐혼(P. P. Hilhorn)은 노래한다.

"내 맘에 한 노래 있어 나 즐겁게 늘 부르네
이 노래를 부를 때에 큰 평화 임하도다
평화 평화 하나님 주신 선물
오 크고 놀라운 평화 하나님 선물일세."

찬송원문을 보면 '위로부터 온 놀라운 선물(wonderful gift from above)'이다. 세상이 아니다.

또한 이 은혜와 평강이 주 예수 그리스도로부터 온다 했다. 주 예수 그리스도는 신성과 인성 모두를 포함하는 것으로, 성자 하나님을 가리킨다. 우리 주님은 은혜의 주요 평화의 주다. 이 주님이 없으면 소망이 없다.

바울은 "하나님 우리 아버지와 주 예수 그리스도로부터 은혜와
평강이 너희에게 있을지어다." 기원했다. 이 세상이 줄 수 없는 은혜
와 평화다. 얼마나 감사한가. 우리 안에 이 은혜와 평강이 넘치기를
기원한다.

묵상하기

1. 우리는 진정 바울처럼 '예수 그리스도의 종'이라 고백할 수 있을까?
2. 오늘도 우리는 '그리스도 안에' 살고 있는가?
3. 오늘도 하나님 우리 아버지와 주 예수 그리스도로부터 오는 은혜와
   참 평강을 누리며 살고 있는가?

감사와 확신(3-6절): 너희를 생각할 때마다 하나님께 감사하며

3. 내가 너희를 생각할 때마다 나의 하나님께 감사하며
4. 간구할 때마다 너희 무리를 위하여 기쁨으로 항상 간구함은
5. 너희가 첫날부터 이제까지 복음을 위한 일에 참여하고 있기 때문이라
6. 너희 안에서 착한 일을 시작하신 이가 그리스도 예수의 날까지 이루실 줄을 우리는 확신하노라

"내가 너희를 생각할 때마다 나의 하나님께 감사하며(3절)."

"내가 너희를 생각할 때마다." 바울은 선교지 빌립보 교회를 생각하며 기도했다. 선교지를 향한 그의 기도가 얼마나 간절했을까 싶다. 자신도 그렇지만 언제 붙잡혀 순교 당할지 모르는 극한상황에서 참으로 어렵게 신앙생활하며 살아가는 교인들이 잊히지 않고, 교회에 닥칠 크고 작은 일도 생각난다. 정말 기도하지 않을 수 없다.

지금 유럽교회는 사라지고 있고, 한국교회는 지탄을 받고 있다. 교회답지 못한 교회, 선교의 열정이 식어버린 교회를 보며 오죽하면 다시 미셔널 처치(missional church). 곧 선교적 교회가 되어야 한다

고 말할까?

그런데 빌립보 교회에 대한 그의 생각은 달랐다. "나의 하나님께 감사하며." 그 교회를 생각할 때마다 하나님께 감사할 것밖에 없다는 것이다. 그런데 특이한 것은 그저 하나님이 아니다. '나의 하나님'이다.

'나의 하나님.' 2인칭의 너의 하나님, 3인칭의 그의 하나님 등 다른 이의 하나님이 아니라 1인칭의 하나님, 곧 나의 하나님이다. 나로부터 멀리 계시는, 나와는 전혀 상관없는 하나님이 아니라 내 안에 임재 하여 지금도 역사하는 너무나 친밀하신 하나님이다. 지금까지 나를 붙드신 하나님, 앞으로도 붙드실 하나님, 지금 너무나도 절실한 하나님이다.

다윗은 시편을 통해 "여호와는 나의 하나님이시라(시 18:2)" 했다. 힘들 때마다 하나님을 찾았다. 예수님도 십자가 위에서 "엘리(Eloi) 엘리(Eloi) (라마사박다니)," 곧 "나의 하나님, 나의 하나님"(마 27:46) 간절히 찾으셨다. 나의 하나님이라 말할 땐 그만큼 절실하다.

바울도 서두에서 '나의 하나님'이라 했다. 빌립보 교회를 생각할 때마다 그만큼 나의 하나님께 감사한 마음이 크다는 것이다. 빌립보 교회는 가난했고, 교인들도 풍족하지 못했다. 그런 가운데서 지금 힘써 선교 비를 보냈으니 얼마나 감사한 일인가. 눈물이 난다.

바울은 빌립보서 4장 19절에서도 '나의 하나님'을 찾으며 그들을 축복했다. "나의 하나님이 그리스도 예수 안에서 영광 가운데 그 풍성한 대로 너희 모든 쓸 것을 채우시리라." 꼭 채워달라는 것이다.

복음성가 '나의 힘이 되신 여호와여' 가운데 이런 구절이 있다.

"나의 힘이 되신 여호와여
내가 주님을 사랑합니다.
주는 나의 반석이시며 요새시라
주는 나를 건지시는 나의 주 나의 하나님
나의 피할 바위시오 나의 방패시라
나의 하나님 나의 하나님
구원의 뿔이시오 나의 산성이라."

그렇다. 주님은 나의 반석이시며 요새요, 나의 산성이다. 그러니 우리는 힘든 순간순간마다 '나의 하나님'을 찾을 수밖에 없다. 오늘 우리가 찾는 하나님은 진정 '나의 하나님'이신가? 그만큼 절실함과 친밀함이 있는가?

"간구할 때마다 너희 무리를 위하여 기쁨으로 항상 간구함은(4절)."

바울은 빌립보 교회와 교인들을 생각할 뿐 아니라 기도했다. 간구할 때 형식적으로 하거나 마지못해 하지 않았다. '기쁨(charas, joy)으로'라는 말이 이를 입증하고 있다. 입술만의 간구가 아니란 말이다. 그는 기쁨과 감사로 그들을 기억하고 기도했다.

빌립보서의 별명가운데 하나가 '기쁨의 편지'라는 것이다. 서신에 '기쁨'이라는 단어가 많이 나오기 때문이다. 4절의 기쁨은 이 서신에서 맨 처음 등장한다.

바울은 기뻐할 수 없는 환경에서 기뻐했다. 지금 이 서한은 감옥에서 쓴 것이다. 감옥 안에서 기뻐한다. 이 기쁨은 그저 생겨나는 것이 아니다. 성령 하나님이 주시지 않으면 기뻐할 수 없는 기쁨이다. 성령으로 기뻐하는 것이다. 이런 의미에서 '기쁨으로'라는 말은 성령 충만한 그의 모습을 보여준다. 바울은 기쁨이라는 단어를 사용함으로써 이 넘치는 기쁨, 감출 수 없는 기쁨을 감옥 밖에 있는 교인들과 나누기 원했다. 혼자만 간직할 수 없을 정도로 기쁨이 컸기 때문이다. 우리도 바울처럼 다른 성도들을 기쁨으로 대하며 힘을 줄 수 있어야 한다.

간구(deesei)는 청원, 기도, 간구, 간원의 뜻을 가지고 있다. 항상 그들을 대신해서 감사하며 청원하는 기도를 올린다. 청원을 하면서 하나님뿐 아니라 빌립보교회와 영적으로 깊은 결속 관계를 유지하는 것이다. 영적인 깊이가 다르다.

"너희가 첫날부터 이제까지 복음을 위한 일에 참여하고 있기 때문이라(5절)."

기쁨으로 간구하는 이유가 뚜렷하다. 빌립보교인들이 예수를 구주로 고백한 첫날부터 지금까지 복음을 위해 헌신하고 있기 때문이다. 주를 위해 헌신하는 그들의 모습이 너무 아름답다.

"첫날부터 이제까지." 이 말은 복음을 받은 첫날부터 지금까지, 변함없이 지속되고 있다는 말이다. 빌립보 교인들은 약 10년 전에 바울로부터 처음 복음을 들었다. 바울의 두 번째 여행 때다. 바울의 일행이 이곳을 방문해 교회를 세웠다. 그리고 지금까지 복음 안에 견고히 섰다. 학자에 따라선 '첫날'은 바울이 빌립보를 떠날 때 교회가 데살로니가와 고린도에 헌금을 보내준 것을 말하고(4:15, 16), '이제'는 빌립보 교회가 에바브로디도를 통해 로마에 있는 바울에게 헌금을 보내준 것을 말한다고도 한다.

"복음을 위한 일에 참여하고 있기 때문이라." 빌립보 교회가 복음 전파의 파트너가 되었다는 말이다. 개역한글 성경에선 "복음에서 교제함을 인함이라" 하였다. 원문은 코이노니아(koinonia)다. 그것은 사교적 교제를 의미하는 것이 아니라 복음 전파를 돕는 교제다. 교회사역이든 복음전도든 선교사역이든 하나님의 일이라면, 복음을 전파하는 일이라면 주저하지 않고 참여했다는 말이다. 바울은 복음 전파에서 빌립보 교회의 기여를 귀하게 여겼다. 빌립보교회는 복음을 위해 헌금하는 교제에도 참여했다. 한결같이 '복음 안에서,' '복음을 위해' 헌신하는 것은 결코 쉬운 일이 아니다.

그 일을 이루려면 나의 힘이 아니라 위(above), 곧 '에피(epi)'로부터 부어지는 능력이 필요하다. 성령 하나님의 도우심이 없이는 불가능하다. 우리도 주님의 일을 한다. 어려움이 한두 가지가 아니다. 그 때마다 우리의 시선은 문제가 아니라 문제보다 크신 하나님께 두어야 하고, 주님 앞에 우리의 무거운 짐을 내려놓아야 한다. 우리 활동의 기초는 '위'다. 우리는 늘 하나님의 도우심이 필요하다. 궁극적으로 문제를 해결해 주실 이는 주님이기 때문이다.

우리는 그리스도인이다. 주님의 사람이다. 위로부터 능력이 부어지는 한 포기할 수 없다. 중단될 수도 없다. 바울도 이 능력을 받아 힘써 나아갔다. 빌립보 교인들도 그 능력을 받아 첫날부터 지금까지 여기에 왔다. 우리도 복음 사역자를 위한 헌신에 여러 모로 도움을 줌으로써 복음의 파트너가 되어야 한다. 기도로 돕고, 물질로 돕고, 친절로 돕자.

"너희 안에서 착한 일을 시작하신 이가 그리스도 예수의 날까지 이루실 줄을 우리는 확신하노라(6절)."

바울은 빌립보교회에 대해 확신하는 것이 있다. 이 복음 사역이 마지막 날까지 지속되어 좋은 결과를 얻는 것이다. 6절의 말씀은 그들에 대한 믿음이 얼마나 확고한가를 보여준다.

"너희 안에서 착한 일을 시작하신 이가." 착한 일(ergon agathon, a good work)은 하나님의 일이다. 인간의 일이 아니다. 그것은 복음에 관계되는 일이다. 복음전파의 파트너, 복음적 삶의 파트너로서 빌립보 교우들이 함께 하는 일이다. 이 일을 그들 속에서 시작하신 이가 있다. 바로 주님이시다. 함께 일할 마음을 주시고 힘도 공급해 주셨다.

"그리스도 예수의 날까지." 그 복음 사역이 예수 그리스도의 날, 곧 다시 오시는 재림의 그 날까지 지속된다. 그 날은 우리가 주님의 얼굴을 뵙는 날이요 모든 수고와 고통이 끝나는 날이다. 최후의 순간까지 최선을 다하게 될 것이고, 결국 협력하여 선을 이룰 것을 확신한다는 것이다.

이것은 무엇을 의미할까? 하나님이 너희 안에 착한 일을 시작하셨고, 그것이 열매를 맺어 영광스런 모습으로 주님 앞에 서게 된다는 말이다. 바울은 빌립보 교인들에게 미래에 대한 소망과 확신을 심어주고 싶었다.

그날 우리도 주님을 대면해 보게 될 것이다(요일 3:4). 얼마나 영광스러운 날인가. 이 날을 기쁘게 맞으려면 지금 오래 참고 견디는 작업이 필요하다. 성도의 견인이다. 실망하지 말고, 포기하지 말고 끝까지 주님을 신뢰하라. 그러면 영광의 날이 이르리라.

묵상하기

1. 절체절명의 순간에 당신은 하나님을 '나의 하나님'이라 부를 수 있겠는가?
2. 지금 이 순간에도 우리의 공동체를 생각하며 기뻐하고 감사할 수 있는가?
3. 당신은 진정 복음 안에 거하며, 나 자신보다 복음을 위해 헌신하고 있는가?
4. 재림의 날 주님 앞에 영광스런 모습으로 설 자신이 있는가?

사모함(7-8절): 내가 예수 그리스도의 심장으로 너희를 어떻게 사모하는지

7. 내가 너희 무리를 위하여 이와 같이 생각하는 것이 마땅하니 이는 너희가 내 마음에 있음이며 나의 매임과 복음을 변명함과 확정함에 너희가 다 나와 함께 은혜에 참예한 자가 됨이라
8. 내가 예수 그리스도의 심장으로 너희 무리를 어떻게 사모하는지 하나님이 내 증인이시니라

"내가 너희 무리를 위하여 이와 같이 생각하는 것이 마땅하니 이는 너희가 내 마음에 있음이며 나의 매임과 복음을 변명함과 확정함에 너희가 다 나와 함께 은혜에 참여한 자가 됨이라(7절)."

"내가 너희 무리를 위하여 이와 같이 생각하는 것이 마땅하니." 바울에게 있어서 빌립보교회는 복음의 협력자였다. 바울이 고난을 당할 때 단지 헌금을 보냄으로만 끝난 것이 아니다. 바울이 복음을 위해 수고할 때 그들도 수고했고, 바울이 고난을 당할 때 그들도 고난을 당했다. 복음을 위해 동거하고 동락한 것이다. 그런 그들을 예수 그리스도 안에서 사랑하고 생각하는 것은 마땅하다. 이것은 바울

과 빌립보교회 사이에 복음 안에서 얼마만큼 깊이 사랑하고 교제하고 있는가를 보여준다.

한국교회도 선교사를 많이 파송한다. 하지만 파송으로 사명을 다한 것이 아니다. 선교사가 당할 고난과 기쁨을 함께 하며 그 짐을 나눠야 한다. 선교사 또한 주의 몸 된 교회와 자신을 파송한 성도들을 생각하며 기도해야 한다. 서로 생각하고 사랑하며 기도하는 것이다. 복음 안에서 이런 생명적 관계가 지속되어야 파송교회와 선교사가 살아있게 된다.

"너희가 내 마음에 있음이며." 이 말씀을 직역하면 "내가 너희를 심장(kardia, heart)에 소유하고 있다"이다. 마음 판에 그들을 늘 새기고 있었다는 말이다. 바울은 복음을 전하든지 어려움을 당할 때 빌립보교인들을 생각했다. 참으로 아름다운 모습이다. 바울과 빌립보 교회는 이처럼 복음으로 하나 되었다. 복음은 그만큼 우리를 한데 묶는 힘이 있다. 우리의 사역에서도 복음이 늘 목적이 되어야 한다. 그렇지 않으면 믿지 않는 기관과 다를 바 없다.

"나의 매임과 복음을 변명함과 확정함에 너희가 다 나와 함께 은혜에 참여한 자가 됨이라." 바울이 지금 빌립보교회를 더 생각하고 감사하는 이유가 있다. '나의 매임, 복음을 변명함과 확정함, 그리고 나와 함께 은혜에 참여함'이다. 이것은 바울이 어떤 상황에 있고, 그 상황에 대해 빌립보교회가 어떻게 응답하는지를 잘 보여주고 있다.

'나의 매임(desmois, chains)'은 그가 매어있는 상태에 있음을 말해준다. 복음 때문에 감옥에 갇혀 있고(imprisonment), 착고에 채여 있다(in chains)는 말이다. 로마를 방문했을 때 나는 바울이 갇혀있었다는 감옥을 방문한 적이 있다. 차디 찬 돌바닥에 팔이나 다리를 묶는 쇠사슬을 보았다. 바울이 어떤 상황이었을까 지금도 눈에 선하다. 바울은 빌립보 감옥에서 착고에 채워진 적이 있었고(행 16:22-36), 지금 로마 감옥에서도 채워져 있다.

'복음을 변명함'은 복음을 변증하고 변호했음(defending)을 말한다. 복음에 대해 공격해올 때 늘 주님 편에 서서 증거 했다는 것이다. 복음의 변명은 '아폴로기아(apologia)'다. 이 말은 심문할 때 쓰는 말이다. 이 부분에선 학위 논문 쓸 때 생각이 난다. 심사위원들이 발표된 논문을 놓고 심하리만큼 공격을 한다. 그래도 심사위원 앞에서 주눅 들지 않고 설명을 해야 한다. 복음을 전할 때 공격을 받는다. 그게 말이 되느냐고 말한다. 때론 위기에 처할 때도 있다. 바울은 공격적인 유대인뿐 아니라 이방인 앞에서 당당하게 예수의 주되심을 선포했다. 재판장에 가서도 그랬다.

나아가 그는 복음을 확정했다. 복음을 확정했다는 말은 이것이 바로 참된 복음임을 확고히 했다(confirming)는 말이다. 그는 복음을 위해 고난을 참으며 주님의 복음만이 참된 것임을 적극 입증했다.

"너희가 다 나와 함께 은혜에 참예한 자가 됨이라." 주님의 은혜를 받을 수 없는 존재임에도 불구하고, 주님의 그 넓은 사랑으로 속량함을 받고, 이제 주님을 위해 감옥에도 가고, 복음을 위해 변호도 하고 이것이 참된 복음임을 말하게 되었으니 은혜 위에 은혜가 아닌가. 바울은 복음을 위해 함께 고난을 받고, 복음에 대한 공격 앞에서 쓰러지지 않으며, 늘 말씀을 따라 살려 하는 빌립보 교인들, 또 지금 극한상황 가운데 있는 자신을 기꺼이 돕는 빌립보교인들을 향해 '너희가 다 나와 함께 은혜에 참여한 자'가 되었다고 말한다. 나만 싸우는 것이 아니다. 주님의 은혜로 빌립보 교인도 함께 싸우고 있다. 복음의 전우란 말이다. 얼마나 감격스런 말인가.

빌립보 교인 모두가 바울을 지지한 것은 아니다. 그럼에도 불구하고 바울은 '너희가 다 나와 함께'라고 말함으로써 빌립보 교회 성도 모두를 끌어안았다. 다른 일은 몰라도 복음에 관한 일엔 예외가 없다는 말이다. 이것이 빌립보 교인에 대한 바울의 확신이다. 그리고 성도들 모두 자신과 함께 주님이 주신 은혜에 동참한 자가 되었다고 선언한다.

은혜에의 참여는 주님을 위해, 복음을 위해 기꺼이 수고하고 인내하며 고난과 고통에 참여하는 것을 말한다. 이것은 내 힘으로 되는 것이 아니다. 하고 싶다고 되는 일도 아니다. 그것은 하늘로부터 선물, 곧 능력을 받았을 때 가능하다. 주신 힘으로 복음을 전하면서 더 큰 은혜를 받았고, 자신뿐 아니라 빌립보 교인들도 이 은혜에 동참자가 되었으니 얼마나 기쁜가. 감옥에 매어있는 이 순간에 그들이 더 생각난다. 그들이 전한 연보를 보니 눈물이 난다. 그것은 단순한 돈이 아니다. 주님을 향한 진한 사랑의 표현이다. 바울에게 있어 그들은 정말 사랑스러운 존재들이다. 바울은 그들을 향한 마음을 감출 수 없다.

"내가 예수 그리스도의 심장으로 너희 무리를 얼마나 사모하는지 하나님이 내 증인이시니라(8절)."

이 말씀은 바울이 지금 빌립보교인들을 얼마나 보고 싶은가를 말해준다. "내가 너희 무리를 얼마나 사모하는지." 사모한다는 것은 갓난아기가 어머니의 젖을 사모하듯 갈망하고 열망한다는 것이다. 사모는 단지 교인들이 생각나고 기억하는 정도를 넘어선, 아주 간절한 마음을 담고 있다.

바울은 그 사모가 얼마나 절실하고 간절한가를 "내가 예수 그리스도의 심장으로" 라는 말로 표현했다. 이 말은 "심장이 파열될 만큼 큰 사랑으로"라는 의미를 담고 있다. 십자가에서는 7-8일 갈 수 있다. 그러나 주님은 심장파열로 곧 가셨다. 그래서 다리를 꺾지 않으셨다. 바울은 지금 주님의 심장처럼, 곧 심장이 파열될 만큼 강렬하게 빌립보교회를 사랑한다는 말이다. 진한 사모곡이요 사랑 고백이다. 여러 영어성경은 '예수 그리스도의 심장'을 '예수 그리스도의 사랑(affection)'이라 말하고 있다. 헬라어 원문도 '컴패션(splagchnois, compassion)'이다. 주의 사랑이 그만큼 크다는 말이다. 그 사랑을 우리 성경은 심장으로 번역했다.

　　'컴패션'하면 예수님을 생각하지 않을 수 없다. 주님은 가난한 자, 병든 자는 물론이고 자기를 따르는 무리를 보시며 불쌍히 여기셨다. 불쌍히 여김은 무한한 사랑을 담고 있다. 커뮤니케이션에서는 상대방의 입장에 들어가 이해하는 감정이입(empathy)을 중시한다. 이보다 더 깊은 것이 동정(sympathy)이다. 그 사람이 되어 아픔을 같이 한다. 하지만 이보다 더 깊은 것이 컴패션이다. 내 일처럼 아파하고 불쌍히 여길 뿐 아니라 문제를 해결하도록 적극 나선다. 차원이 다르다.

　　연변과기대 김진경 총장은 북한의 굶주린 어린이나 강 건너 백성들을 말할 땐 눈시울이 붉어지고 가슴이 먹먹해 잘 말을 잇지 못한다. 그들을 생각할 때마다 눈물이 난다. 그는 가만히 있지 않았다. 그들에게 먹을 것을 가져다준다. 그 사역을 오래 해왔다. 컴패션이다. 그 마음으로 연변과기대도 열었다. 주님의 컴패션은 감동을 주고 일하게 한다.

그 컴패션을 예수의 심장으로 해석한 것은 잘 한 것이라 생각된다. 심장은 마음, 정신, 사랑, 노력, 수고, 심정 모두를 포함하는 말이다. 바울은 예수의 마음과 사랑으로 빌립보 교회를 생각하고 있다. 그리스도의 심장은 바울의 목회관, 선교관, 교육관이 어떠한가를 보여준다. 이것은 단지 바울이 빌립보교인들을 얼마나 사모하고 사랑하는가에 그치지 않는다. 그것은 우리 주님이 우리를 얼마나 사랑하고 있는가를 그대로 보여주는 것이다.

우리도 예수 그리스도의 심장을 소유하는 사람이 되어야 한다. 바울은 "내가 예수 그리스도를 본받은 것처럼 나를 본받는 자가 되라"고 했다. 우리가 본받아야 할 것은 바로 예수 그리스도의 심장이다. 우리도 그 심장을 이웃에게 내줘야 한다. 세상의 그 어떤 것도 예수 그리스도의 심장, 그 사랑에 비교할 수 없다. 그 심장만이 감동을 준다. 바울은 빌립보교인들에게 이 지극한 사랑을 주고 싶었다. 우리에게도 그 절절한 심장이 필요하다.

"하나님이 내 증인이시니라(God is my witness)." 누가 이 같은 내 마음을 알랴. 하나님은 아시리. 바울은 예수의 마음을 가지고 빌립보 교회를 얼마나 사랑하는지 하나님이 증인이시다 자신 있게 말하고 있다. 증인은 '마르투스(martus)'로, 이 단어는 훗날 순교자라는 말로도 사용되었다. 그만큼 이 사랑에 위선이나 거짓이 없다, 죽는 자리에 갈지라도 참 말이라는 것이다.

바울은 늘 빌립보교인들을 마음에 두고 생각하며 살았다. 바울은 지금 차디찬 감옥에 있다. 그런데 갑자기 따뜻한 소식이 들어온다. 빌립보교인들이 보낸 사랑이다. 그 사랑을 접하니 눈물이 난다. 복음 때문에 고난을 당하는 것이 은혜라는 생각이 들고, 고난에 함께 동참하며, 복음을 위해 함께 서는 그들이 너무나 보고 싶다. 사무치게 그립다. 심장이 터질 것 같다. 이것이 바로 복음 안에서의 코이노니아다. 예수의 사랑은 우리의 가슴을 터지게 한다. 그리스도 안에서, 복음 안에서 우리는 이런 사랑을 한다. 그것은 단순한 개인의 감정이 아니다. 예수 그리스도가 우리 안에 살아있어 가능하다. 예수 그리스도 안에 있으면 우리 모두 이런 사랑을 할 수 있다. 고난도, 죽음도 뛰어넘는 사랑이다. 주님을 향한 사랑이다. 오늘도 이 사랑으로 인하여 가슴 뛰는 하루가 되기를 바란다.

묵상하기

1. 우리는 복음 안에서 얼마만큼 깊이 사랑하고 교제하고 있는가?
2. 고난 가운데서도 복음을 위해 참으며 복음이 참된 것임을 적극 입증하고 있는가?
3. 당신은 지금 예수 그리스도의 심장을 가지고 있는가?

바울의 기도(9-11절): 의의 열매가 가득하게 하옵소서

9. 내가 기도하노라 너희 사랑을 지식과 모든 총명으로 점점 더 풍
    성하게 하사
10. 너희로 지극히 선한 것을 분별하며 또 진실하여 허물없이 그리
    스도의 날까지 이르고
11. 예수 그리스도로 말미암아 의의 열매가 가득하여 하나님의 영
    광과 찬송이 되기를 원하노라

"내가 기도하노라 너희 사랑을 지식
과 모든 총명으로 점점 더 풍성하게 하사(9절)."

"내가 기도하노라." 9-11절은 빌립보 교회를 향한 바울의 기도를
담고 있다. 그리스도인의 특권은 하나님을 향해 기도할 수 있다는
것이다. 또한 이웃을 위해 중보 할 수 있다는 것이다. 우리는 '지성
소 신앙'을 가지고 있다. 지성소는 대제사장이 대속죄일, 곧 1년에
단 하루 들어가는 곳이다. 대제사장은 분향하며 민족의 죄를 위해
기도한다. 그러나 우리는 매일 매순간 기도로 주님께 나아갈 수 있
다. 예수님 때문이다. 오늘도 기도의 지성소로 들어가라. 이보다 더

한 특권은 없다.

기도는 복이요 축복이다. 기도를 통해 이루어지는 것만 복이 아니라 하나님 앞에 나아갈 수 있다는 그 자체, 기도 자체가 복이요 축복이다.

시편 116편 기자는 말한다.

> "여호와께서 내 음성과 내 간구를 들으시므로 내가 그를 사랑하는
> 도다 그의 귀를 내게 기울이셨으므로 내가 평생에 기도하리로다
> (시 116:1, 2)."

기도는 우리가 할 수 있는 일 중 가장 중요하고, 위대한 일이다. 사람들은 기도가 어렵다고 말한다. 하나님 앞에 서는 것이니 두려울 수밖에 없다. 하지만 예수님은 '하나님 아버지'라 부르며 그 앞에 나가도록 했다. 가까이 하라는 말씀이다. 주님을 사랑하면 기도할 수 있다. 주의 몸 된 교회를 사랑하면 기도할 수 있다.

바울은 빌립보교인들을 위해 세 가지 기도한다 했다. 그것도 "기도하노라."했다. 선포기도다. 사람들에게 영향을 줄 수 있는 가장 좋은 방법가운데 하나가 기도다.

"너희 사랑을 지식과 모든 총명으로 점점 더 풍성하게 하사." 이 기도는 바울이 빌립보교회를 위한 세 가지 기도문 중 첫째다. 사랑으로 풍성하기를 바라는 기도다. "사랑을 점점 더 풍성하게 하옵소서." 풍성한 사랑(abounding love)을 갖게 해달라는 것이다. 바울은 빌립보 교회가 사랑 안에서 하나 되도록 기도했다. 그런데 '점점 더'라는 단어가 붙어 있다. 영어로는 'more and more'다. 두 번이나 이 단어를 사용한 것을 보면 넘치고 또 넘치도록 해달라는 말이다. 시

간이 갈수록 진해지는 사랑, 깊어지는 사랑이다. '풍성하게 하사'의 원문은 '대단한(exceeding),' '넘치도록 풍성한(super-abounding)'의 뜻을 가지고 있다. 바울이 빌립보교회에 주문하는 사랑은 주님이 우리에게 보여주신 아가페(agape) 사랑이다. 하나님의 사랑을 풍성히 가지라는 것이다.

바울은 그 사랑이 '지식과 모든 총명으로' 풍성하게 해 달라 기도한다. 지식과 총명은 과연 무엇일까?

지식은 앎(knowledge)이다. 이 단어를 사용할 때 우린 일반지식 정도로 생각한다. 그러나 바울이 사용하는 지식은 다르다. 일반적인 지식(gnosis)이 아니라 더 진보된 깊은 지식, 곧 윗 지식(epignosei)이다. 윗 지식은 바로 예수 그리스도에 대한 지식을 말한다. 그들이 풍성한 사랑을 가질수록 주님을 알고 싶어 하는 마음이 커진다는 것이다. 물론 예수 그리스도를 알면 알수록 사랑이 깊어진다.

총명은 깊은 통찰력(insight), 분별력(discernment), 그리고 민감성(sensibility)이다. 주님을 아는 지식도 중요하지만 말씀을 실제 적용함에는 총명이 필요하다. 말씀을 통찰하고 분별하면서 주님을 향해, 이웃을 향해 더 민감하게 다가갈 수 있기 때문이다.

바울은 통찰력, 분별, 민감성을 가지고 주님을 사랑하고 이웃을 사랑하라 한다. 입만 살아있는 형식적인 사랑이 아니라 진정 느낌이 다른 사랑, 감동을 주는 사랑, 이 주님의 사랑을 더 깊이 알뿐 아니라 실천하라는 것이다. 그리스도의 비밀, 십자가의 비밀을 깨달으면 깨달을수록 주의 사랑이 얼마나 진국인가를 알 수 있다. 이런 주님의 사랑, 내적으로 감수성이 깊은 사랑을 한다면 얼마나 좋겠는가. 성경적 감수성은 일반적 감성으로 끝나지 않는다. 영적인 감성, 도덕적

감성까지 동반한다. 도덕적으로, 영적으로 건강한 사랑이어야 한다.

예수 그리스도를 알면 사랑의 깊이가 달라진다. 예수 그리스도를 알면 사랑에 대한 통찰과 분별력도 달라진다. 바울은 빌립보교인들을 향해 그리스도 안에서 이처럼 날로 깊고 성숙한 사랑을 하라, 이런 풍성한 사랑으로 날마다 새로운 삶, 영적으로 달라지는 삶, 차원 높은 삶을 살라 기도한다. 예수 그리스도를 제대로 알지 못하면 부요한 사랑을 할 수 없다. 총명하지 못하면 바른 길로 갈 수 없다.

바울이 빌립보 교인들에게 바라는 사랑은 감성에 바탕을 둔 사랑이 아니다. 그 사랑은 예수님께서 그들을 위해 무엇을 했는가에 바탕을 두고 있다. 우리가 그리스도의 사랑 안에서 장성할 때 우리의 마음도 함께 자라가야 한다. 우리의 사랑과 총명은 과연 그리스도 안에서 자라고 있는가.

"너희로 지극히 선한 것을 분별하며 또 진실하여 허물없이 그리스도의 날까지 이르고(10절)."

두 번째 기도에는 그리스도의 날까지 두 가지를 담고 살아가기를 바라고 있다. 그리스도의 날(the day of Christ)이란 주님이 다시 오실 날, 하나님이 심판하실 날을 의미한다. 그 날이 올 때까지 그들에게 바라는 것이 있다는 것이다.

첫째, "지극히 선한 것을 분별하며." 지극히 선한 것이란 단순히 선악의 구별이 아니라 아주 특출 나고, 구별되고, 특별한 것이다. 교회나 교인이 가져야 할 아주 특출 난 것이 무엇일까? 그것은 그리스도인으로 실천할 가치가 있는 아주 탁월한 것(excellence)을 말한다. 한 마디로 교회다운 교회, 성도다운 성도가 되기에 충분한 가치다. 일반기업들도 탁월한 것을 찾고자 한다. 오죽하면 "탁월성을 찾아서(In

Search of Excellence)"라는 제목까지 있을까. 초우량기업이 되려면 남과 달라야 하기 때문이다. 교회가 추구하는 탁월성은 기업이 추구하는 탁월성과는 성격도 다르고, 차원이 다르다. 바울도 그 탁월한 것, 그 가치 있는 것들을 분별하며, 다시 말해 검증해가며(dokimazein, testing) 살기 바란다.

둘째는 '진실하여 허물없이 그리스도의 날까지 이르고'다. 하나님의 심판 날까지 진실한 삶, 허물없는 삶을 살기 바란다는 것이다. '진실한(eilikrineis)'이란 '순수한(pure),' '진지한(sincere)'이란 뜻을 가지고 있다. 더러운 것이 섞이지 않는, 아주 맑은 신앙을 유지했으면 한다는 것이다. '허물없이(aproskopoi)'는 '흠이 없이(blameless)'란 뜻이다. 원문은 '걸려 넘어지게 하는 것 없이(no stumbling blocks)'다. 남을 넘어지게 하거나 자기가 넘어지는 일 없이 매사에 조심스러운 믿음생활을 끝까지 견지했으면 좋겠다는 것이다.

"예수 그리스도로 말미암아 의의 열매가 가득하여 하나님의 영광과 찬송이 되기를 원하노라(11절)."

바울은 빌립보교인들이 의의 열매(karpon dikaiosunes, the fruit of righteousness)를 많이 맺기를 기도했다. 의의 열매는 그저 올바름, 정의(justice)라는 문자적 의미에 국한되기보다 하나님과 의 바른 관계에서 흘러나오는 긍정적인 열매다. 성령의 열매, 하나님이 기뻐하시는 열매를 풍성하게 맺는 것을 말한다. "사랑과 희락과 화평과 오래 참음과 자비와 양선과 충성과 온유와 절제(갈 5:22, 23)"의 열매가 빌립보교회 안에 가득 채워지기를 바란 것이다. 그 열매가 가득할 때 우리의 품성도 완전히 달라진다.

나아가 바울은 이 열매들이 "예수 그리스도로 말미암아" 주렁주

렁 맺히도록 기도했다. 그 어떤 것보다, 그 누구보다 예수 그리스도를 통해 맺어져야 열매답고, 아름답기 때문이다. 의의 열매, 성령의 열매는 사람이 스스로 맺는 것이 아니라 예수 그리스도를 통해 맺는 것이다. 그렇다고 인간의 노력이 필요 없다는 것은 아니다. 하지만 내 안에 그리스도가 풍성히 거할 때 주님이 기뻐하시는 열매를 더 많이, 더 순수하게 맺을 수 있다.

바울은 이런 열매들이 가득하여 하나님께 영광과 찬송이 되기를 기도했다. 하나님의 영광과 찬송이 되는 것은 입술로만 이뤄지는 것이 아니다. 삶의 실질적인 결과를 통해서 이뤄진다.

교회 안에 풍성한 사랑이 넘치고, 탁월하고 순수한 모습이 드러나며, 어느 누구도 걸려 넘어지지 않고, 성령의 열매가 가득하다면 사람들은 그 교회를 주목해볼 것이다. 그리고 이런 교회가 있다는 것에 감사할 것이다. 그것이 바로 하나님께 영광과 찬송이 된다.

기도하기를 좋아하는 사람은 기도 속에서 행복을 느낀다. 바울도 빌립보교회를 위해 기도하면서 행복을 느꼈을 것이다. 그 행복은 세상이 줄 수 없는 행복이다. 그래서 그는 늘 기쁘다고 말한다. 그가 아뢴 기도가 하늘에 상달되고, 그것이 이뤄질 것을 생각하면 기쁘지 않을 수 없다.

하나님이 너무 좋아서 그분 앞에 앉고 싶은 것이 기도다. 교회를 생각하면 너무 좋아서, 이웃을 생각하면 너무 좋아서 그분 앞에 앉고 싶은 것이 기도다. 기도 속에 아픔의 조목들도 있다. 뼈가 시려 눈물도 난다. 하지만 그것을 주님이 아시기에, 주안에서 어떤 방식으로든 해결함 받을 것이기에 오히려 더 감사하고 감사하다. 우리의 기쁨 속에 계신 주님, 우리의 눈물 속에 계신 주님, 우리의 기도 속에 이 주님이 계셔 우리는 오늘도 행복하다. 당신은 지금 얼마나 행복한가? 오늘도 기도로 인해 주님과 당신만이 아는 그 행복을 가슴 깊이 품고 기쁨으로 살아가기를 바란다.

묵상하기

1. 오늘도 주님의 깊고도 넓은 사랑을 깨달으며, 우리 삶에서 그 사랑이 넘치는가?
2. 오늘도 지극히 선한 것을 추구하며 순수함을 유지하고 있는가?
3. 내가 아니라 예수 그리스도를 통해 의의 열매를 풍성하게 맺고 있는가?
4. 우리의 삶이 진정 하나님께 영광과 찬송이 되고 있는가?

05

매임(12-14절): 매임이 도리어 복음전파에 진전이 되다

12. 형제들아 내가 당한 일이 도리어 복음 전파에 진전이 된 줄을 너희가 알기를 원하노라
13. 이러므로 나의 매임이 그리스도 안에서 모든 시위대 안과 그 밖의 모든 사람에게 나타났으니
14. 형제 중 다수가 나의 매임으로 말미암아 주 안에서 신뢰함으로 겁 없이 하나님의 말씀을 더욱 담대히 전하게 되었느니라.

"형제들아 내가 당한 일이 도리어 복음 전파에 진전이 된 줄을 너희가 알기를 원하노라(12절)."

"형제들아." 바울은 빌립보교인들을 형제(adelphoi, brothers)라 했다. 주안에서 한 가족이란 말이다. 출생이나 혈연에 의한 것이 아니라 믿음으로 한 가족이 되었고, 하나님의 자녀로서 한 가족이 되었다. 영 가족, 신령한 가족이다.

"내가 당한 일이." 원문은 '나에 관한 것들(hoti ta kat eme)'로 되어 있다. 내가 당한 일은 자신이 옥에 갇히게 된 것을 말한다. 갇힘으로 인해 발생되는 온갖 고난과 제약들을 말한다. 횡령을 했거나 강도짓을 해서 구금된 것이 아니다. 복음을 전한다는 이유로 갇히게

되었다. 핍박을 받은 것이다.

"도리어 복음 전파에 진전이 된 줄을 너희가 알기를 원하노라." '도리어(mallon)'는 예상과 달리 정 반대의 결과가 나타날 때 사용한다. 바울이 투옥된 것은 많은 사람들의 마음을 아프게 하고 그리스도인으로서의 삶을 포기하게 만들 수 있다. 그런데 바울은 자신이 옥에 갇히게 된 것이 오히려 복음의 진전(advance the gospel), 곧 복음 전파에 도움이 되었다고 말한다. 그리스도의 복음을 전할 기회가 되었다는 것이다. 개역한글에는 '복음의 진보'라 했다. 진보란 본대가 쉽게 갈 수 있도록 첨병들이 앞서 가 장애물을 제거하고 길을 내는 것을 말한다. 바울이 옥에 갇히게 됨으로 복음전파가 끝난 것이 아니라 오히려 복음이 더 전파되는 계기가 된 것이다. 또 다른 시작이다. 바울의 갇힘과 매임이 예상과는 달리 복음 확산의 디딤돌이 되었으니 어찌 놀랍지 아니한가. 통념을 깨뜨리는 하나님의 '도리어 법칙(mallon principle)'은 지금도 유효하다.

고난과 핍박이 오히려 복음의 확산에 도움이 되었다는 사실은 바울의 경우에게만 해당되지 않는다. 기독교는 박해를 통해 더 확산되었다. 교회사가 그것을 입증하고 있다. 그러므로 현대 교회는 믿음의 선배들이 보여준 신앙의 모범을 보다 깊이 있게 연구하고 배울 필요가 있다. 나아가 개인이나 집단의 잘못으로 교회에 누를 끼치고 전도를 막는 일은 없어야 한다.

"이러므로 나의 매임이 그리스도 안에서 모든 시위대 안과 그 밖의 모든 사람에게 나타났으니(13절)."

나의 매임과 모든 시위대 안과 그 밖의 모든 사람에게 나타남 사이에 중심적인 단어가 있다. 바로 '그리스도 안에서'다. 나의 매임은 그가 옥에서 착고에 채워져 있음을 말한다. 그 매임은 바로 그리스도를 위한 매임(chain for Christ)이다. 그런데 그 온 시위대 안과 기타 모든 사람에게 변화가 일어났다. 그리스도가 증거 되고 복음을 들을 수 있는 기회가 생긴 것이다. 이것은 성령 하나님의 역사가 아니면 불가능하다. 하나님께서 움직이기 시작하신 것이다. 물리적으로는 더 이상 복음전도가 불가능한 상태에서 복음이 전해진다는 것은 기적이다. 하나님이 개입하지 않고서는 불가능한 일이다. 절망이라 할 수 있는 그 마지막 순간에 주님은 개입하신다. 그것이 바로 '그리스도 안에서' 일어난 복음의 역사다.

바울의 매임이 복음의 진보가 된 첫 번째 증거는 시위대 안이다. 바울은 시위대(pretorium)라 했다. 그것은 그가 시위대 감옥에 갇혀 있었음을 보여준다. 이 시위대가 로마의 시위대인지 가이사랴의 시위대인지는 확실하지 않다는 주장도 있다. 하지만 대부분의 학자는 로마의 시위대로 보고 있다. 이 시위대는 왕궁수비대(imperial guard, palace guard)로 가이사의 정예 군대이다. 그가 시위대 감옥으로 옮겨졌다는 것은 바울을 중죄인으로 취급했음을 말해준다. 바울은 처음 로마에서 가택구금의 상태에 있었다. 그 때는 자유롭게 사람을 만나고 성경을 가르칠 수 있었다. 하지만 네로 황제의 마음이 바뀌면서 가택구금이 시위대 감옥으로 바뀐 것으로 보인다. 바울은 죽음에 대한 공포도 점점 커졌을 것이다. 그도 사람 아니던가.

그 때 그가 주님을 위해 할 수 있는 것은 과연 무엇일까? 무엇보다 신실하신 주님을 생각하면서 죽음이 더 유익할 수 있다는 생각을 하게 되었다. 비록 감옥에 있다 할지라도 끝까지 복음을 전하는 주의 종이 되기로 했다. 죽음을 각오한 것이다.

여기에서 우리는 우리의 보는 방식과 바울의 보는 방식에 차이가 있음을 보여준다. 감옥에 있으면서 별을 보는 사람과 진창을 보는 사람의 태도는 서로 다르다. 우리가 바울과 같은 시련과 고통 속에 있다고 가정할 때 "왜 이런 일이 하필 나에게 일어났는가? 왜 나야?" 하면서 계속 부정적으로 생각할 경우 하나님과 멀어질 수밖에 없다. 그러나 그 시련을 통해 복음의 진보를 생각하고 오히려 기뻐하며 긍정적 태도를 유지한다면 보는 눈이 달라질 것이다. 우리도 고통으로부터 도망하려 하지 말고 긍정적 믿음으로 고통을 어루만질 필요가 있다. 자신의 매임이 하나님의 주권 아래서 복음의 진보가 되었음을 기쁘게 생각하는 바울의 성숙한 모습을 배울 필요가 있다.

바울은 입을 열어 병사들에게 복음을 전했다. 다른 때와는 달리 오히려 마음이 평온해진다. 그는 침착함을 잃지 않고 복음을 전했다. 시위대원들은 바울이 다른 수감자와는 달리 도덕적인 너비와 영적인 깊이가 있는 것을 알았고, 그가 전하는 복음을 듣고 감동했다.

하나님은 감옥에 있는 바울, 쇠사슬에 묶인 바울을 사용하셨다. 그는 비록 몸이 묶여 있었지만 하나님의 말씀은 결코 묶이지 않았다. 이 번 경우가 아니라 할지라도 바울은 여러 차례 그 경험을 했다. 다음은 바울의 고백이다.

> "복음을 인하여 내가 죄인과 같이 매이는 데까지 고난을 받았으나
> 하나님의 말씀은 매이지 아니하니라(딤후 2:9)."

시위대 안 감옥이라 할지라도 이 원칙은 그대로 적용된다. 하나님이 하시는 일이기 때문이다. 하나님의 일을 사람이 막을 수 없다.

"그밖에 모든 사람들." 기타 모든 사람들에게 나타난 것은 복음 진보의 두 번째 증거다. 바울의 옥중 전도에 이어 전도의 제2막이 열린 것이다. 기타 모든 사람들이 누구인가에 대해서 여러 추측이 가능하지만 로마법정의 관리들일 가능성이 높다. 바울은 감옥과 법정을 오가는 상태에 있었기 때문이다. 그들은 바울이 주장하는 바를 알기 위해 노력했을 것이고 그래야 판단이 가능했을 터다. 바울이야 이미 유대 재판정에서 복음을 변호하고 확정했던 인물 아니던가. 빌립보서 4장 22절에 바울은 "특별히 가이사 집 사람 중 몇"에게 안부를 전하도록 했다. 바로 이 사람들이 그 당시에 바울로부터 복음을 받은 '기타 모든 사람들'이었을 가능성이 있다.

복음의 파급은 시위대 안에 국한되지 않았다. 시위대 밖에까지 퍼져 믿는 자의 수가 늘어갔다. 시위병뿐 아니라 그와 관련된 자들, 가이사의 집 사람들, 그리고 그를 방문했던 한 사람 한 사람에게까지 퍼졌다. 그리스도의 향기는 막히지 않는다. 바울은 갇힘을 통해 당시의 엘리트인 로마 군인들을 만나 복음을 전했고, 가이사의 집 사람들에게도 복음이 전파되었다. 바울의 갇힘이나 매임이 복음의 진보를 가로막은 것이 아니라 더욱 복음을 전할 수 있게 되었다. 갇힘이 실패가 아니라 복음전파를 위한 성공의 열쇠가 되었다. 이것은 역설이 아닐 수 없다. 많은 사람들에게 바울의 매임은 끝이었다. 하지만 하나님에게는 시작이었다. 사람이 보는 눈과 하나님이 보는 눈은 다르다. 하나님에게는 실패나 손해란 없다.

"형제 중 다수가 나의 매임으로 말미암아 주 안에서 신뢰함으로 겁 없이 하나님의 말씀을 더욱 담대히 전하게 되었느니라(14절)."

시위대 안과 그밖에 모든 사람에게 복음이 전파되었다는 소식은 믿음의 형제들에게 용기를 주고 담대히 복음을 전할 수 있게 해주었다. 복음의 진보가 온 시위대 안, 기타 모든 사람들, 그리고 믿음의 형제들에게 나타나고 있는 것이다.

"형제 중 다수가 나의 매임으로 말미암아." 복음 전도는 바울에서 끝나지 않았다. 바울이 주를 위해 갇히자 형제 중 다수도 겁 없이 전파했다. 감옥 밖에 있는 성도들 가운데 상당수가 그의 매임을 인하여 더욱 강해져 용기 있게 복음을 증거 했다는 말이다. 그의 매임이 전도의 열을 떨어뜨리는 것이 아니라 오히려 믿음의 형제들에게 용기를 주고 담대히 복음을 전하게 만들어 준 것이다. 예루살렘에서 예수의 제자들이 성령을 받아 두려움 없이 말씀을 전한 것처럼 로마의 형제들도 말씀을 더 용감하게, 두려움 없이 전했다. 세상이 복음으로 뒤덮이게 된 것이다. 복음에 후퇴는 없다.

"주 안에서 신뢰함으로 겁 없이 하나님의 말씀을 더욱 담대히 전하게 되었느니라." 형제들이 집단으로 복음을 전파할 수 있었던 것은 '주 안에서의 신뢰함'이 있었기 때문이다. 신뢰함(pepoithotas)은 자신감을 갖는 것(having confidence)이다. 자신감이 크니 담대함도 높다. 그것도 주안에서 신뢰함이니 차원이 다르다. 생명도 내놓을 수 있다.

하나님은 극한상황 속에서도 복음을 진행시키셨고, 성도들에게 자신감을 심어주셨다. 그들은 바울이 고난 가운데 있다 해도 하나님을 신뢰하고, 바울을 신뢰하고, 형제들을 신뢰하며 더 열심히(perissoteros, more exceedingly) 복음을 전할 수 있었다. 어머니가 아프면 평소에 집안일을 하지 않던 식구들이 집안일을 나누어 열심히 하듯 바울이 갇히자 성도들이 더 열심히 전도하게 된 것이다.

빌립보 교인들의 상당수는 교회 개척 멤버들이다. 개척 당시 바울이 투옥되었을 때 감옥에서 옥문이 터짐을 잘 알고 있었다. 그러므로 바울의 매임도 두려워하지 않았다. 바울이 두려움 없는 믿음을 말했을 때 그들의 가슴도 뛰었을 것이다.

하나님은 고통과 고난 가운데서도 복음을 이토록 진보케 하신다. 그러므로 복음 진보의 주인공은 인간이 아니라 하나님이시다. 복음이 진보되었다는 것은 하나님의 역사하심을 우리 눈으로 직접 보도록 한 것이다. 우리가 하나님의 일에 참여한다는 것은 특권이요, 그 일을 볼 수 있다는 것은 기적이다.

바울이 옥에 갇혔을 때도 복음은 전파되고, 모함을 받고 돌팔매질을 당해도 복음은 전파되었다. 어떤 방도로든 복음은 진보한다. 복음은 매이지 않는다. 이것이 바로 살아있는 복음의 역사요 비밀이다.

전도자는 이 복음이 전파되는 것을 기쁨으로 여겼다. 복음으로 인해 영적으로 죽은 자들이 생명을 얻기 때문이다. 이 기쁨은 세상의 기쁨과는 차원이 다르다. 세상이 줄 수 없는 기쁨이다.

바울은 옥중에서도 주안에 사는 자의 기쁨을 황홀하게 전해주고 있다. 이 서신을 접한 빌립보교인들의 마음이 어떠했을까. 기독교는 무력한 종교가 아니다. 하나님은 우리가 생각할 수 없는 방법으로 일하신다. 하나님은 바울을 통해 하나님이 어떻게 일하시는가를 보라 하신다. 하나님은 지금 우리 삶의 현장을 통해서도 이 기쁨을 나누고자 하신다.

그리스도인은 끝을 알고 있는 사람이다. 승리가 마지막 장이다. 모든 것은 하나님의 장중에 있기 때문이다. 기뻐하라, 용기를 가져라. 전하라.

묵상하기

1. 복음 때문에 당신이 중죄인 취급을 당하며 생명이 위태로울 때 당신은 주님을 위해 과연 어떤 선택을 하겠는가?
2. 고난과 핍박이 도리어 복음의 진보가 된다. 당신의 삶에서 복음의 진보가 긍정적으로 나타난 적 있는가? 혹시 나로 인해 복음의 진보가 막힌 적 없는가?
3. 형제들은 주 안에서 신뢰함으로 담대히 말씀을 전할 수 있었다. 우리 안에는 어떤 신뢰가 형성되어 있는가? 주님에 대한 신뢰, 지도자에 대한 신뢰, 형제에 대한 신뢰는 어떤가?

06

사랑과 다툼(15-18절): 무슨 방도로 하든지 전파되는 것은 그리스도니

15. 어떤 이들은 투기와 분쟁으로, 어떤 이들은 착한 뜻으로 그리스도를 전파하나니
16. 이들은 내가 복음을 변증하기 위하여 세우심을 받은 줄 알고 사랑으로 하나
17. 그들은 나의 매임에 괴로움을 더하게 할 줄로 생각하여 순수하지 못하게 다툼으로 그리스도를 전파하느니라
18. 그러면 무엇이냐 겉치레로 하나 참으로 하나 무슨 방도로 하든지 전파되는 것은 그리스도니 이로써 나는 기뻐하고 또한 기뻐하리라

"어떤 이들은 투기와 분쟁으로, 어떤 이들은 착한 뜻으로 그리스도를 전파하나니(15절)."

"어떤 이들은 투기와 분쟁으로." 바울이 시위대 안 감옥으로 이송되자 로마교회 교인들 사이에 전도열이 붙기 시작했다. 그런데 어떤 무리들은 바울의 지도력을 시기하는 마음으로, 곧 자신들의 영향력을 확보하기 위해 열심히 전도했다. 투기(phthonon)는 부러워함(envy)을 뜻하고, 분쟁(erin)은 경쟁심을 뜻한다. 마음 한 편으로는 복음을 위한 바울의 상태를 부러워하면서, 바울과 경쟁해 자신들의

입지를 강화하려는 뜻으로 복음을 전파했다.

반대로 어떤 무리들은 바울을 이해하며 착한 뜻으로 전도했다. 전도의 성격이 아주 다르다. '착한 뜻(eudokian)'은 '기쁨(delight),' '좋아 보임(well-seeming)'이라는 뜻을 가지고 있다. 선한 의지를 가지고 기쁨으로 전도했다는 말이다.

왜 그렇게 되었을까? 그것은 로마교회의 생성과 그 역사와 연관이 있다. 로마교회는 오순절에 예루살렘에 왔다가 사도들의 말씀을 듣고 성령을 받은 자들이 로마에 돌아가 교회를 세운 것으로 알려져 있다. 예루살렘에 왔던 사람들은 대부분 유대인들이었다. 교회가 세워지자 이방인들도 들어와 교인이 되었다. 클라우디우스(Claudius) 황제가 유대인을 로마에서 추방하자 교회에는 이방인들만 남게 되었다. 그때 바울이 이들을 위해 로마서를 써서 보낸 것으로 추측된다.

하지만 로마서가 도착할 즈음엔 추방령이 풀려 유대인들이 로마로 들어오게 되었다. 훗날 바울도 로마에 들어오게 된다. 바울이 로마에서 사역을 한 것은 아니지만 영향력은 컸던 것으로 보인다. 마침 바울이 투옥되고 시위대 감옥으로 이송되는 것을 본 일부 교인들, 특히 바울의 지도력을 시기하던 일부 교인들이 차제에 자신들의 영향력을 넓히기 위해 이른바 '투기와 분쟁으로' 전도를 하게 된 것이다. 바울이 감옥에 간 것을 기회로 생각하며 열심을 낸 것이다.

라이트푸트(Lightfoot)는 그들을 유대주의자로 보았다. 그들은 기독교 밖 유대인들이 아니라 기독교 안의 유대인들이다. 교회 안에 들어왔지만 '불완전한' 믿음으로 인해 바울을 시기했을 가능성이 높다. 특히 구원을 유대민족에 한정시키고자 했을 수도 있다. 이런 행위는 복음의 우주성에 반하는 행위다. 어떤 이유든 시기는 하나님의 사랑에 도전하는 것이다.

이와는 달리 어떤 이들은 바울을 이해하며 착한 뜻으로 전도했다. 순전치 못하게 파당을 만들어 가며 전도하는 사람들과는 대조적이다. 두 그룹은 성격이 아주 달랐다.

바울은 시기심에 전도하는 사람들을 '그들(17절)'이라 했고, 순전한 뜻으로 전도하는 사람들을 '이들(16절)'이라 했다. 그들은 전자(the former)를 가리키고, 이들은 후자(the latter)를 가리킨다. 그들은 '투기와 분쟁,' '다툼,' 곧 자신의 야망으로 교회 안에서 자신들만의 이기적 왕국을 건설하고자 했지만 이들은 사랑의 마음, 순수한 마음으로 전도했다.

"이들은 내가 복음을 변증하기 위하여 세우심을 받은 줄 알고 사랑으로 하나(16)."

이들은 착한 뜻으로 전도하는 사람들을 가리킨다. 그들은 바울이 복음을 변호하기 위해 세운 바 된 하나님의 종으로 인정하고 사랑으로 전도했다. 변증(apologian)은 복음을 변호(defense)하는 것, 곧 좋게 말하는 것이다. 이들은 바울이 투옥된 것이 복음을 변호하기 위해 세움 받은 기회로 판단했다. 이들은 바울을 이해하는 사람들이었고, 그것은 사랑의 마음에서(out of agape) 나온 것이었다. 바울은 그들을 가리켜 '착한 뜻'을 가진 사람, 사랑으로 하는 사람, 참으로 전도하는 사람이라 했다.

중요한 것은 그의 매임이 전도의 열을 떨어뜨리는 것이 아니라 오히려 믿음의 형제들에게 용기를 주고 담대히 복음을 전하게 만들어 주었다는 것이다. 성도들이 담대한 마음으로 더욱 힘 있게 복음을 전파하게 된 것은 바울이 갇힘과 매임이 더 이상 복음 확산에 장애가 되지 않았다는 것을 보여준다.

"그들은 나의 매임에 괴로움을 더하게 할 줄로 생각하여 순수하지 못하게 다툼으로 그리스도를 전파하느니라(17절)."

여기서 그들은 바울을 시기한 사람들이다. 바울은 그들을 순수하지(hagnos, pure) 못하다 했다. 순수하지 못하다는 것은 바른 마음을 가지고 행동하지 않았다는 말이다. 그들은 파당을 지어 바울의 형편을 더 악화시키고자 했다. 다툼(eritheia, strife)은 파당(faction)을 뜻한다. 자기들의 야망을 성취하기 위해 파당을 지었다는 말이다. 그들의 야망이란 감옥에 갇힌 바울에게 괴로움(thlipsin, affliction)을 더 주는 것이었다. 그것이 바로 "나의 매임에 괴로움을 더하게 할 줄로 생각하여"다. 그런 목적으로 전도를 했다는 말이다. 이런 점에서 순수한 의미의 전도는 아니다. 하나님의 일을 생각하기보다 사람의 일을 먼저 생각한 것이다. 이런 파당적 행동은 인간적으로 바울의 마음을 괴롭게 만들 수 있었다. 하지만 바울은 결론적으로 말한다.

"그러면 무엇이냐 겉치레로 하나 참으로 하나 무슨 방도로 하든지 전파되는 것은 그리스도니 이로써 나는 기뻐하고 또한 기뻐하리라(18절)."

얼마나 놀라운 선언인가. 겉 치레로 하는 것은 '프로파세이(prophasei)' 곧 가식적으로 하는 것(pretense)을 말한다. 이것은 참(aletheia, truth)과는 반대된다. 가식적으로 하든지 진정으로 하든지 무슨 방도로 하든지 전파되는 것은 예수 그리스도니 기쁘지 아니한가. 바울은 이 역설을 믿음의 눈으로 보았다. 매임을 당했을 때도 복음이 전파되고, 모함을 받고 돌팔매질을 당해도 복음이 전파된다. 어떤 방도로든 복음만 전파되면 되는 것 아니겠는가.

그는 결코 마음의 평정을 잃지 않았고 목적이 분명했다. 바울은 저들의 시기와 파당을 보지 않고 복음이 전파되는 것을 보았다. 시기와 파당과 같은 나쁜 환경을 보면 분노가 생기고 마음의 상처를 받지만 오히려 복음전파라는 좋은 환경을 바라봄으로써 기쁨을 찾았다. 환경이 어떻든지 복음만 전파되면 되기 때문이다.

"이로써 나는 기뻐하고 또한 기뻐하리라." 이 말 속에는 현재의 기쁨(chairo)과 미래의 기쁨(charesomai)이 있다. 그 기쁨은 그리스도가 전파되는 데 있다. 어떤 방도로든(panti tropo, to every method) 전도를 하든지 전파되는 것은 그리스도니 그것이 기쁘다. 자신이 아니라 그리스도가 존귀하게 되면 된다. 이 말은 자신을 괴롭히는 것에 대해 전혀 개의치 않는다는 말이기도 하다.

바울의 이 같은 태도는 그의 인격이 얼마나 높은가, 그의 가슴이 얼마나 넓은가를 보여준다. 그는 자신의 인간적 이익을 생각하지 않고 주님의 유익을 먼저 생각했다. 이것은 서신의 서두에서 자신이 그리스도 예수의 종임을 선언한 그것이 결코 입에 발린 말이 아님을 보여준다.

어려운 환경일수록 더 많이 기도하고 더 많이 하나님을 의지했을 것이다. 그는 살든지 죽든지 예수 그리스도만 존귀하게 되면 족하게 생각했다. 그의 이러한 성숙한 신앙은 고난 속에서 오히려 자라게 되었다. 고난을 신앙의 성숙으로 승화시킨 것이다. 바울이 옥에 갇히든 시기를 받든 그리스도만 존귀하게 되기를 바랐던 것처럼 그리스도인은 환난과 고난 속에서 세상을 바라볼 것이 아니라 예수 그리스도를 바라보아야 한다.

그들이든 이들이든 모든 것이 협력하여 선을 이루면 된다고 하는 바울의 모습 속에 세상적인 시각을 뛰어넘는 위대함이 있다. 자신에 대한 어떤 미움이나 질시 모두 묻어버리고 오직 하나님의 뜻, 하나님의 목적, 복음의 진보만을 생각하는 바울을 보자. 바울의 말처럼 우리 자신의 모든 매임이 복음의 진보가 되기를 기도하자.

복음의 진보는 미미한 곳에서부터 시작되어 높은 데 이른다. 결국 로마는 기독교를 국교로 지정하게 된다. 로마법은 사람을 매이게 하지만 복음은 매이지 않는다. 시기로든, 선한 뜻이든, 감옥에서든 어떤 방식으로든 전파된다. 하나님께서는 우리의 매임도 그분의 유익을 위해 사용하신다.

바울이 기뻐하는 이유는 예수님이 전파되기 때문이다. 우리의 기쁨은 어디에 있는가. 우리는 그리스도인이다. 예수를 믿는 사람이다. 바울은 감옥에서도 기도하고 성령의 인도함을 받았다. 주님 보다 우리 자신을 내세우는 것은 그리스도인이 아니다. 복음보다 나를 귀중히 여기는 것은 그리스도인이 아니다. 어떤 방도로든, 때를 얻던지 못 얻던지 복음을 전하고, 예수 그리스도가 전파되는 것을 기뻐하고 또 기뻐하며 사는 것이 그리스도인이다.

묵상하기

1. 당신은 혹시 시기심으로, 경쟁의식을 가지고 전도하거나 신앙생활을 한 일은 없는가?
2. 당신을 질시하는 사람들이 있다 해도 당신은 그리스도 안에서 너른 마음으로 그들을 포용할 수 있는가?
3. 방법이 다르고, 동기가 달라도 어떤 방도로든 그리스도가 전파되는 것을 오로지 기뻐하며 감사할 수 있는가?

07

살든지 죽든지(19-21절): 내게 사는 것이 그리스도니 죽는 것도 유익함이라

19. 이것이 너희의 간구와 예수 그리스도의 성령의 도우심으로 나를 구원에 이르게 할 줄 아는 고로
20. 나의 간절한 기대와 소망을 따라 아무 일에든지 부끄러워하지 아니하고 지금도 전과 같이 온전히 담대하여 살든지 죽든지 내 몸에서 그리스도가 존귀하게 되게 하려 하나니
21. 이는 내게 사는 것이 그리스도니 죽는 것도 유익함이라

"이것이 너희의 간구와 예수 그리스도의 성령의 도우심으로 나를 구원에 이르게 할 줄 아는 고로(19절)."

'이것'은 바울이 그 당시 감옥에서 겪은 온갖 시련과 고통, 곧 전도 때문에 당하는 고통을 말한다. 이것이 결국 자신을 구원에 이르게 할 줄 안다고 말한다. 여기서 구원(salvation, deliverance)은 감옥에서 풀려는 것을 말하는 것이 아니라 최종적으로 완성될 영광스러운 구원을 말한다. 이것은 그가 빌립보교인들에게 "너희 구원을 이루라"(빌 2:12)한 말과 맥을 같이 하고 있다. 그는 자신이 겪는 고통이 마지막 영혼 구원에 은총을 더해 줄 것으로 믿었다.

이 일을 이루는 데 성도들의 간구(deeseos, petition), 곧 기도와

성령의 도우심이 작용할 것으로 확신했다. "너희의 간구와 예수 그리스도의 성령의 도우심으로." 성도들도 그리 되도록 기도할 것이고, 성령님도 도우실 것이라는 것이다. 성도들의 기도가 왜 필요할까? 그것은 성도들의 기도가 믿음에 대한 확신을 흔들리지 않게 하고 힘을 불어넣어주기 때문이다. 성도의 영적 교제는 성령의 도우심 못지않게 중요하다는 것을 보여준다. 더욱이 바울은 지금 감옥에 있지 않는가. 설교가 스펄전도 언제나 자기를 위해 기도해주는 수백 명의 성도가 있다는 것을 자랑스럽게 생각했다. 나아가 성령님의 도우심이 없다면 감옥에서 그는 더 이상 견딜 수 없을 것이다. 성령의 도우심에서 도우심(epichoregias)은 위로부터의 끊임없는 '공급(supply)'이다. 성령의 부으시는 위로가 없다면 견딜 수 없을 것이다.

"나의 간절한 기대와 소망을 따라 아무 일에든지 부끄러워하지 아니하고 지금도 전과 같이 온전히 담대하여 살든지 죽든지 내 몸에서 그리스도가 존귀하게 되게 하려 하나니(20절)."

"나의 간절한 기대(eager expectation)와 소망(hope)을 따라." 여기서 기대와 소망은 영적 기대와 소망을 말한다. 영적 욕구를 두 가지로 표현한 것이다. 원문은 "나의 예감과 기대를 따라"로 되어 있다. 예감(apokaradokian, premonition)은 위를 향한 기대이고, 기대(elpida, expectation)는 위로부터 내려오는 기대다.

바울은 인간적으로 볼 때 희망을 가질 수 없는 극한상황에서 영적으로 기대하고 소망하며 살았다. 그는 다 "잡은 줄로 여기지 아니하고" 기대하며 살았다. 윌리엄 제임스는 "행복해지기를 바라십니까. 그러면 기대하십시오."라고 말한다. 선교사 윌리엄 캐리도 "하나님을 위해 자신이 위대한 일을 하기를 소망하라. 그러면 하나님은 당신을 통해 위대한 일을 시도할 것이다"라고 했다. 기대하면 달라진다. 학생이 선생이나 친구에 대해 기대하고 바라면 학교생활이 재미있게 된다. 직장도, 가정도, 교회도 마찬가지다. 기대와 소망이 있는 한 천국을 이룰 수 있다. 그러나 기대가 사라지면 희망도 사라진다. 교인들이 교회에 대해 기대하는 것이 있으면 예배 태도가 달라진다. 기대와 소망은 그만큼 중요하다.

20절은 바울의 소망을 다음과 같이 소개하고 있다.

- 아무 일에든지 부끄럽지 않게 살자
- 어떤 환경에서도 '전과 같이' 변함없이 살자
- 내 몸에서 그리스도가 존귀하게 되게 하자

"아무 일에든지 부끄러워하지 아니하고." 어떤 일에서든 부끄럼을 당할 일은 하지 않을 것이라는(in nothing I shall be ashamed) 말이다. 시인 윤동주는 "하늘을 우러러 한 점 부끄럼 없기를" 바라는 마음을 갖고자 했다. 우리가 하나님의 영광을 드러내고자 노력하는 한 부끄럼 당할 일 없을 것이다. 그리스도인은 어떤 일을 하더라도 부끄럽지 않게 살아야 한다. 아내 앞에서, 자녀 앞에서, 친구 앞에서 부끄럽지 않은 삶을 살뿐 아니라 하나님 앞에서도 부끄럼 없는 삶을 살아야 한다.

"지금도 전과 같이 온전히 담대하여." '지금도 전과 같이(pantote kai nun, always also now)'는 예나 지금이나 어떤 환경에서도 담대함, 곧 '파레시아(paresia, boldness)'를 가지고 살겠다는 것이다. 삶과 죽음의 기로에서도 모든 담대함으로 그리스도를 빛낼 수 있도록 하겠다는 말이다.

카멜레온 인생은 상황에 따라 변한다. 신학교 입학할 때를 흔히 열로 표현한다. 주님을 향한 열이 뜨겁다. 하지만 3,4년이 지나면 열이 나는 것이 아니라 연기만 난다. 그리고 목회자가 되면 싸늘한 재만 남는다고 말한다. 시간이 가면서 그만큼 변한다는 말이다. 그러나 바울은 시간이 지나도 예나 지금이나 주님을 위한 사랑과 열정에 변함이 없다고 말한다. 주님을 위한 일이라면 늘 담대했다. '온전히 담대하여(with full courage)'는 절대 용기를 잃지 않았음을 보여준다.

"살든지 죽든지 내 몸에서 그리스도가 존귀하게 되게 하려 하나니." 그의 목표는 살든지 죽든지 자기 몸에서 그리스도가 존귀케 되는(Christ will be honored in my body) 것이었다. '존귀하게 되는'의 원문은 '확대하게 되는(megalunthesetai, shall be being magnified)'이다. 자신의 행동으로 인해서 그리스도가 축소되는 것이 아니라 더 커지기 바란다는 것이다.

바울은 빌립보서를 쓰고 난 뒤 재판을 받아 처형되었다. 그러므로 빌립보서는 유언과 같은 말씀이다. 그러므로 20절의 말씀은 그의 마지막 삶을 뒤돌아 볼 때 매우 의미가 있다. 바울은 죽음을 앞에 둔 재판에서도 이 마음을 가지고 임했을 것이다. 늘 그리스도의 영광을 자신의 몸으로 드러내며 살기를 바라며 살았던 것처럼 죽음에 이를지 모르는 지금 이 상황에서도 그렇게 살기를 바란다는 것이다. 전에 예수 믿는 자들을 그토록 박해했던 그가 이렇게 말한 것을 보면 얼마나 달라졌는가를 알 수 있다.

사람은 어려울 때 본 모습이 나타난다. '살든지 죽든지(whether by life or by death)'는 어떤 상황에서도 한결같은 신앙의 자세를 가졌음을 보여준다. 인간이 처하는 모든 상황을 포함하는 말이며, 어떤 어려운 상황에서도 나 때문에 예수의 이름이 수치를 당하지 않도록 하겠다, 사나 죽으나 예수 이름만 높여지기를 바란다는 것이다. 어떤 상황에서도 하나님의 영광만 드러내겠다는 것은 그리스도인이 가져야 할 궁극적인 자세이다. 그리스도인은 언제나 이렇듯 거룩한 소망과 긴장 속에 살아야 한다.

신앙생활을 하는 사람가운데도 자기 이름을 위해 살고 싶어 하는 사람이 많다. 목사마저 명사가 되고 싶어 한다. 신앙적으로 볼 때 이런 생각과 태도는 병적인 상태이다. 그리스도인은 교회이름이나 자기 이름이 남기를 바라는 것이 아니라 오직 그리스도 이름만 남기를 바라는 마음으로 신앙생활을 해야 한다. 휫필드는 말한다. "휫필드의 이름은 사라지게 하라. 오직 예수 이름만 남게 하라." 주님과 동행하는 사람은 말한다. "왜 공부하는가? 주님 때문이다. 왜 일하는가? 다 주님 때문이다."

"이는 내게 사는 것이 그리스도니 죽는 것도 유익함이라(21절)." 살든지 죽든지 내 몸에서 그리스도가 존귀히 되는 것이니 죽는 것도 두렵지 않다고 선언한 그는 이제 내게 사는 것이 그리스도니 죽는 것도 유익하다 말한다.

"내게 사는 것이 그리스도니." '내게 사는 것이(emoi gar to zen)'는 '내게 살아있는 것이(for to me the to be living)'란 뜻이다. 나에겐 지금 그리스도가 살아있다는 말이다. 공동번역은 "나에게는 그리스도가 생의 전부입니다"라 했다. 주님이 자신의 삶 전체에 의미와 목적이라는 것이다. 자신의 마음속에 그리스도가 꽉 차 있다는 말이다. 그러니 살아 있어도 주님뿐이요 죽어도 주님뿐이다. 죽는다고 해도 달라질 것은 없다. 핍박을 받아 죽게 된다면 더 영광이 아닌가.

죽는 것(to apothanein, the to be dying)도 유익(kerdos, gain)이다. 손해날 것이 전혀 없다. 그러니 살아있어도 주님과 함께 할 것이고, 죽어도 주님과 함께 할 것이라는 말이다. 아주 결연하다. 주기철 목사도 말했다. "예수로 죽고 예수로 삽시다."

바울은 빌립보서를 쓰면서 세상에서 가장 중요한 것이 무엇인가를 다시 한 번 확인했을 것이다. 그것은 오직 예수님이다. "죽는 것도 유익함이라." 삶의 주관자는 주님이심을 고백하였다. 모든 것을 주님께 맡긴다는 말이다. 전적으로 그분의 결정에 따르겠다는 것이다. 전적 의탁이다. 주님을 사랑하는 자만이 할 수 있는 말이다.

묵상하기

1. 자신이 겪는 지금의 고통이 마지막 영혼 구원에 도움이 되리라 확신하는가?
2. 살든지 죽든지, 곧 어떤 상황에서든지 내 몸에서 주님만이 존귀하게 되고자 하는가? 혹시 주님을 나 자신으로 바꿔 살고 있지 않은가?
3. 나의 삶 전체의 의미와 목적이 진정 주님이신가? 내 안에 주님으로 꽉 차 있는가? 죽음의 자리에 선다 할지라도 오직 주님뿐이라는 마음 변치 않겠는가?

08

선택의 어려움(22-24절): 생과 사, 그 둘 사이에 끼여

22. 그러나 만일 육신으로 사는 이것이 내 일의 열매일진대 무엇을
    택해야 할는지 나는 알지 못하노라
23. 내가 그 둘 사이에 끼었으니 차라리 세상을 떠나서 그리스도와
    함께 있는 것이 훨씬 더 좋은 일이라 그렇게 하고 싶으나
24. 내가 육신으로 있는 것이 너희를 위하여 더 유익하리라

"그러나 만일 육신으로 사는 이것
이 내 일의 열매일진대 무엇을 택해야 할는지 나는 알지 못하노라
(22절)."

"그러나 만일 육신으로 사는 이것이 내 일의 열매일진대." 바로
앞 절에서는 죽는 것도 유익하다 했다. 그런데 절을 바꾸면서 사는
것도 '내 일의 열매일진대'라 했다. 내 일의 열매란 '자신에게는 열
매를 맺는 일(fruitful labor for me)'이라는 말이다. 어떤 열매들일
까? 목숨을 부지하게 되는 경우 그는 결코 가만히 있지 않을 것이다.
이방인들에게 예수 그리스도가 생명 되심을 전하고, 그들을 구원으
로 이끌며, 교회를 세우고 말씀으로 붙들어준다. 이것은 바울이 맺
을 일의 열매임이 확실하다.

"무엇을 택해야 할는지 나는 알지 못하노라." 죽음도 유익하고 살아서 전도의 열매를 맺는 것도 좋은 것이니 정작 둘 중 어떤 것을 선택해야 할지 알 수가 없다. 죽음과 삶의 기로에서 어떤 것을 택해야할지 모르겠다는 것이다.

사실 지금 그에겐 아무런 선택권은 없다. 자신이 삶과 죽음 중 어느 하나를 선택해야 하는 위치에 있지 않다. 투옥되어 언제 죽게 될지 알지 못하는 상황이다. 그것도 복음을 거부하는 사람들의 손에 그의 목숨이 달려있다.

그러나 그가 지금 무엇을 택해야 할지 모르겠다고 하는 것은 그 절박한 순간일지라도 죽음의 유익과 삶의 유익을 저울질하며 그 어떤 상황이 온다 해도 무익한 것은 절대 아니라는 것을 강조하고 있다. 삶과 죽음 앞에서 전전긍긍하는 것이 아니라 죽는다 해도 주님을 만날 것이니 유익하고, 살면 주님을 위해 해야 할 일이 많으니 유익하다는 것이다. 주님을 생각하면 얼른 주께 가고 싶고, 복음을 듣지 못한 수많은 이방인들이나 그가 세운 교회의 교인들을 생각하면 더 살고 싶다. 그가 내린 결론은 사실 어느 것이나 좋다는 것이다. 죽는 것을 싫어하고 살고자 하는 Win-Lose가 아니라 두 가지 모두 좋아 정말 고민되는 Win-Win 상황이다.

죽음을 앞에 놓고 우리는 과연 바울처럼 행복한 고민을 할 수 있을까? 바울의 경지는 우리가 쉽게 도달할 수 있는 경지가 아니다. 그런 의미에서 여기서 바울의 위대함을 본다.

"내가 그 둘 사이에 끼었으니 차라리 세상을 떠나서 그리스도와 함께 있는 것이 훨씬 더 좋은 일이라 그렇게 하고 싶으나(23절)."

"내가 그 둘 사이에 끼었으니." 이것은 지금 그가 처한 상황에 대한 간결한 표현이다. 그는 지금 삶의 문제와 죽음의 문제 둘 사이에 끼어있다. 끼었다(sunechomai)는 말은 양쪽 사이에 끼어 좀처럼 옴짝달싹할 수 없다(hard pressed)는 말이다. 이로 인해 자신이 찢기는(torn) 것 같고, 이리저리 밀리고(in a strait) 있다. 이것은 그가 삶과 죽음을 놓고 얼마만큼 절체절명의 상황에 처해 있는가를 보여준다.

"차라리 세상을 떠나서 그리스도와 함께 있는 것이 훨씬 더 좋은 일이라." 정작 선택하라 한다면 세상을 떠남, 곧 죽는 것이다. 그리스도와 함께 있는 것, 곧 '순 크리스토(sun Christo)'다. 주님과 함께 있는 것이야 훨씬 더 좋은(far better) 일이 아니겠는가. 세상에 그 어느 것도 이것과 비교할 수 없다. 더욱이 지금까지 주님이 주시는 힘으로 복음전파에 매진해왔고, 감옥에 있는 그로썬 하루라도 빨리 주님을 보고 싶지 않았겠는가. 그는 이 심경을 '차라리(mallon)'란 말로 표현했다. '도리어'의 심정이다.

이 세상에 있는 것보다 떠나는 것이 '차라리,' 곧 훨씬 더 좋은 것이 무엇일까?

- 장막과 같은 이 세상을 벗어나 영원한 본향으로 가니 좋다.
- 영원히 주님과 동거하며 살게 되니 좋다.
- 복음 전한다며 더 이상 핍박받지 않으니 좋다.
- 고난과 고통이 없는 나라로 가니 좋다.
- 영원한 기쁨이 있는 나라로 가니 좋다.
- 늘 싸워야 하는 이 세상이 아니라 천국잔치가 벌어지는 곳에 가니 좋다.
- 더 이상 죄와 함께 하지 않으니 좋다.

이것은 그가 얼마나 주님을 사모하고, 하늘나라를 가고 싶어 하는가를 보여준다.

"그렇게 하고 싶으냐." 정말 주님이 있는 그 나라로 어서 가고 싶다. 그러나 그는 잠시 멈추어 생각해본다. 내가 주님께로 가는 것으로 다 끝을 내도 좋은 것인가. 순간 바울은 빌립보 교회를 비롯해 여러 교회가 생각난다. 그들의 모습이 어른거린다. 잊을 수 없는 교인들이다.

"내가 육신으로 있는 것이 너희를 위하여 더 유익하리라(24절)." 그는 마지막 기로에서 선택을 한다. 바울 자신보다는 너희를 위해 생각해보니 육신으로 있는 것, 곧 살아있는 것이 더 유익하겠다는 것이다.

"너희를 위하여(for you, on your account)." 이 말은 자기 자신의 유익을 생각하기보다 다른 사람의 유익을 택하겠다는 바울의 마음가짐을 보여준다. 이것은 우리 그리스도인이 절체절명의 상황에서 어떤 삶을 택해야 하는가를 보여준다. 나 자신을 위해서는 죽는 것이 유익하지만 너희, 곧 빌립보교인들에게 유익한 길을 택하겠다는 말이다.

"더 유익하리라(angkaioteron)"는 "더 필요하리라(more necessary, more needful)"는 말이다. 바울은 죽는 것이 자기 자신을 위해선 훨씬 좋지만 사는 것이 빌립보교인들에게 더 필요하다는 생각으로 바꾼 것이다. 자신을 위한 far better가 아니라 교인들에게 more necessary한 것이 무엇인가를 생각한 것이다. 너희를 위해서 더 살아야겠다는 것은 죽음을 희생한 삶이라는 점에서 구차하게 목숨을 구하는 것과는 차원이 다르다. 그리스도인은 자신을 위해 사는 사람이 아니라 다른 사람을 위해 사는 사람이다.

묵상하기

1. 인간은 죽음보다 삶을 선호한다. 당신이 핍박을 받아 죽음의 길목에 서있을 때 기꺼이 죽음의 길로 갈 수 있겠는가?

2. 바울은 차라리 세상을 떠나 그리스도와 함께 있는 것이 훨씬 더 좋은 것이라 했다. 왜 그렇다고 생각하는가? 이런 확신이 당신에게도 있는가?

3. 바울은 자기 자신의 유익보다 빌립보교회의 필요를 먼저 생각했다. 당신도 자기 자신의 유익보다 다른 사람의 유익을 위해 살겠는가?

09

함께 거하고자 하는 이유(25-26절): 너희 믿음의 진보와 기쁨을 위하여

25. 내가 살 것과 너희 믿음의 진보와 기쁨을 위하여 너희 무리와 함께 거할 이것을 확실히 아노니
26. 내가 다시 너희와 같이 있음으로 그리스도 예수 안에서 너희 자랑이 나로 말미암아 풍성하게 하려 함이라

"내가 살 것과 너희 믿음의 진보와 기쁨을 위하여 너희 무리와 함께 거할 이것을 확실히 아노니(25절)."

25절의 개역개정 한글번역은 다소 이해하기 어려운 부분이 있다. 전반적으로 무슨 뜻인지는 알겠는데 매끄럽게 연결되지 않는다. 원문을 보면 '이것을 확신하기 때문에(touto pepoithos)'가 먼저 나와 있다. "이것에 자신감을 가져(having this confidence)," "이것에 대한 확신이 들어(convinced of this)"다. 이런 확신이 섰다는 말이다. 이 말이 다른 것보다 먼저 나온 것으로 보아 이 확신은 24절의 말씀, 곧 "내가 육신으로 있는 것이 너희를 위하여 더 유익하리라"는 것에 대한 확신으로 간주될 수 있다. 바울은 빌립보교인들에게 사랑의 빚을 많이 지고 있다고 생각했기에 더욱 그리 생각했을 것이다.

이에 관한 확신이 섰기 때문에 "내가 살 것과 [---] 너희 무리와 함께 거할 이것을 아노라" 했다. 자신이 육신적으로 살 것, 곧 거할 것(remain, abide)이고, 계속해서 빌립보 교인 모두와 함께 지내게 (continue with you) 되리라는 것이다. 이것은 그가 갑자기 생각을 바꾸어 살고 싶다고 말하는 것은 아니다. 그는 이미 생명에 대한 애착을 극복했다. 그것에 대한 관심은 이미 포기했다고 했다. 그럼에도 불구하고 삶에 대해 말하는 것은 빌립보교인들을 생각하니 삶에 대한 의지가 새롭게 솟구쳤음을 의미한다.

왜 삶에 대한 의지가 갑자기 강렬해졌을까? 그것은 빌립보 교인들의 믿음을 발전시키고 그들의 믿음에 더 큰 기쁨을 주기 위한 강렬함이 컸기 때문이다. 개역개정은 "너희 믿음의 진보와 기쁨을 위하여"라 함으로써 그가 살아남아 그들과 함께 할 목적이 무엇인가를 분명히 했다. 원문에서 진보(prokopen)과 기쁨(charan) 이 두 단어는 믿음(pisteos)에 연결되어 있다. 이것은 빌립보교인들의 믿음에 있어서 진보(progress, furtherance)와 기쁨(joy)을 위한 것이다. 믿음의 진보요 믿음의 기쁨이다. 바울이 그들과 함께 있게 되면 그들의 믿음을 발전시켜주고 기쁨을 더해 줄 수 있으리라 확신한다는 것이다. 이것은 24절에서 말하는 "너희를 위하여 더 유익하리라"는 말씀이 더 구체화된 것이다.

믿음의 진보란 무엇일까? 그것은 영적인 진보다. 하나님을 아는 지식이 늘어가고, 주안에서 서로 사랑하며, 하나 되고, 믿음으로 순종하는 열매가 많아지는 것을 말한다. 믿음의 퇴보가 아니라 발전이다. 이렇게 진보하게 되면 말할 수 없는 기쁨으로 넘치게 된다. 이것이 바로 믿음의 기쁨이다.

바울은 빌립보 교인들의 믿음이 더욱 커지고, 이로 인해 기쁨도 누리면서 살게 되기를 소원했다. 전도를 받은 사람들의 믿음이 날로 성숙되고, 믿음으로 인한 기쁨이 커지는 것을 보는 것만큼 자랑스러운 것은 없으리라. 바울은 전도자의 기쁨을 잘 알고 있다. 그 기쁨이 너무 크기에 더 살아 그들 곁에 있으며 지켜보고 싶다는 것이다.

"내가 다시 너희와 같이 있음으로 그리스도 예수 안에서 너희 자랑이 나로 말미암아 풍성하게 하려 함이라(26절)."

"내가 다시 너희와 같이 있음으로." '같이 있음(parousias)'은 현존(presence)이다. 이것은 바울이 다시 빌립보교회로 가게 될 경우를 가정한 것이다. '내가 다시 너희에게 가는 것(my coming to you again),' 이것은 바울의 진심을 담고 있다. 정말 보고 싶은 성도들이다. 다시 그들을 만나게 될 가능성이 없을 수도 있기에 이 소원은 더 절실하다. 하지만 어찌 알랴. 주님이 허락하시면 볼 수 있으리라.

그가 빌립보교인들을 다시 보고 싶은 이유가 또 있다. "그리스도 예수 안에서 너희 자랑이 나로 말미암아 풍성하게 하려 함이라." 다시 얼굴과 얼굴을 보는 날 빌립보 교인 여러분은 나, 곧 바울로 말미암아 그리스도 예수를 더욱 자랑할 수 있게 될 것이라는 확신이 담긴 말이다.

너희 자랑은 여러분의 자랑스러운 기쁨(rejoicing, proud confidence)이다. 그 기쁨은 '나로 말미암아,' '나 때문에(on account of me) 생긴 기쁨이다. 원문은 '내 안에서(en emoi, in me)'다. 양육자인 바울과 양육 받은 빌립보교인만이 느낄 수 있는 기쁨이다. 바울은 빌립보교인들을 위해 기도해왔다. 빌립보 교인들 또한 바울의 놓임을 위해 오랫동안 기도해오지 않았는가. 그들이 바울을 다시 볼 때 주님께서 그들의 기도를 들어주셨음을 확인하는 기쁨의 순간이 될 것이다. 바울이 산 표적이 되었으니 얼마나 놀라운 일인가. 그 기쁨은 단순한 기쁨이 아니라 절정의 기쁨이다.

또한 이 기쁨은 "그리스도 예수 안에서" 얻을 수 있는 기쁨이라는 점에서 독특하다. 이 세상이 줄 수 없는 기쁨이라는 말이다. 주를 위해 고난 받는, 그것도 죽음에 이른 바울이었고, 그 가운데서 걸어 나와 그들과 만난 기쁨이라면 전혀 느낌이 다를 것이다.

이 기쁨과 자랑스러움을 "풍성하게 하려 함이라(perisseue)." 풍성은 넘침(exceeding, superabounding)이다. 풍성은 많다, 가득하다(abound, abundant)는 뜻도 있지만 흘러넘친다(overflow)는 뜻도 있다. 기쁨 충만을 넘어 기쁨 넘침이다. 얼마나 아름답고 은혜 풍성한 만남일까 싶다.

이 모두는 그리스도 예수 때문이다. 바울이 빌립보교인들을 사모함도 예수 때문이고, 함께 있고 싶음도 예수 때문이다. 자랑스러운 기쁨이 넘침도 예수 때문이다. 예수님 때문에 얻는 이 감격을 바울은 이 두 절에 담고 있다.

물론 그 소망은 이루어지지 않았다. 바울이 로마의 감옥에서 순교를 당했기 때문이다. 비록 얼굴과 얼굴을 보진 못했지만 빌립보교인들은 이 서신을 통해 그의 마음을 충분히 읽었을 것이다. 바울에게 있어 주님은 섬길수록 귀한 주님이요, 섬길수록 귀한 교인들이다.

묵상하기

1. 당신은 바울처럼 양육 받는 사람들의 믿음이 더욱 커지고, 이로 인해 기쁨을 누리면서 살게 되기를 기도하는가?

2. 바울은 소망할 수 없는 가운데서 소망하며 오로지 성도들의 믿음을 마음에 두며 살았다. 당신도 고난 속에서 이처럼 믿음에 관해 절절히 생각하고 바랄 수 있는가?

3. 어려움 가운데서도 우리의 기도가 이루어지도록 기도한다. 그것이 예수 그리스도 안에서 자랑할 만한 것이 되도록 기도하는가? 오늘도 고난가운데 있는 자들을 기억하며 힘써 섬기자.

10

복음에 합당한 생활(27-28절): 복음에 합당하게 생활하라

27. 오직 너희는 그리스도의 복음에 합당하게 생활하라 이는 내가 너희에게 가 보나 떠나 있으나 너희가 한마음으로 서서 한 뜻으로 복음의 신앙을 위하여 협력하는 것과
28. 무슨 일에든지 대적하는 자들 때문에 두려워하지 아니하는 이 일을 듣고자 함이라 이것이 그들에게는 멸망의 증거요 너희에게는 구원의 증거니 이는 하나님께로부터 난 것이라

"오직 너희는 그리스도의 복음에 합당하게 생활하라 이는 내가 너희에게 가 보나 떠나 있으나 너희가 한마음으로 서서 한 뜻으로 복음의 신앙을 위하여 협력하는 것과(27절)."

"오직 너희는 그리스도의 복음에 합당하게 생활하라." 바울은 빌립보교인들을 향해 오직 그리스도의 복음을 받은 사람다운 생활을 하라 부탁한다.

바울은 복음을 위해 갇혔다. 일반 죄 때문이 아니다. 갇힘으로 끝난 것이 아니었다. 오히려 접근이 어려운 시위대들에게 복음을 전할 수 있게 되었다. 복음의 진보다. 갇혔으면서도 생각했다. 복음을 위해 더 살아야겠다. 그동안 자신의 문제에 초점을 맞춘 그는 그 초점

을 교회로 바꿨다. 충고를 해주고 싶은 것이다. 대외적으로는 환난과 핍박이 심한데 교회 안에서는 허영과 시기와 다툼이 있음을 알았기 때문이다. 그것은 복음에 합당한 생활이 아니다. 그래서 그는 하늘나라의 시민답게 복음에 합당한 시민으로 살라 한다. 이것은 그가 빌립보로 돌아갈 수 없는 처지에서 가장 하고 싶었던 말이기도 하다.

'복음에 합당하게'란 '복음의 가치에 부합하는 행동을 하라(conduct yourselves in manner worthy of gospel)'는 뜻이다. '합당하게(axios)'는 '가치 있게(worthy)'다. 가치 있는 복음에 맞는 삶을 살라는 것이다. 그것도 다름 아닌 그리스도의 복음이다. 복음은 자유를 주시는 하나님의 말씀이다. 눌린 자에게 자유를 주고 고난당하는 자에게 자유를 준다. 예수님은 자유를 주기 위해서 오셨다. 그런데 교인들이 악, 율법, 탐욕, 미움, 증오, 시기 등으로부터 자유하지 못하다니. 문제가 아닐 수 없다.

'생활하라'의 '생활(politeuesthe)'은 '시민 노릇'이다. 원문도 '시민으로 존재하라(be being citizens)'다. 시민노릇은 빌립보교인들에겐 매우 친숙한 단어다. 빌립보 주민들은 대부분 로마 시민권을 가지고 있었기 때문이다. 옥타비아누스는 주전 31년 악티움 해전에서 안토니우스와 일전을 벌려 승리를 거둔다. 옥타비아누스는 당시 안토니우스에 속한 빌립보와 주변 땅을 전쟁에서 공을 세운 병사들에게 나누어주었다. 빌립보는 퇴역한 로마 군인들의 보금자리가 되었다. 그들은 로마 시민으로서의 명예를 지키기 위해 노력했고, 자녀들에게도 로마시민으로서의 긍지와 자부심을 갖도록 교육했다. 그만큼 시민의식이 강했다.

바울은 시민노릇이라는 단어를 통해 빌립보 교인들로 하여금 로마시민으로서의 진정한 신분과 삶의 태도가 무엇인가를 일깨우고 이보다 더 의미 있는 천국시민으로서의 삶을 투철하게 살도록 했다. 그것이 바로 "그리스도의 복음에 합당하게 생활하라"는 말의 의미이다. 하나님 나라의 시민으로서 복음이 가르치는 바를 철저하게 실행하며 살라는 것이다.

나아가 바울은 빌립보교인들에게 두 가지를 당부했다. 첫 번째 당부는, "이는 내가 너희에게 가 보나 떠나 있으나 너희가 한마음으로 서서 한 뜻으로 복음의 신앙을 위하여 협력하라."는 것이다.

"내가 너희에게 가 보나 떠나 있으나." 그가 빌립보교회를 찾아가서 만나게 되든지 이렇게 떨어져 있든지 간에 부탁할 말이 있다. 그것은 바로 "한 마음으로 서서 한 뜻으로 복음의 신앙을 위하여 협력하라." 는 것이다. 이것은 빌립보 교회 내에 불협화음이 있었음을 보여준다. 이것을 안타깝게 생각한 것이다.

"한 마음으로 서서 한 뜻으로"는 '한마음 한 뜻으로 굳게 서서'란 말이다. 한마음, 한 뜻은 그리스도인의 태도가 어떠해야 하는가를 보여준다. '한 마음(heni pneumati)'은 '한 영 또는 한 정신(one spirit)'을 말한다. '한 뜻(mia psuche)'은 '한 혼'이다. 마음을 같이(one mind) 하는 것이다. 모두 하나로 모아진다. '서서(stekete)'는 군인이 전쟁에 임하는 자세다. 굳게 서서(stand firm) 비장한 각오로 일사불란하게 움직인다. 나아가 그는 "복음의 신앙을 위하여 협력하라" 했다. 한마음 한 뜻으로 굳게 서는 것은 바로 복음의 신앙을 위한(for the faith of the gospel) 것이다. '협력(sunathlountes)'은 '함께 힘을 다하여 싸우는 것(striving together),' 곧 분투를 의미한다. 각자의 위치는 다르지만 마음을 합해 승리에 이르도록 하는 것이다. 이렇게 할 때 환난을 이길 수 있다. 어려울수록 주님의 전사로서의 정체성을 확고히 하라는 말이다. 다시 볼 수 없을지도 모르는 상황에서 이것은 바울이 빌립보교회에 당부하고 싶은 사항이다.

"무슨 일에든지 대적하는 자들 때문에 두려워하지 아니하는 이 일을 듣고자 함이라 이것이 그들에게는 멸망의 증거요 너희에게는 구원의 증거니 이는 하나님께로부터 난 것이라(28절)."

"무슨 일에든지 대적하는 자들 때문에 두려워하지 아니하는 이 일을 듣고자 함이라." 이것은 그가 빌립보교인들을 향한 두 번째 당부 내용이다. 교인들이 어떤 일에 대해서도 대적하는 자들을 결코 두려워하지 않는다는 소식이 나에게 들려오기를 바란다는 것이다. 이것은 두려움에 처해있을 빌립보교인들을 깊게 생각하는 바울의 마음이 담겨 있다. 당장이라도 뛰어가서 얼굴을 보며 용기를 주고 함께 하고 싶은데 그럴 수 없다. 하지만 감옥에서라도 빌립보 교인들이 더 이상 두려워하지 않고 꿋꿋하게 신앙생활을 하고 있다는 말을 듣고 싶다.

두렵다는 것(pturomenoi)은 길가는 말이 갑자기 놀라 뛰는 상태를 말한다. 육적으로나 심적으로 크게 놀라 주체할 수 없는(being frightened, startled, terrified, alarmed) 상태다. 가슴이 철렁 내려앉고 안절부절 못한다. 바울이 빌립보 교인들에게 두려워하지 말라 할 땐 방해 정도가 매우 심각하다는 것을 보여준다. 옥타비아누스의 배려를 받은 빌립보의 로마시민권자들은 보이는 신, 곧 로마황제를 섬겼고, 보이지 않는 신을 섬기는 유대교나 기독교인들을 싫어했다. 황제를 무시한다고 생각해 도시로부터 몰아내려 했다. 그리스도인들에 대한 핍박의 강도도 심해졌다. 죽음에 이를 수도 있다. 이 엄중한 시점에 바울은 교인들을 향해 절대로 그 반대자들(adversaries, opponents)을 두려워 말라 한다.

우리는 복음의 전사, 그리스도의 전사 아니던가.

　"이것이 그들에게는 멸망의 증거요 너희에게는 구원의 증거니 이는 하나님께로부터 난 것이라." '이것'은 복음에 합당하게 생활하는 것을 말한다. 즉, 한 마음 한 뜻이 되어 서로 협력하는 것과 두려움을 이겨내는 것이다. 그 용기와 인내가 그들에게는 멸망의 징조, 곧 멸망의 표(a sign of destruction)가 되고 너희에게는 구원의 징조, 곧 구원의 표(a sign of salvation)가 된다. 믿지 않고 대적하는 자들에게는 멸망의 표적이 되고, 믿는 자들에게는 구원을 얻는 표적, 곧 눈으로 보고 느낄 수 있는 '징표(endeixis, proof)'가 된다. 이것은 인간이 만든 징표가 아니라 하나님으로부터 얻은 것이다. 신실하신 하나님은 자기 자녀들을 구원하신다. 그러니 두려워할 이유가 전혀 없다. 그리스도인은 그런 사람들이다. 의연하고 당당하라. 절대 비굴한 모습을 보이지 말라.

묵상하기

1. 우리는 하나님 나라의 시민으로서 오늘도 복음에 합당한 생활을 하고 있는가?
2. 우리 공동체가 그리스도의 복음을 위하여 한마음 한 뜻이 되어 병사처럼 굳게 서서 함께 분투하고 있는가? 아니면 갈라져 싸우고 있지는 않는가?
3. 복음의 전선에서 우리는 지금 두려움에 떨고 있지 않는가? 주님이 함께 하신다, 주님이 우리를 위해 싸우신다는 확신을 확실히 갖고 있는가?

은혜를 주신 이유(29-30절): 그를 믿을 뿐 아니라 고난도 받게 하려 함이다

29. 그리스도를 위하여 너희에게 은혜를 주신 것은 다만 그를 믿을 뿐 아니라 또한 그를 위하여 고난도 받게 하려 하심이라
30. 너희에게도 그와 같은 싸움이 있으니 너희가 내 안에서 본 바요 이 제도 내 안에서 듣는 바니라

　　　　　　　　　　"그리스도를 위하여 너희에게 은혜를 주신 것은 다만 그를 믿을 뿐 아니라 또한 그를 위하여 고난도 받게 하려 하심이라(29절)."

"그리스도를 위하여 너희에게 은혜를 주신 것은." 원문은 "그리스도를 위하는 것이 너희에게 은혜롭게 주어졌다(echariste)"이다. 은혜가 주어졌다는 것이다(is graced, it is graciously granted). 공동번역과 새번역은 이것을 '특권'이라 했다.

바울은 주님이 우리에게 주신 두 가지 은혜, 곧 특권을 말하면서, 그것이 그리스도를 위한 것임을 강조하였다. 원문은 '그리스도를 위하여(huper christou, for the sake of Christ)'다. 그 은혜는 주님으로부터 나왔고, 주님을 위한 것이라는 것이다. 우리는 주님으로부터

은혜를 받는다. 하지만 주님으로부터 받은 그 은혜를 주님의 영광을 위해 사용되어야 한다.

"다만 그를 믿을 뿐 아니라." 이것은 그가 말하는 첫 번째 특권이다. 원문은 '계속해서 믿는 것(pisteuein, to be believing)'이다. 예수를 그리스도로 고백하고 계속해서 주님이라 부를 수 있는 것은 참으로 헤아릴 수 없는 큰 은혜요 특권이다. 주님이 우리에게 은혜를 주신(선사한) 것은 우리로 하여금 그를 믿게 하신 것이다. 믿음을 갖는 것은 결코 쉬운 일은 아니다. 성령님이 우리로 믿음을 심어주지 않으면 불가능하다. 그래서 우리가 예수를 그리스도로 믿고 고백할 수 있는 그 자체는 하나님이 우리에게 주신 선물이자 특권이다. 여러 영어번역은 '믿을 뿐 아니라'를 'believe on him'이라 했다. 'believe in him'이라 한 것도 있지만 believe on him은 지속적이고 그 강도가 높다. 그 믿음을 주신 것을 감사하자.

"또한 그를 위하여 고난도 받게 하려 하심이라." 이것은 두 번째 특권이다. '고난을 받게(paschein)'는 지금도 고난가운데 있는 것(to be suffering)을 말한다. 지금 그리스도를 위해 고난을 받게 하는 것도 하나님이 우리에게 주신 선물이자 특권이라는 것이다. 그리스도를 위한 고난(suffer for him, suffer for his sake)이기 때문이다. '그를 위하여(huper autou)'가 그것을 말해주고 있다.

바울은 여기서 고난도 은혜요 특권임을 강조하고 있다. 고난을 통해 하나님의 뜻을 찾게 하며 우리를 낮추시고 더 겸손한 자리에 나가게 하기 때문이다. 고난을 통해 하나님의 뜻을 배우면 그 고난은 은혜로 남지만 그렇지 못하면 고난은 원망과 자기학대로 남는다.

바울처럼 감옥에 갇히는 것도 은혜요 교인들이 감옥 밖에서 고난을 받는 것도 특권이다. 우리는 모두 그리스도를 위해 싸우는 이 땅의 병사들이다. 그리스도인은 사단과 싸운다. 그것은 영적 싸움이요 믿음의 싸움이며 선한 싸움이다. 죄인이었던 우리가 이 땅에서 주님을 위해 그 싸움을 할 수 있다는 것이 은혜요 특권 아니겠는가.

바울은 우리에게 그리스도를 위한 특권, 곧 그리스도를 믿는 것뿐만 아니라, 또한 그리스도를 위하여 고난을 받는 특권도 주셨음을 강조하였다. 그것은 그리스도를 위한 특권이자 그리스도를 섬기는 특권이다. 이 특권을 우리가 받았다. 참으로 감사한 일이다.2)

"너희에게도 그와 같은 싸움이 있으니 너희가 내 안에서 본 바요 이제도 내 안에서 듣는 바니라(30절)."

"너희에게도 그와 같은 싸움이 있으니." 바울은 빌립보교인들도 자신이 싸우는 것과 같은 싸움을 하고 있다고 말한다. 싸움(agona)은 투쟁(struggle), 승패를 가르는 싸움(contest)을 뜻한다. 이 싸움은 그리스도를 위해 고난을 받으며 싸우는 선한 싸움이다. 이 싸움은 세상의 기준에 따라 평가되는 싸움이 아니라 복음과 그리스도와 연관되어 승패가 갈라지는 싸움이다. 바울 자신도 그 싸움을 하고 있지만 교인들도 그 싸움을 하고 있다. 이것은 그들에게만 해당되지 않는다. 지금 우리도 이 싸움을 하고 있다. 이 점에서 어느 시대, 어느 장소를 막론하고 그리스도인은 모두 주님 오실 때까지 선한 싸움

---

2) 예수님도 고난 받으셨음을 기억하라.
기억하라. 예수님도 고난을 받으셨다. 그것도 죄 없으신 예수님이 억울하게 고난을 받으셨다. 불의한 우리가 그리스도의 사람으로서 주님을 위해 고난을 받는 것은 작으나마 주님을 따라가는 것이요 그것은 실로 큰 영광이다.
고난은 하나님의 가지치기다. 가지는 풍성한 열매를 맺어야 한다. 열매를 많이, 그리고 좋게 맺으려면 가지치기를 해야 한다. 가지를 치는 것은 가지에 최소한의 상처를 내어 최대한, 최선의 열매를 맺기 위한 것이다. 고난은 바로 열매를 잘 맺기 위한 영적인 작업이다. 그러므로 고난을 받을 때 기뻐하라.

을 하는 동지들이다.

"너희가 내 안에서 본 바요 이제도 내 안에서 듣는 바니라." 본 바(eidete)는 '당신이 인식한(ye perceived)' 것을 말한다. 그리고 듣는 바(akouete)는 '당신이 지금 듣고 있는(ye are hearing)' 것을 뜻한다. 빌립보교인들은 바울이 전에 그리스도를 위해 싸우는 것을 보았고, 지금도 옥중에서도 계속 싸우고 있다는 것을 소문으로 들어 알고 있다. 과거나 지금이나 변함없이 주님을 위해 고난을 받고 있다.

빌립보 교인들도 고난을 받았고, 지금도 받고 있다. 시대가 다르고 정도에 차이가 있지만 우리도 예외가 아니다. 이런 점에서 그리스도인은 모두 똑같은 투쟁, 똑같은 싸움에 참여하고 있다. 세상에 속한 사람이 아니라 하나님께 속해 있기 때문이다. 이 싸움은 주님이 다시 오실 때까지 계속된다. 이 세상에서 그리스도인은 결코 안락한 삶을 살 수 없다. 복음의 진리를 위해 결연히 일어서 세상과 맞서 싸워야 하기 때문이다. 세상과 타협은 있을 수 없다.

우리는 선한 싸움을 싸우는 그리스도의 전사다. 하나님의 전사로서 꼭 기억해야 할 것이 있다. 우리는 패배자가 아니라 승리자라는 사실이다. 주님이 사단을 이겼기 때문이다. 우리는 그분의 자녀들이다. 그분의 자녀들인 우리가 두려워하고 패배자의 모습을 보인다면 그것은 아직도 주님을 신뢰하지 못한 때문이다. 우리는 가진 것이 없어 보이지만 모든 것을 가진 자이고, 지는 자 같지만 이긴 자이며, 거꾸러뜨림을 당하는 자 같지만 승리하는 자이다. 주님이 우리와 함께 하시기 때문이다. 주님은 우리가 탄 배의 선장이시다.

세상은 우리를 대적하고 우리는 내적으로 혼란스럽다. 이런 세상에서 우리는 어떻게 살아야 할까? 바울은 우리에게 가르친다. 복음에 합당한 생활을 하라. 고난도 은혜로 알아라. 더 겸손하고 다른 사람을 돌아보라. 외면의 적은 복음으로 맞서라. 내면의 적은 겸손으로 극복하라. 우리가 변하지 않는 것은 우리 자신을 낮추지 않기 때문이다. 우리가 낮추고 비울 때 하나님의 것을 채울 수 있다. 우리 안에 그리스도의 평화가 임한다.

묵상하기

1. 그리스도를 믿는 것이 특권이라면 그를 위해 고난 받는 것도 특권이다. 믿음으로 하나님의 자녀가 되는 특권만 누리고 고난 받는 것은 피해라 생각하지 않는가?
2. 바울은 그리스도를 위한 싸움, 복음을 위한 싸움에서의 모델이 되었다. 당신은 당신이 속한 공동체에서 선한 모델로 인정받고 있는가?
3. 그리스도인이 된다는 것은 세상과 맞서 싸우겠다는 것이다. 당신은 담대히 나가 싸우기보다 적당히 세상과 타협하고 고난을 애써 피하려 하지 않는가?

빌립보서
2장

하나 됨(1-2절): 마음을 같이 하고 뜻을 합하여 하나 되라

1. 그러므로 그리스도 안에 무슨 권면이나 사랑의 무슨 위로나 성령의 무슨 교제나 긍휼이나 자비가 있거든
2. 마음을 같이하여 같은 사랑을 가지고 뜻을 합하며 한마음을 품어

"그러므로 그리스도 안에 무슨 권면이나 사랑의 무슨 위로나 성령의 무슨 교제나 긍휼이나 자비가 있거든(1절)."

"그러므로(oun, then, therefore)"는 1장의 말씀과 바울이 빌립보 교인들에게 말하고자 하는 2장의 주제, 곧 하나 됨을 연결하고 있다.

그런데 여러 영어 성경은 1절의 문장을 대부분 조건절로 표현하고 있다. "만일 그리스도 안에서 무슨 권면이 주어진다면, 만일 그의 사랑으로부터 어떤 위로가 주어진다면, 성령으로부터 무슨 교제가 주어진다면, 만일 무슨 긍휼이나 자비가 주어진다면." 원문도 '한다면(ei, if)'이라는 조건절로 해서 4차례나 언급하고 있어 사실 원문에 충실한 번역이다.

한글 성경번역 중에는 이것을 의문으로 바꾼 것도 있다. "그리스

도 안에서 여러분은 서로 격려하고 있습니까? 그리스도의 사랑으로 서로 위로하며 성령으로 교제하고 있습니까? 그리고 서로 친절과 동정을 베풀고 있습니까?"

그런데 신약학자 최갑종은 이것을 "때문에"로 번역하는 것이 합당하다고 주장한다. "여러분들에게 그리스도로부터 권면이 주어지고 있기 때문에, 여러분들에게 하나님의 사랑으로부터 위로가 주어지기 있기 때문에, 여러분들에게 성령으로부터 교제가 주어지고 있기 때문에, 여러분들에게 긍휼과 자비가 주어주고 있기 때문에." 이렇게 번역하면 2절과 잘 연결될 뿐 아니라 빌립보 교인들이 마음을 같이 하고 하나 되어야 할 근거가 더 확실해진다는 것이다.

1절을 조건절로 하든, 의문절로 하든, 이유절로 하든 말씀을 이해함에 있어서 나름대로 다 의미를 준다. 따라서 어느 것은 틀리고 어느 것은 경중이 낮다 말할 수 없다. 중요한 것은 바울이 여기서 빌립보 교인들의 화합을 위해 특히 4가지를 강조하고 있다는 것이다.

첫째는 그리스도를 통한 권면, 곧 격려, 곧 용기를 주는 것(encouragement)을 말한다. 험담과 시기가 아니라 용기를 주고 격려하는 말을 하라는 것이다. 권면(paraklesis)은 위로하고 격려하며 힘을 주는 것을 말한다. 그런데 이 권면 앞에 '그리스도를 통한'이라는 말이 있다. 이 말은 '그리스도 안에(en Christo)'라는 말이다. 우리가 그리스도 안에서, 주님과 연합하여(from being united with Christ) 있을 때 더욱 힘 있게 격려할 수 있다.

둘째는 그리스도의 사랑으로 인한 위로(consolation)다. 이 위로(paramuthion)는 '곁에, 가까이'라는 뜻을 가지고 있다. 멀리서 말로만 하는 것이 아니라 아주 가까이서 돌봄으로 위로와 평안(comfort)

을 준다. 이 사랑은 아가페다. 아가페 사랑이 주는 한없는 위로와 평안이다. 신실하신 주님의 사랑은 우리에게 늘 위로와 평안을 준다.

셋째는 성령의 교제다. 교제(koinonia)는 communion, fellowship을 말한다. 성령이 이끄심을 따라 살면, 성령의 감화를 받아 성령 안에서 살면 서로가 하나 되는 삶을 산다. 성령이 역사하면 삶이 달라진다. 내 뜻이 아니라 주님의 뜻을 따라 살기 때문이다.

끝으로 성도들 사이의 긍휼과 자비다. 긍휼(splagchna)은 '내장들(bowels)'이란 뜻을 가지고 있다. 왜 내장이라 했을까? 내장은 애정, 동정, 친절의 마음이 자리한 곳이라 생각하기 때문이다. 그만큼 마음 깊숙한 곳에서 우러나온 마음이란 말이다. 부드럽고 친절함(tenderness), 동정의 마음(bowel), 애정(affection)으로 표현한 것은 이 때문이다. 그리고 자비는 측은히 여기는 마음(compassion), 관용(mercy)을 의미한다. 자비와 긍휼은 서로 연관성을 가지고 있다. 그런데도 이 두 단어가 따로 사용된 것은 그만큼 강조되었음을 의미한다.

이런 네 가지 요소들을 갖춘다면 한 마음을 품을 수 있다는 말이다. 바울은 말하고 있다. 지금 당신은 서로를 대할 때 주님 안에서 서로 격려하고 위로하는가, 아니면 서로 물고 차는가? 주의 사랑을 본받아 아무 조건을 내걸지 않고 위로하는가, 아니면 시기하며 미워하는가? 성령 안에서 교제하는가, 아니면 성령과 관계없이 살아가는가? 마음 속 깊이 긍휼과 자비의 마음을 가지고 대하는가, 아니면 경멸 또는 무시하는 마음으로 대하는가? 다시 한 번 깊게 묵상해볼 일이다.

"마음을 같이하여 같은 사랑을 가지고 뜻을 합하며 한마음을 품어(2절)."

이것은 빌립보 교인들이 하나 되지 못하고, 자기의 권리와 특권만 내세우는 사람들이 있었음을 보여준다. 자기만 생각하다 보니 상대를 무시하게 되고, 이것은 결국 교회 내 갈등을 유발하게 된다. 그 원인이 무엇인지는 말하지 않았다. 그것은 교회가 당면한 여러 문제와 관련된 것일 수 있고, 교회 안의 리더십 문제일 수도 있다. 중요한 것은 생각이 나뉘고, 뜻도 다르다. 심지어 사랑도 식어간다. 바울은 이 갈등을 줄이기 위해, 하나 되기 위해 4가지를 주문한다.

"마음을 같이하여." 같은 생각을 가지라는 말이다. 'likeminded,' 'the same mind.' 같은 마음으로 같은 것을 생각하는 것이다. 마음(phronete)은 '위치시키는 것(being disposed)'을 의미한다. 생각을 같이 위치시키라는 것이다. 교회가 같은 생각으로 자리를 잡을 때 교회가 한 방향으로 나아갈 수 있다. 이것은 다양성을 무시하고 획일적인 사고를 하라는 것이 아니다. 우리의 생각을 접고 주님의 말씀에 집중하면 같은 생각을 할 수 있음을 말해준다. 주님에 초점을 맞추어 연합하라는 것이다.

"같은 사랑을 가지고." 여기서 사랑은 아가페다. 아가페라는 동일한 사랑(the same love)을 가지고, 그 사랑을 계속 견지해 나가라는 말이다. 동일한 사랑은 자기 욕심에 따라 갈라지거나 나뉘지 않은 사랑이다. 남을 위해 자신을 희생한다. 이 아가페 사랑을 할 때 갈라지고 흩어진 마음들이 하나로 묶여진다.

"뜻을 합하며(sumpsuchoi)." 이것은 '영혼들을 함께 묶는 것(together souls)'으로, 영적으로 하나 되는 것(being one in spirit), 나뉘지 않고 일치되는 것(being of one accord)을 말한다. 교회 안에서 여러 파로 나뉘지 않고 화목하게 함께 지내는 것을 말한다. 주안에서 하나 되는 것이다.

"한 마음을 품어." 이것은 '마음을 같이 하여'를 다시금 강조한 것이다. '같이하여(auto)'는 '같은(same)'이란 뜻이고, '한(hen)'은 '하나'라는 뜻이다. 하나 됨을 강조했다. 한 마음을 품는 것은 하나의 목적아래 연합하는 것(intent on one purpose), 마음을 하나로 가지는 것(one mind)을 의미한다.

이 네 가지 말은 한 마디로 온 마음과 뜻을 같이하고 같은 사랑아래 뭉쳐 주 안에서 하나 되라는 것이다. 바울은 1절에서 교인들의 화합을 위해 필요한 요소가 무엇인가를 네 가지로 설명하고, 2절에서는 하나 됨이 무슨 뜻인지를 4중으로 설명했다. 그만큼 교인들의 화합과 연합이 중요하다는 말이다.

4절에 소개된 "나의 기쁨을 충만하게 하라"는 단어는 원래 2절의 처음에 있다. 이것은 2절뿐 아니라 3절과 4절에 걸쳐 있다. 하나 되어 나의 기쁨을 충만하게 하고(2절), 겸손함으로 나의 기쁨을 충만하게 하고(3절), 그리고 섬김으로(4절) 나의 기쁨을 충만하게 하라는 것이다. 그러므로 "나의 기쁨을 충만하게 하라"가 4절에 있다고 해서 틀린 것은 아니다.

"나의 기쁨을 충만하게 하라." 여기서 기쁨(charas)은 영적인 기쁨이다. '충만하게 하라(plerosate)'는 '너는 완벽하게 이루어내라(make complete),' '완수하라(fulfill)'라는 말이다. 성도들이 이런 삶을 살아낼 때 바울은 내면으로부터 솟구쳐 오르는 기쁨, 넘치는 기쁨을 억누를 수 없을 것이다. 이것은 그의 기쁨이자 우리 모두의 기쁨이다. 하늘의 기쁨이다.

묵상하기

1. 우리 공동체는 서로 위로하고 격려하며 서로에게 용기를 주는가, 아니면 서로 물고 낙심하게 하는가?
2. 우리는 성령 안에서 교제하며 자신의 뜻보다 주님의 뜻을 더 존중하며 사는가, 아니면 성령과 전혀 관계없이 사는가?
3. 우리는 주안에서 한 마음 한 뜻으로 주님께 기쁨을 드리는가, 아니면 찢기고 갈라져 고통을 드리는가?

겸손과 섬김으로(3-4절): 오직 겸손한 마음으로 남을 돌보라

3. 아무 일에든지 다툼이나 허영으로 하지 말고 오직 겸손한 마음으로 각각 자기보다 남을 낮게 여기고
4. 각각 자기 일을 돌볼뿐더러 또한 각각 다른 사람들의 일을 돌보아 나의 기쁨을 충만하게 하라

"아무 일에든지 다툼이나 허영으로 하지 말고 오직 겸손한 마음으로 각각 자기보다 남을 낮게 여기고(3절)."

"아무 일에든지"는 무슨 일에나, 곧 무슨 일을 하든지 그렇게 하라는 것이다. 무엇을 하라는 것일까? 3절은 전체적으로 겸손한 마음을 가지라 한다. 이를 위해 우선 다툼이나 허영으로 하지 말라 한다. 다툼(eritheian)은 교회 안에 내분(strife)이 있음을 말한다. 이것은 개인의 이기적 야망에서 나온 행위(selfish ambition)이다. 그리고 허영(kenodoxian)은 이상이 전적으로 결여된 상태, 공허한 상태다. 겉으로는 화려하고 커 보이지만 그 안은 완전히 비어있다. 자만에 부풀어 머리가 텅 비어 있다. 공허한 자만심(empty conceit, empty esteem) 때문에 그리스도인의 이상이 채워질 공간이 없다. 오직 자기를 위해

헛된 영광(vanity, vainglory)을 구할 뿐이다.

자기를 드높이려는 이러한 행위는 겸손과 거리가 멀다. 루터는 말한다. "분쟁은 다른 사람을 때려눕히고, 자만은 자신을 일으켜 세운다." 이러한 행위는 교회의 단합을 해칠 뿐이다.

바울은 왜 이 말을 했을까? 그것은 교회 안에 남을 무시하고 자신을 드러내려 하는 악한 마음이 도사리고 있음을 잘 알고 있기 때문이다. 상대를 서로 무시함으로써 교회 안에 갈등과 분쟁이 일어나는 것을 종종 보았기 때문이다. 바울은 그 갈등의 원인이 정확히 무엇인가를 말하지 않는다. 하지만 빌립보 교인들 속에 자기희생과 배려가 부족함을 깨닫고 그것을 에둘러 지적해주고 싶은 것이다. 이것은 빌립보 교회만의 문제는 아니다.

"오직 겸손한 마음으로." 겸손(tapeinophrosune)은 마음을 낮추는 것(humility, lowliness of mind)이다. 겸손은 결코 비겁이 아니다. 그리스도를 본받고자 하는 사랑에 바탕을 둔 것이므로 오히려 강하고 알차다. '오직'이라는 단어에 주목하라. 그것이 꼭 필요하다는 말이다. 겸손을 말하면서 결코 겸손과 거리가 먼 거짓겸손이 아니라 말과 행동이 함께 가는 참 겸손이다. 상대가 나에게 겸손히 대하므로 나도 겸손한 상대적인 겸손이 아니라 겸손이 몸에 배인 온전한 겸손이다.

참으로 겸손하면 다음 행동이 가능해진다. 바로 자기보다 남을 낮게 여기는 차원으로 오른다. "각각 자기보다 남을 낮게 여기고." '각각'의 원문은 '서로(allelous)'다. 서로 그렇게 하라는 말이다. 남을 낮게 여기고. 낮게 여긴다(huperechontas)는 것은 상대의 우월성을 인정한다는 것을 말한다. 이 행위는 나와 남을 비교한다기보다 다른 사람을 먼저 생각하고 중하게 대한다는 것을 의미한다. 상대를 더 이상 깔보지 않는다는 말이다. 상대도 나의 존재를 인정하기 때문에 자기비하를 해서는 안 된다. 존경하기를 서로 먼저 하는 것이다. 서로 존경하고 존경을 받기 때문에 윈-윈(win-win)한다. 자기 자신보다 남을 더 중요하게 생각하고 상대를 존중하며 배려하는 행위는 그리스도인의 삶에서 참으로 중요하다. 그렇게 되어야 주 안에서 하나 될 수 있다. 존중은 예나 지금이나 중요한 가치다.

참으로 겸손한 그리스도인은 기꺼이 셋째가 되고자 한다. 첫째는 하나님이고, 둘째는 이웃이며, 셋째는 자신이다. 자신을 하나님과 이웃에 앞서 결코 내세우지 않는다. 아니 셋째에서도 자신을 지우려 할 것이다. 데이비드 리빙스턴(D. Livingstone)은 아프리카에서 이런 삶을 살았고, 윌리엄 부스(W. Booth)도 그랬다.

바울은 자신을 가리켜 사도 중에서 가장 작은 자요 성도 중에서도 가장 작은 자며 죄인 중에 괴수라 했다. 이러한 자기 낮춤과 겸손은 자신보다 남을 낮게 여기고자 하는 마음이 담겨 있다. 그리스도인은 자신을 높이는 자가 아니라 낮추는 자이며, 섬김을 받으려 하는 자가 아니고 섬기는 자이다.

"각각 자기 일을 돌볼뿐더러 또한 각각 다른 사람들의 일을 돌보아 나의 기쁨을 충만하게 하라(4절)."

바울은 교인들이 각자 자기 일을 돌볼 뿐 아니라 다른 사람의 일을 돌보라 한다. 원문에 일은 정관사(the) '타(ta)'로 되어 있다. 여기서 자기 일이란 각자 자신의 일(things)이나 유익(interests)을 말하고, 다른 사람들의 일이란 나 아닌 다른 사람들의 일이나 유익을 말한다. 그는 결코 자기 일을 돌보지 말라는 말을 하지 않았다. 사람이 자기의 일을 하지 않는다면 누가 자신을 위해 일해 줄까. 자기를 위해 해야 할 일은 해야 한다. 그러나 바울은 자기 일(ta heauton)에만 매이지 않도록 했다. 나의 관심을 이웃으로 확장하라는 것이다. "또한(kai)"이 바로 이에 해당한다.

바울은 자기의 일을 사랑하듯 다른 사람의 일(ta heteron)에도 자기 일처럼 관심을 가지고 사랑하라 한다. 이웃을 사랑하는 마음을 가지라는 말이다. 다른 사람을 향한 사랑의 정신이 바로 기독교가 가진 특징이다.

다른 한글 성경은 이 구절을 다음과 같이 언급하고 있다.

> "각기 이기적 마인드로 자기 유익만 구하지 말고 다른 사람의 유익을 구해야 한다."
> "자기 일만 돌보지 말고, 서로 다른 사람들의 일도 돌보라."

한 마디로 자기 이익, 자기 실속만 생각하지 말고 남의 이익도 자기처럼 생각하라는 말씀이다. 자기이해관계에만 고정시키지 않는 삶, 이것이 그리스도인의 바른 삶이라는 것이다. 단순히 자기 이익만 꾀하는 것은 우리가 세상에서 이미 익숙해왔던 삶의 방식이다. 그러나 예수를 주님으로 고백한 사람은 달라야 한다. 입술만의 그리스도인이 아니라 참 그리스도인이 되고자 한다면 삶의 방식을 바꿔야 한다.

"나의 기쁨을 충만하게 하라." 이 말은 앞서 언급한 바와 같이 원문에는 2절 앞에 있다. 바울은 교인들에게 2절에서 4절까지 부탁의 말을 하며, 이렇게 행함으로써 '나의 기쁨을 충만하게 하라 말한다. 이렇게 행동하면 자기도 너무 기뻐할 것이라는 말이다.

사단과의 전쟁을 하는 우리가 안에서 서로 시기하고 다투며 분열하는 것은 이적행위다. 적전분열행위이기 때문이다. 하나님의 영광을 가리는 것은 말할 것도 없다.

그는 지식으로 권면하지 않는다. 주님의 권면을 한다. 예수의 사랑으로, 성령의 역사 안에서, 긍휼과 자비와 관용의 사람이 되라 한다. 사랑으로, 겸손으로, 이기심이 아닌 이해와 격려로 나아가라 명한다. 이 명령은 군대식 명령이 아니다. 맹목적으로 복종하는 것이 아니기 때문이다. 그렇다고 이성으로 따져 복종하는 것도 아니다. 성령이 우리 마음을 감동시키고, 주님이 가르치신바 하나님 나라의 삶의 방식을 이 땅에서 기꺼이 실현하는 것이다.

묵상하기

1. 내 안에 가득한 허영은 없는가? 그로 인해 말씀이 채워지지 않은 때는 없는가?
2. 나보다 남을 낮게 여기면 결국 자기만 손해 본다는 생각을 한 적은 없는가? 겸손한 척만 하고 절대 자기 고집을 꺾지 않으며 실제로는 남을 낮게 여기며 살고 있지 않은가?
3. 지금 나는 다른 사람의 유익을 생각하며 행동하는가? 아니면 나 자신의 유익만 고집하며 살고 있는가?

예수의 마음(5-8절): 너희는 이 마음을 품으라

5. 너희 안에 이 마음을 품으라 곧 그리스도 예수의 마음이니
6. 그는 근본 하나님의 본체시나 하나님과 동등 됨을 취할 것으로
   여기지 아니하시고
7. 오히려 자기를 비워 종의 형체를 가지사 사람들과 같이 되셨고
8. 사람의 모양으로 나타나사 자기를 낮추시고 죽기까지 복종하셨
   으니 곧 십자가에 죽으심이라

"너희 안에 이 마음을 품으라 곧 그 리스도 예수의 마음이니(5절)."

바울은 빌립보 교회의 근본문제를 해결하기 위해 예수 그리스도 를 모범으로 제시하고 있다. 예수님을 거울삼아 그대로 닮고자 하면 교인들의 삶이 달라지리라 확신했기 때문이다. 그는 결론적으로 예 수의 마음을 품으라 한다. "너희 안에 이 마음을 품으라 곧 그리스 도 예수의 마음이니." 예수의 마음이 지금 빌립보 교회가 안고 있는 모든 문제의 해결책이라는 것이다.

"너희 안에"는 "너희들 마음속에"라는 말이다. "품으라"는 이 같은 삶의 태도를 가지라는 것이다. NIV 성경은 "너희의 태도(attitude)는

그리스도 예수의 그것과 같아야 한다."고 했다.

이 마음(this mind)은 바로 "그리스도 예수의 마음"이다. "그리스도 예수 안에 있던 마음"이다. 그리스도 예수 안에서 생각하는 바로 그것을 너희도 생각하라는 것이다. 바울은 먹든지 마시든지 무엇을 하든지 다 하나님의 영광을 위하여 하고, 그리스도 예수를 본받는 자가 되고자 했다(고전 10:31-11:1). 우리가 주목하고 보 받아야 할 것은 인간의 이기적 마음이 아니라 오직 예수 그리스도의 마음이라는 것이다. 교회 안에, 우리 공동체에 문제가 발생하는 것은 무엇 때문일까? 한 마디로 예수 그리스도의 마음이 없기 때문이다. 우리 마음이 진정 예수의 마음과 일치하는지 확인할 필요가 있다.

바울은 성도들이 본받아야 할 예수 그리스도의 인격과 그의 삶을 세 부분으로 나누었다. 6절은 성육신하기 이전의 영광스러운 모습이고, 7-8절은 낮아지신 예수의 모습이며, 9-10절은 높아지신 예수의 모습이다.

"그는 근본 하나님의 본체시나 하나님과 동등 됨을 취할 것으로 여기지 아니하시고(6절)."

"그는 근본 하나님의 본체시나." 원문은 "그는 하나님의 형체 안에 존재하시나"로 되어있다. 형체(morphe)는 가변적인 것(schema)이 아니라 본질적인 하나님의 속성 바로 그것(very nature God)을 가리킨다. 하나님의 본질, 곧 참된 신성을 가지셨다는 말이다. 단순한 신성이 아니라 실제의 신격을 가지셨다는 것이다.

"하나님과 동등 됨을 취할 것으로 여기지 아니하시고," 그리스도는 본질적으로 하나님이시지만 하나님과 동등 됨을 취할 것으로 여기지 않으셨다. 하나님이시지만 그의 영광과 특성을 부여잡지 않으셨다. 동등 됨에 집착하지 않고 오히려 그것을 포기하셨다.

'취할 것(harpagmon)'은 '이미 소유하고 있는 것으로서 계속 붙잡고 놓지 않으려는 것(somtthing to be grasped)'을 말한다. 그러나 주님은 취할 것으로 여기지 않으셨다. 하나님으로서 마음대로 취할 수 있음에도 불구하고 그 지위를 더 이상 자신을 위해 사용하지 않으시고, 오히려 그것을 우리를 위해 기꺼이 내어주셨다.

예수님은 성육신하기 전에 하나님의 본체로서 하나님의 영광을 누릴 수 있었다. 그럼에도 불구하고, 그것을 당연히 누릴 것으로 생각하거나 아담처럼 자신의 높아짐의 근거로 사용하지 않으셨다. 그 점에서 모범이 되신다.

우리는 다르다. 어떤 지위에 있으면 우리는 그것을 자기의 유익을 위해 기꺼이 사용하고자 한다. 자기의 영광을 취하고자 한다. 그것이 인간의 모습이다. 예수님은 그 영광을 포기하시고 우리를 위해 낮아지셨다. 탐욕과 과시에 물든 모습이 아니라 겸손과 내어줌이 바로 우리 그리스도인이 배워야 할 예수다. 그런 삶을 살라는 것이다.

"오히려 자기를 비워 종의 형체를 가지사 사람들과 같이 되셨고 (7절)."

7절은 그리스도의 성육신을 나타내고 있다. 바울은 예수님을 세 가지로 묘사했다. "자기를 비우셨다," "종의 형체를 가지셨다," 그리고 "사람들과 같이 되셨다"는 것이다. 이 가운데 핵심은 "자기를 비우셨다"는 데 있다.

"자기를 비워(emptied himself)"의 '비워(ekenosen)'는 인류를 위해 자신을 전적으로 내어주셨다는 것을 의미한다. 동등 됨에 매이지 않고, 모든 특권을 우리를 위해 내려놓으셨다. NIV는 "자신을 아무

것도 아닌 것으로 만드셨다(made himself nothing)"고 했고, KJ는 존경받을 것으로 삼지 않으셨다(made himself of no reputation)고 했다. 성육신 때 신성의 전부나 일부를 비운 것으로 해석하는 케노시스(kenosis) 이론이 여기서 나오기도 했다. 자기를 비웠다고 해서 그리스도의 신성까지 비우신 것은 아니다. 예수님은 우리를 위해 하나님 아들로서의 영광을 잠시 포기하고 하나님의 특권을 사용하지 않으실 만큼 크고 놀라운 사랑을 보여주셨다. 이것은 사실 인간으로선 이해하기 어려운 경지다.

"종의 형체를 가져." 이것은 예수님이 어떻게 자신을 비우셨는가를 구체적으로 보여주는 또 다른 설명이다. 겉으로만 종의 모습을 가진 것이 아니라 '종의 형체,' 곧 '종의 본질적 속성(the very nature of servant)'을 다 취하셨다는 말이다. 자기의 권위나 이익을 전혀 생각하지 않고 종으로서 섬김의 삶을 살기 위해 이 땅에 오셨다는 것이다. 영광을 받으실 왕이 우리를 위해 기꺼이 성육신하신 것이다. 하나님의 본체이신 주님이 종의 형체를 가지고 섬김의 신분으로 낮아지셨다. 그렇다고 주님이 하나님의 본체를 상실한 것은 아니다.

"사람들과 같이 되셨고." 이것은 겉으로만 사람의 모양을 가지신 것이 아니라 모든 면에서 다른 사람들과 똑같이 되셨다는 말이다. 예수의 인성을 나타내는 말이다. 그렇다고 예수님이 인간처럼 죄인이라는 것은 아니다. 예수 그리스도는 진정 하나님이시자 진정 사람이시다.

"사람의 모양으로 나타나사 자기를 낮추시고 죽기까지 복종하셨으니 곧 십자가에 죽으심이라(8절)."

8절도 예수님의 모습을 세 가지로 묘사했다. "사람의 모양으로 나타나셨다," "자기를 낮추셨다," 그리고 "죽기까지 복종하셨다"는 것이다.

"사람의 모양으로 나타나사." 예수님이 인성의 진정한 모습으로 이 땅에 오셨음을 의미한다. 하나님이 사람으로 태어난다는 것은 창조주가 천한미물로 태어난 것과 다름이 없을 만큼 엄청난 사건이다. 이것은 자신을 낮추고, 또 낮추지 않으면 불가능한 일이다. 그만큼 우리를 향한 사랑이 크시다는 것을 보여준다.

"자기를 낮추시고." 자기 낮춤(etapeinosen heauton), 곧 자기 겸비(humbled himself)다. 이것은 '자기 비움'의 단순한 반복이 아니라 그리스도의 굴욕을 나타낸 것이다. 이 낮춤은 결코 자신의 권리와 명예를 앞세우지 않으셨음을 뿐 아니라 철저한 자기거부와 자기희생을 요구한다. 영원한 속죄를 이루기 위한 거룩한 겸손이다.

"죽기까지 복종하셨으니 곧 십자가에 죽으심이라." 그리스도는 하나님으로서 사람이 되셨을 뿐 아니라 자기를 낮추고 십자가에 죽기까지 복종하셨다. 죽기까지 낮추셨다. 죽기까지의 복종은 완전한 복종을 의미한다. 십자가는 극악한 죄수에게 처해지는 처형방법이다. 주님은 우리를 위해 더 낮아질 수 없는 그 자리까지 자신을 낮추고 또 낮추셨다. 주님의 겸손은 하나님 아버지의 뜻을 이루기 위한 절대적 순종이었다. 그리스도인의 겸손도 하나님을 향한 복종에 초점이 맞춰져야 한다.

바울은 이 말씀을 통해 빌립보 교인도 이제 예수의 스스로 낮아짐, 겸손, 절대적 순종, 고난의 모습과 삶의 자세를 본받으라 한다. 이 본받음을 통해서 빌립보 교회 안에 일어난 불화와 갈등, 특히 교회 지도자 사이의 시기와 갈등 문제를 해결하고 서로 화합하며 주 안에서 하나 되도록 하고 있다. 이 권면은 과거뿐 아니라 오늘날에 도 유효하다.

묵상하기

1. 우리가 품어야 할 마음은 그리스도 예수의 마음이다. 지금 우리는 과연 주님의 마음을 품고 있는가? 아니면 자기 마음을 키우며 살고 있는가?

2. 예수 그리스도는 하나님의 본체시지만 자기를 비워 우리에게 내어 주셨다. 당신은 이웃을 위해 나 자신을 비우는가? 아니면 자신의 위엄과 영광을 지키고자 하는가? 반성해보자.

3. 주님은 십자가에서 죽기까지 자신을 낮추고 또 낮추셨다. 하나님의 뜻을 이루기 위해 절대적으로 순종하셨다. 당신은 지금 그리스도가 당한 굴욕의 자리까지 낮출 수 있는가?

겸손의 결과(9-11절): 하나님이 그를 지극히 높여

9. 이러므로 하나님이 그를 지극히 높여 모든 이름 위에 뛰어난 이름을 주사
10. 하늘에 있는 자들과 땅에 있는 자들과 땅 아래에 있는 자들로 모든 무릎을 예수의 이름에 꿇게 하시고
11. 모든 입으로 예수 그리스도를 주라 시인하여 하나님 아버지께 영광을 돌리게 하셨느니라

"이러므로 하나님이 그를 지극히 높여 모든 이름 위에 뛰어난 이름을 주사(9절)."

9절에서 11절의 말씀은 겸손의 결과를 말해준다. 9절에서 겸손의 결과는 두 가지로 나타난다. 하나는 '하나님이 그를 지극히 높이는 것'이고, 다른 하나는 '모든 이름 위에 뛰어난 이름을 주는 것'이다.

"이러므로(therefore)"는 이유가 아니라 결과를 말해준다. 예수 그리스도의 겸손으로 인해서, 가장 비천하게 낮추심으로 인해서 하나님이 그리스도를 높이셨음을 말해준다. 겸손에 대한 하늘의 상급이다. 겸손이 영광에 이르는 길이라는 것이다. 이것은 낮아짐이 높아짐에 이르는 것임을 가르쳐 준다. 이것은 하나님 나라의 법칙이다.

예수님은 말씀하셨다. "누구든지 자기를 높이는 자는 낮아지고 누구든지 자기를 낮추는 자는 높아지리라(마 23:12;눅 14:11;18:14)." 일부 개혁신학자들은 그리스도께서 상으로 높임을 받았다는 것을 불쾌하게 생각했다. 그러나 그것이 섬김의 자연스런 결과로 간주하는 데는 이의가 없다. 예수님의 말씀이 자신의 경우에서 영광스럽게 성취되었다.

"하나님이 그를 지극히 높여." '지극히 높여(huperupsosen)'는 'highly exalt,' 곧 최고의 자리로(to the highest place) 올려 높이 경배한다는 뜻이다. 죽음의 자리에서 최고의 보좌에 앉으신 것이다. 성육신 이전의 영광의 자리를 회복한 것이다. 하나님의 본체를 잃으신 것이 아니라 그 지위에서의 위험과 존엄을 회복한 것이다.

"모든 이름 위에 뛰어난 이름을 주사." '뛰어난 이름(onoma huper)'을 준다는 것은 단순한 명칭 부여가 아니라 능력과 지위와 위엄을 담은 것이다. 그 이름은 바로 11절에서 말하는 '주(kurios)'이시다. 우리를 다스리시고 섭리하는 주님, 통치하시는 주님이시다. 그 주님은 모든 이름 위에 뛰어나시다. 어느 누구도 주님을 넘어서지 못한다.

"하늘에 있는 자들과 땅에 있는 자들과 땅 아래에 있는 자들로 모든 무릎을 예수의 이름에 꿇게 하시고(10절)."

자신을 비워 이 땅에 오시고, 섬기시며, 십자가에서 모든 고초를 당하신 예수님의 낮아짐과 전적 순종은 하나님을 기쁘게 하셨다. 그 결과 하나님은 모든 우주만물을 예수의 이름 앞에 무릎을 꿇게 하셨다. 무릎을 꿇는다는 것은 예수님을 왕으로 모시고 복종한다는 표시이다.

'하늘에 있는 자들(things in heaven)'은 천사들과 그리스도 안에서 죽은 영혼들을 말한다. '땅에 있는 자들(things in earth)'은 땅 위에 사는 모든 사람을 가리키고, '땅 아래 있는 자들(things under the earth)'은 악령들과 믿지 않는 영혼들을 가리킨다.

"모든 무릎을 예수의 이름에 꿇게 하시고." 이들 모두가 예수의 권세에 경배하고 복종하게 하신 것이다. 예수 그리스도를 높여 그 앞에 모든 무릎을 꿇게 하셨다(every knee should bow). 모든 무릎은 꿇어야 했다. 예배의 대상이 되신 것이다. 마음으로부터 경건하게 그 위엄에 엎드려 경배한다. 모든 피조물로부터 경배 받으시는 예수님을 보라. 예수님은 절대겸손, 절대순종의 결과 절대 경배를 받으신다.

"모든 입으로 예수 그리스도를 주라 시인하여 하나님 아버지께 영광을 돌리게 하셨느니라(11절)."

"모든 입으로 예수 그리스도를 주라 시인하여." 모든 입(every tongue)이 '예수 그리스도가 주이심'을 공개적으로 솔직하게 고백한다. 예수를 주라 시인하는 것은 '예수 그리스도가 주이심(Jesus Christ is Lord)'을 고백하는 것이다. 예수의 주권을 인정하는 것이다. 박해를 받던 시기에 '예수를 주로' 시인하면 박해를 받았다. 하지만 11절에서 모든 입이 예수를 주로 시인하는 것은 모든 입이 마땅히 고백해야 할 내용이다. 모든 이를 예수 앞에 무릎 꿇게 할뿐 아니라 모든 입이 예수 그리스도를 주로 고백하는 것은 하나님이 그를 높이신 목적이다. 예수를 주로 고백하는 것은 참된 그리스도인의 표시다.

'주'는 '선생'이라는 뜻도 있지만 권세를 가진 최고의 통치자라는 뜻도 있다. 여기서 주는 하나님 자신의 권세를 가지신 분을 의미한다. 주 하나님, 여호와시다. 예수 그리스도가 주 하나님이심을 고백하게 된다는 것이다. 믿지 않던 자들도 결국 예수님이 주 되심을 알고 인정하게 된다. 예수를 주로 고백하기를 거부하는 자의 찬양은

공허하다.

"하나님 아버지께 영광을 돌리게 하셨느니라." 하나님은 예수의 주 되심을 고백하고 찬양하게 함으로써 결국 하나님 아버지께 영광을 돌리게 하셨다. 이 모든 일을 이루신 분은 하나님이시기 때문이다. 베드로와 열한 사도는 외쳤다. "하나님이 이 예수를 주와 그리스도가 되게 하셨느니라(행 2:36)." 그리스도를 주라 고백하는 것은 하나님 아버지께 영광을 돌리기 위함이다. 이 고백은 하나님의 뜻이자 하나님의 영광을 위한 것이다. 성자 예수의 영광은 곧 성부 하나님께 영광이 된다.

천사들도 베들레헴 목자들에게 말했다. "오늘 다윗의 동네에 너희를 위하여 구주가 나셨으니 곧 그리스도 주시니라(눅 2:11)." 우리는 지금 이 '그리스도 주'를 경배하고 있다.

묵상하기

1. 예수님은 철저히 낮아지심으로 영광에 이를 수 있었다. 주님은 누구든지 자기를 낮추는 자가 높아지리라 하셨다. 당신은 진정 낮아지는 삶, 겸손의 삶을 살고 있는가?
2. 당신은 진정 예수 그리스도를 나의 주라 고백하는가? 일상적(routine)인 고백이 아니다. 그 고백 때문에 많은 신앙의 선배들이 순교를 당했다. 오늘 우리의 고백 속에 이런 진정성과 순교의 마음이 담겨 있는가?
3. 그리스도를 나의 주라 고백하는 것은 성부 하나님이 뜻하시는 모든 것이자 그 영광을 위한 모든 것이다. 그 고백이 하나님께 기쁨을 준다. 우리의 고백에 진정 감사와 기쁨이 있는가?

05

두렵고 떨림으로(12-13절): 너희 구원을 이루라

12. 그러므로 나의 사랑하는 자들아 너희가 나 있을 때뿐 아니라 더욱 지금 나 없을 때에도 항상 복종하여 두렵고 떨림으로 너희 구원을 이루라
13. 너희 안에서 행하시는 이는 하나님이시니 자기의 기쁘신 뜻을 위하여 너희에게 소원을 두고 행하게 하시나니

"그러므로 나의 사랑하는 자들아 너희가 나 있을 때뿐 아니라 더욱 지금 나 없을 때에도 항상 복종하여 두렵고 떨림으로 너희 구원을 이루라(12절)."

2장 1-4절은 빌립보 교인들 서로 가져야 할 삶의 태도에 대한 권면이다. 이에 비해 12-18절은 빌립보 교인들이 하나님과의 관계에서 마땅히 가져야 할 삶의 태도에 대한 권면을 담고 있다.

"그러므로"는 명령의 의무적 속성을 강조하고 있다. 예수 그리스도께서 지극한 겸손으로 순종의 삶을 사신 것처럼 우리도 순복하라는 뜻을 담고 있다.

"나의 사랑하는 자들아." 빌립보 교인들에 대한 바울의 사랑을 담

은 표현이다. 성도는 하나님으로부터 특별한 사랑을 받는 존재일 뿐 아니라 바울에게 있어서도 특별한 존재이다. 바울은 이들을 가리켜 그리스도의 심장으로 사모한다고 말한 바 있다. 나아가 이 서신에 담은 바울의 권면이 사랑의 권면임을 나타낸다.

"나 있을 때뿐 아니라 더욱 지금 나 없을 때에도." 주인이 있든 없든, 지도자가 있든 없든 한 결 같은 믿음으로 살아가라는 말이다. 눈가림으로 살지 말라는 것이다. 빌립보 교회는 바울에 너무 의존적이어서, 그가 없으면 잘못될 것을 알고 이 같이 권면하고 있다. 인간을 의존하지 말고 오직 하나님만을 절대적으로 신뢰하며 나 바울이 없다 해도 순종하는 삶을 살라는 것이다. 아무도 보는 이 없을 때 믿음 생활을 잘 한다면 그의 인격이 남다름을 보여주게 된다. 믿지 않는 사람도 그의 생활을 보고 믿게 된다. 믿음의 선한 영향력은 이곳에서 나온다. 인격신앙을 바로 가져야 한다. 바울이 없을 때 오히려 더 하나님을 의지하며 살면 하나님께서 기뻐하실 것이다. 바울은 이것을 알고 있었다.

"항상 복종하여." 원래는 "너희가 항상 복종했던 것처럼(as you have always obeyed, hypekousate)"이란 말이다. 복음이 우리에게 복음에 합당한 생활을 요구하는 것처럼 하나님이 예수 그리스도 안에서 주시는 구원은 하나님에 대한 계속적인 순종을 요구하고 있다. 그러므로 지금까지 순종의 삶을 살았던 것처럼 변함없이 그리하라는 것이다.

"두렵고 떨림으로." 바울은 무엇보다 하나님에 대한 예수 그리스도의 모범적인 순종에 근거해 빌립보 교인들도 두렵고 떨림으로(fear and trembling) 자신들의 구원을 계속 이루어 가도록 권면하고 있다.

두렵고 떨림은 하나님에 대한 최상의 상태, 최상의 경외심(reverence, awe)을 나타낸다. 최대의 존경과 순종이다. 하나님에 대한 절대적인 존경과 믿음을 바탕으로 조심하고 또 조심한다. 바르게 행하려고 신경을 쓰고 떨리는 염려로 나아간다. 심적인 공포가 아니다.

"너희 구원을 이루라." 12절에서 가장 중심 되는 말이다. "너희 구원"은 '너희 자신의 구원'이다. 우리 각자 하나님 앞에 선다. 이 구원의 경주는 단체경기가 아니다. 한 사람씩 달려 골인해야 한다. '이루라(katergazesthe)'는 '끝까지 계속해서 이루어 가라(continue to work out)'는 말이다. 어떤 무엇을 새롭게 시작하는 것이 아니라 이미 행해지고 있는 것을 계속해서 완성해가라는 말이다. 구원이 완성될 때까지 최선을 다하는 것이다. 하나님께서 주신 구원의 의미가 온전하게 적용되어지고 완성되어져야(fully complete) 하기 때문이다.

'구원을 이루라' 해서 혹시 구원이 행위로 얻을 수 있는가 생각해서는 안 된다. 구원은 하나님의 은혜의 선물이지 우리 자신의 행위, 곧 능동적인 노력의 산물은 아니다. 공로의 구원관이 아니다. 공로의 구원관은 인간의 선행을 강조하고 하나님의 은혜, 섭리를 배제한다. 구원은 공로의 구원이 아니라 은총이다. 바른 구원관을 가질 필요가 있다.

구원을 선물로 주셨기 때문에, '그러므로' 영광 돌리는 삶을 살아야 한다. 구원을 받았으면 구원 이후의 삶이 달라져야 한다는 것이다. 영화의 과정에서 삶이 거룩해야 한다. 삶에서 주님을 닮아가고, 그 주님을 드러내야 한다. 신앙생활이 생활신앙, 인격신앙으로 나타나야 한다.

구원에 응답하지 않는 사람은 잘못되어 있다. 두렵고 떨림으로 구원을 이뤄가야 한다. 빌립보 교인들에게 '두렵고 떨림으로 구원을 이루어가라'는 것은 하나님과 사람 앞에서 공동의 책임이 있음을 강조하고 있다. 그리스도인으로서 책임이 있다는 말이다.

구원의 삶을 통해 구원을 이루라. 그의 기쁘신 뜻을 이루라. 구원을 받아야지 하는 마음을 주시는 분도 하나님이시고, 우리의 구원을 완성시켜주시는 분도 하나님이시다. 이 일은 우리 의지로 되는 것이 아니다. 성령님이 함께 하셔야 한다. 성령께서 우리 안에서 구원을 이루어 가도록 힘을 주셔야 가능한 일이다. 하나님과의 관계에서 그리스도인은 성령 없이 그 어떤 것도 이룰 수 없다.

참 신앙인이 되려면 삶의 모습이 달라야 한다. 특히 생활과 인격에서, 그리고 하나님과의 관계에서 다름을 보여주어야 한다. 그리스도인은 세상을 변화시키는 사람이기 때문이다. 참 신앙인은 빛과 소금으로 세상에 영향을 주는 사람이다. 세상을 따라 사는 사람이 아니라 하나님과의 관계에서부터 바로 서야 한다. 이를 위해 늘 예수를 닮은 삶을 살아야 한다. 예수의 마음을 품은 자로서 사는 것이다. 바울은 이런 삶을 살라 한다. 여기서 우리는 예수님의 마음을 품은 성도의 성숙한 신앙관을 볼 수 있다.

"너희 안에서 행하시는 이는 하나님이시니 자기의 기쁘신 뜻을 위하여 너희에게 소원을 두고 행하게 하시나니(13절)."

"너희 안에서 행하시는 이는 하나님이시니." 이것은 구원을 이루도록 우리 안에서 행하시는 분은 하나님이라는 말이다. 우리 속에서 거룩한 삶을 이뤄가는 주체는 우리 자신이 아니라 하나님이심을 확고히 하고 있다.

"행하시는(energon)"은 우리가 잘 아는 에너지와 연관된 단어다.

"강력하게 효과적으로 일한다."는 뜻을 가지고 있다. 성화의 에너지를 강력하게 공급하시는 분은 하나님이시란 말이다. 하나님을 에너지원으로 삼아야 구원을 이룰 수 있다. 우리가 선을 행하고, 사랑을 할 수 있는 힘의 원천은 바로 하나님이다. 그 안에 강력한 힘, 에너지원이 있다. 하나님은 우리에게 성령을 주시고 우리 가운데서 능력을 행하시는 이(갈 3:5)요 이루시는 이(고전 12:6)다. 하나님이 주도권을 가지고 일하신다. 우리는 하나님께 붙어 있으면 된다(요 15:4).

"자기의 기쁘신 뜻을 위하여." 하나님께서 강력한 힘으로 우리 속에 일을 행하실 때 하나님이 기뻐하시는 뜻을 이루기 위한 목적, 곧 선한 목적(his good purpose)이 있다는 말씀이다.

"너희에게 소원을 두고 행하게 하시나니." 이것은 하나님께서 자기의 뜻을 우리의 뜻 속에 투입시키고 그 뜻이 이루어지도록 하신다는(to thelein kai to energein, to will and to act) 말이다. 빌립보 교인들을 향한 하나님의 소원이 있다. 내 소원이 아니라 하나님의 소원이다. 자기의 기쁘신 뜻에 따른 소원이다. 우리에게 주신 소원에 따라 행동하게 하신다. 힘도 주신다. 주신 소원에 순종할 때 하나님이 기뻐하신다. 주님은 오늘도 우리 안에 소원의 씨앗을 뿌리신다. 하나님이 내게 주신 그 소원을 기쁨으로 이뤄드리자. 삶을 통해, 주님이 주시는 힘으로 그의 뜻을 기쁨으로 실현하자.

하나님은 예수의 삶에 대해 계획을 가지고 계신 것처럼 우리 각자의 삶에 대해서도 계획을 가지고 계신다. 어그러진 세대, 뒤틀린 세대 속에서 빛이 되는 것이다. 육신에 속한 자들은 하나님을 기쁘시게 할 수 없다. 하나님이 우리에게 소원을 두시면 성령이 우리를 품으시고 이루게 하신다. 주님의 낮아지심과 높아지심을 생각하고 주님을 본받아 살면 하나님께 기쁨이 된다. 바울은 빌립보 교인들을 향해 "계속 그렇게 살라" 권면하고 있다.

묵상하기

1. 항상 복종하며 두렵고 떨림으로 너희 구원을 이루라. 우리는 하나님의 자녀로서 지속적으로 순종의 길을 걸어가야 한다. 당신은 이 과정에서 지치고 넘어진 적 없는가?

2. 구원을 받은 자는 구원 이후의 삶이 달라야 한다. 삶에서 주님을 드러내야 한다. 당신은 오늘도 진정 변화된 그리스도인으로서 살아가고 있는가?

3. 우리가 선을 행하고 이웃을 사랑할 수 있는 것은 주님이 우리에게 힘을 주시기 때문이다. 자기의 기쁘신 뜻을 위해 우리에게 소원을 두고 행하시는 주님이심을 순간순간 확인하며 주 앞에 나아가자.

06

모든 일을(14-16절): 원망과 시비가 없이 하라

14. 모든 일을 원망과 시비가 없이 하라
15. 이는 너희가 흠이 없고 순전하여 어그러지고 거스르는 세대 가운데서 하나님의 흠 없는 자녀로 세상에서 그들 가운데 빛들로 나타내며
16. 생명의 말씀을 밝혀 나의 달음질이 헛되지 아니하고 수고도 헛되지 아니함으로 그리스도의 날에 내가 자랑할 것이 있게 하려 함이라

"모든 일을 원망과 시비가 없이 하라(14절)."

바울은 빌립보교인들이 구원을 이루어가는 과정에서 어떻게 살아가야 하는가를 14-16절을 통해 말해주고자 했다.

'하라(poieite)'는 '행동하라(do)'는 말이다. 그 행동은 '모든 일(panta)'이다. 어느 것에 한정되어있지 않고, 그리스도인으로서 마땅히 해야 할 모든 일이다. 그 일을 행함에 있어서 원망과 시비가 없도록 해야 한다.

성경은 우리가 행동함에 있어서 몇 가지 원칙이 있음을 가르쳐 준다.

- 이 일이 진정 하나님께 영광을 돌릴 수 있겠는가
- 일을 통해 사람들에게 덕과 유익을 끼칠 수 있는가
- 무슨 일을 하든지 마음을 다하여 주께 하듯 하고 사람에게 하듯 하지 말라(골 3:23).
- 원망과 시비 없이 하라

원망(complaining, murmuring)은 화목과 조화보다 불평과 불화를 조장하는 의지적 행동이다. 자신의 의지와 반대될 때 불평하게 된다. 정신적 반역이다. 이에 비해 시비(arguing, disputing)는 머리로 따지고 의심하고 다투는 지적 행동이다. 공공연하게 논쟁을 벌이고 지적으로 반역한다. 하찮은 것으로 의심하고 따진다. 원망과 시비 모두 하나님에 대한 것도 있고, 사람에 대한 것도 있다.

바울은 왜 원망과 시비 없이 하라고 했을까? 이스라엘 백성들이 광야생활을 할 때 하나님뿐 아니라 지도자를 대항해 심하게 원망하고 신랄하게 따졌기 때문이다. 사람들은 하나님에 대해서도 원망으로 끝나지 않고 누군가를 비난하고 싶어 한다. 그들은 결국 광야에서 죽었다.

우리는 그리스도의 선한 군사다. 군사는 지휘관의 명령에 복종해야 한다. 군사는 싸우다 죽는 것뿐이다. 복종하기 전에 불만하고 따지고 거역하는 것은 군사가 할 일이 아니다. 바울은 간곡히 말한다. "그들 가운데 어떤 사람들이 원망하다가 멸망시키는 자에게 멸망하였나니 너희는 그들과 같이 원망하지 말라(고전 10:10)." 하나님 앞에서나 사람들 앞에서 그런 사람이 되지 말라는 것이다.

일을 할 때 원망하거나 따지지 말자. 원망하면 할수록 원망이 늘어간다. 따지면 섬길 수 없다. 자꾸 따지고 불평하면 습관적이 된다. 원망과 시비를 하면 마음의 눈을 멀게 해 문제의 근원을 바로 보지 못하게 한다. 나아가 심성을 메마르게 해 부정적이고 근시안적으로 만든다. 야곱은 첫날밤을 보낸 다음 라헬이 아니라 레아인 줄 알고 원망했다. 하지만 이것은 하나님의 원대한 뜻 가운데 있었던 사건이었다. 레아에게서 레위와 유다가 나왔다. 모세는 레위 자손이며, 다윗과 솔로몬은 유다 자손이었다. 원망과 시비는 인간의 탐욕에서 비롯된 것이다. 이기심과 편협함은 예수님의 마음이 아니다. 성령 충만한 자는 달라야 한다. 주님은 우리가 힘든 것을 아신다. 그 때 우리의 투덜대는 모습을 기뻐하실까, 아니면 기쁨으로 순종하는 것을 기뻐하실까.

"이는 너희가 흠이 없고 순전하여 어그러지고 거스르는 세대 가운데서 하나님의 흠 없는 자녀로 세상에서 그들 가운데 빛들로 나타내며(15절)."

'이는(hina)'은 모든 일을 하나님 앞에서 원망과 불평 없이 해야 할 이유와 목적, 곧 지금보다 더 나은 사람이 되어야 할 두 가지 이유와 목적을 밝혀준다. 그 첫 번째는 15절이 말하는 바, 빌립보 교인들이 패역한 세상에서 흠과 점도 없는 하나님의 자녀들, 곧 이 세상에서 별처럼 빛을 발할 수 있을 만큼 깨끗한 사람이 되라는 것이다. 숭고한 진보가 있어야 한다는 것이다. 두 번째는 16절에 있다. 생명의 말씀을 밝히는 자들이 되라는 것이다. 이것은 생명의 말씀으로 다른 사람을 위대하게 섬기라는 것이다. 이 두 이유와 목적은 빌립보교인들로 하여금 "당신들은 정말 어쩔 수 없는 사람들"이 아니라 하나님의 흠 없는 자녀이자 빛이요 생명의 말씀을 밝히는 자들임을 선언하고 있다. 그만큼 다르다는 것이다.

"너희가 흠이 없고 순전하여." 흠이 없고 순전하라는 말씀이다.

'흠이 없다'는 말은 제물을 드릴 때 점이나 흠이 없는(faultless) 것을 드리도록 할 때 쓰이는 말이다. 이것은 하나님이나 사람들로부터 비난 받을 일이 없는(blameless) 상태, 다시 말해 주님의 성품을 닮아 흠이 없는 것을 말한다. '순전하다'는 것은 비둘기 같이 순전한 (innocent 마 10:16) 인격을 소유하는 것, 포도주에 물을 섞는다든지 철에 불순물이 섞이지 않는 순수하고 진정한(pure) 상태, 전혀 해를 끼치지 않는(harmless) 것을 말한다. 흠도 점도 없고 순수하고 참된 인격체가 되라는 말이다.

사실 흠도 점도 없이 살 수는 없다. 하지만 그리스도인이라면 적어도 세상 사람들로부터 결코 비난 받을 일을 하지 말라는 것이다. 왜냐하면 그리스도인은 '어그러지고 거스리는 세대'와는 다르기 때문이다. 어그러졌다는(skolias) 것은 비뚤고 굽었다(crooked)는 말이다. 거스리는(diestrammenes) 것은 뒤틀렸다(perverse, perverted, depraved)는 말이다. 어그러지고 거스리는 세대는 타락하고, 도저히 말을 듣지 않는 어두운 세대를 말한다. 하나님의 법도에 관심이 없고, 법도에서 벗어나 사는 자들이다. 영적으로 뒤틀린 사람들이다. 비난받을 만한 일을 해놓고서도 부끄럼을 모른다. 그런 사람들에게 흠 없고 순전한 것을 기대할 수 없다. 바울은 절대 그런 사람이 되지 말라 한다. 하나님이 받으실만한 자들이 아니기 때문이다.

"하나님의 흠 없는 자녀로 세상에서 그들 가운데 빛들로 나타내며." 그래도 기대할 수 있는 사람은 하나님의 자녀들이다. 어둠이 판치는 세상에서 흠 없고 순전한 자, 곧 빛들(발광체)로 나타나면 얼마나 좋겠는가. 우주에서 반짝이는 별처럼 이 세상에서 우리도 빛을 온 누리에 뿌리며 살아간다면 주님께서 얼마나 기뻐하시겠는가. 바울이 원하는 빌립보교인상은 '흠 없고 순전한 것'이다. 이것은 예수님의 성품을 닮은 성숙한 그리스도인의 모습이다. 그리스도인에 대한 바울은 소망은 이처럼 강했다.

"생명의 말씀을 밝혀 나의 달음질이 헛되지 아니하고 수고도 헛되지 아니함으로 그리스도의 날에 내가 자랑할 것이 있게 하려 함이라(16절)."

16절은 모든 일을 원망과 시비 없이 해야 할 이유와 목적의 두 번째 사항을 언급하고 있다. 빌립보 교인들이 생명의 말씀을 밝히는 일에 더 매진했으면 한다는 것이다. 생명의 말씀을 밝히는 일은 앞서 언급한 빛의 역할을 다하는 삶이다.

"생명의 말씀을 밝혀"는 무엇보다 "생명의 말씀을 비추는 것"을 뜻한다. 예수 그리스도께서 사람들에게 생명의 빛을 비추시듯(요 8:12) 우리도 이 어두운 세상에서 그 빛을 비추는 자가 되어야 한다. "생명의 말씀을 밝혀(epechontes)"는 원래 "생명의 말씀을 붙잡는 것(hold out, hold forth)"을 뜻한다. 어두운 세상에서 하나님의 말씀을 더욱 굳게 붙잡고 사는 것이다. 누가 뭐래도 그 말씀을 놓지 않는다. 핍박이 와도 달라지지 않는다. 말씀을 붙잡는 것은 하나님의 말씀을 삶에서 더욱 드러내는 것, 복음을 전파함으로써 다른 생명을 구하는 일에 힘쓰는 것 모두 포함된다.

"나의 달음질이 헛되지 아니하고 수고도 헛되지 아니함으로 그리스도의 날에 내가 자랑할 것이 있게 하려 함이라." 바울은 그들이 복음에 합당한 삶을 보여줌으로써 '나의 달음질,' 곧 믿음의 경주가 헛되지 않았고, 복음을 위한 그 많은 수고에 따른 땀과 피가 결코 헛되지 않았음을 보여주고 특히 '그리스도의 날,' 곧 심판 날에 주님 앞에서 자랑할 기쁨이 있기를 소원하였다. 바울은 믿음의 경주가 무위로 끝나지 않을 것과 언젠가 하나님 앞에서 회계해야 할 날이 있음을 의식하고 살았으며, 우리로 하여금 그 날이 있음을 가르쳐 주고 있다. 빌립보 교인들은 그의 편지를 읽으면 주님 앞에서 자랑스럽게 빛나는 보석이 될 것을 다짐했을 것이다. 주님이 그 모습을 기뻐하셨음은 물론이다. 우리도 그 믿음을 따라야 한다.

바울은 빌립보 교인들이 하나님의 흠 없는 자녀가 되기를 기도했다. 교인들이 날로 달라져 주님으로부터 칭찬 받을 일이 많아지기를 소원했다. 그 소원은 지금 우리를 향해서도 마찬가지다. 그의 달음질이 헛되지 않게 하자. 주님 앞에서 자랑할 것이 많게 하자.

묵상하기

1. 조금만 힘들어도 짜증이 난다. 하나님은 왜 나에게 이런 시련을 주시는지 모르겠다며 푸념이 나온다. 함께 하는 지도자들에게 따지고 싶다. 이런 때 조금만 물러서 생각해보자. 지금 나는 진정 하나님의 군사인가? 어떤 환경에서도 원망하거나 따지지 않고 복종하고 있는가?

2. 지금 나는 어떤 책망을 들을 필요도 없을 만큼 순전하고 흠 없는 하나님의 자녀인가? 아니면 그런 상태에 있지 않다 해도 늘 애쓰며 살아가고 있는가? 그것은 절대 불가능하다며 자포자기 하고 있는가? 하나님은 우리가 어떻게 할 때 과연 기뻐하실까?

3. 하나님의 말씀과 나의 관계는 어떤가? 어떤 환경에서도 생명의 말씀을 놓치지 않고, 말씀대로 살며, 그것을 전하며 살고 있는가? 나는 진정 이 세상에서 생명의 빛을 뿌리며 살고 있는가? 하나님과 이웃에게 진정 자랑스럽고 기쁨이 되고 있는가?

07

나를 전제로 드릴지라도(17-18절):
나는 기뻐하고 기뻐하리라

17. 만일 너희 믿음의 제물과 섬김 위에 내가 나를 전제로 드릴지
라도 나는 기뻐하고 너희 무리와 함께 기뻐하리니
18. 이와 같이 너희도 기뻐하고 나와 함께 기뻐하라

"만일 너희 믿음의 제물과 섬김 위
에 내가 나를 전제로 드릴지라도 나는 기뻐하고 너희 무리와 함께
기뻐하리니(17절)."

17-18절에서 바울은 14-16절보다 적극적으로 나온다. 그는 각오
와 기쁨을 보여주며 보다 적극적인 삶의 자세를 갖도록 한다. 고난
을 기뻐하는 삶이다. 불평과 원망이 아니라 자신과 함께 기뻐하라고
한다. 바울은 자신이 빌립보 교인들의 믿음으로부터 오는 희생적 제
사에 덧붙여 그 자신이 또한 제물이 된다 하더라도, 다시 말해 순교
를 당한다 할지라도 기뻐하는 것처럼 기뻐하라 한다.

"만일 너희 믿음의 제물과 섬김 위에 내가 나를 관제로 드릴지라
도." '너희 믿음의 제물과 섬김 위에'는 빌립보 교인들의 헌신적 믿
음과 섬김 위에 자신도 동참하기를 원한다는 말이다. '제물(thysia,

sacrifice)과 섬김(leitourgia, service)'은 그리스도인으로서 삶을 나타
내는 말이다. 믿음과 충성 그리고 섬김과 희생이 담긴 삶이다. 새
번역은 이를 '제사와 예배'라 했다. 이것을 고귀한 제물로 바칠
뿐 아니라 그 위에 자신도 자기의 생명을 추가시켜 제사를 마무
리할 준비가 되어 있다는 말이다. 기꺼이 순교의 제물이 되고자
하는 것이다.

"나를 전제로 드릴지라도." 원문은 "내가 부어진다 해도(spendo-
mai)"이다. 전제라는 단어대신 동사를 사용하고 있다. 전제(奠祭,
drink offering, libation)는 제물 위에 붓는 포도주를 의미한다. 관제
(灌祭)라 하기도 한다. 유대인들은 제단 주위에 관제를 붓고, 이방인
들은 제단 위에 술을 붓는 관습이 있다. 바울은 그중 어떤 것에 대해
말하고 있지는 않다. 그것은 빌립보 교인들이 더 잘 알 것이다. 현대
인의성경은 "내 생명의 피를 제사 술처럼 따라 붓는다고 해도"라고
했다. 새번역은 "여러분의 믿음의 제사와 예배에 나의 피를 붓는 일
이 있을지라도"라 했다. 전제는 제사에서 부수적인 것이다. 양이나
소를 잡는 것이 기본 제사라면 그 제물 위에 포도주나 기름을 붓는
것은 부수적인 것이 되기 때문이다. 그러므로 "만일 너희 믿음의 제
물과 섬김 위에 내가 나를 관제로 드릴지라도"는 빌립보 교인들의
희생과 삶이 본 제물로 드려지고 자신의 생명이 관제로 부어지는 것
처럼 부수적 역할을 한다 해도 결코 섭섭하거나 마음 상하지 않고
오히려 기쁘다는 말이다.

바울의 이 같은 마음은 빌립보 교회에만 적용되지 않는다. 그는
고린도 교회에 대해서도 이렇게 말했다. "내가 너희 영혼을 위하여
크게 기뻐하므로 재물을 사용하고 또 내 자신까지도 내어 주리니(고

후 12:15)." '또 내 자신까지도 내어 주리니.' 바로 이 마음이다. 그는 디모데에게 편지를 써 "전제와 같이 내가 벌써 부어지고 나의 떠날 시각이 가까웠도다(딤후 4:6)." 하였다. 그는 자신이 전제처럼 부어지기를 바랐다.

바울은 빌립보 교인들이 드리는 믿음의 제물 위에 자신의 생명이 뿌림이 되었으면 좋겠다고 말한다. 자신을 전제로 드리겠다는 것은 그저 단순한 제의가 아니다. 누구에게나 생명은 가장 가치가 있다. 극상의 제물인 자기의 생명이 요구된다면 기꺼이 순교의 피를 뿌리겠다는 것이다. 빌립보 교인 여러분의 제물과 함께 나의 마지막도 드려 더 아름답게 하겠다는 것이다. 전제는 자신의 희생을 통해 그 제사를 돋보이게 하고 더욱 아름다운 향기로 드리는 것이다. 마지막 불꽃이자 영광스러운 마무리다. 자신이 양육한 빌립보 교인들이 제물로 드려질진대 자기 자신도 지나칠 수 없다. 함께 해야 마땅하다. 이것이 바로 예수 그리스도를 닮은 사람의 마음가짐이다. 바울은 자신을 관제로 드림으로써 빌립보 교회와 하나 되고자 했다. 그러므로 '전제로 드림'을 낮게 보아서는 안 된다.

"내가 빌립보 교회의 제물이 되리라. 순교의 제물이 되리라." 이것은 바울의 흔들림 없는 각오다. 그것은 믿음의 온전한 성장을 위해서도 그렇고, 우리 모두 최고의 것을 주님께 드려 유종의 미를 거두자는 뜻도 있다. 우리도 이런 각오가 필요하다.

"나는 기뻐하고 너희 무리와 함께 기뻐하리니." 바울은 기쁨을 말하기 전에 '만일 나를 관제로 드릴지라도'라고 말했다. '지라도(even if)' 신앙이다. 자신의 생명이 부수적인 전제로 부어지는 한이 있을지라도 나 자신 기뻐할 뿐 아니라 너희와 함께 기뻐한다는 말이다.

NIV는 "기쁘고 즐거워한다(glad and rejoice)"고 했다. 기쁨, 곧 카라스(charas)다. 이것은 그의 순교의 각오가 억지에서 나온 것도 아니고, 쓴 마음에서 나온 것도 아니며, 순전한 기쁨에서 나온 것임을 보여준다. 그는 혼자만 이 기쁨을 누리지 않겠다고 한다. 이 기쁨을 빌립보 교인들과 함께 하고자 했다.

"이와 같이 너희도 기뻐하고 나와 함께 기뻐하라(18절)."

여기서 주 문장은 "기뻐하라"다. 명령형이다. "너희도 기뻐하고 즐거워해야만 한다(you too should be glad and rejoice)"는 것이다. 12절의 "이루어가라," 14절의 "행하라," 그리고 18절의 "기뻐하라"는 하나님과의 관계에서 우리가 어떤 삶을 살아야 하는가를 보여준다. 바울은 빌립보서 2장 1-4절의 경우처럼 17절과 18절을 통해 "너희도 나와 함께 기뻐하라" 명령함으로써 기쁨과 관련해 하고 싶은 말을 매듭짓는다.

바울은 17절과 18절을 통해 4중의 기쁨을 나타냈다. 기쁨의 4중주다. 넘치는 감사와 기쁨으로 순교를 각오하고 있는 것이다. 이것은 그가 "온전히 담대하여 살든지 죽든지 내 몸에서 그리스도가 존귀하게 되게 하려 하나니 이는 내게 사는 것이 그리스도니 죽는 것도 유익함이라(빌 1: 20, 21)" 말한 바와 같이 생과 사에 관련된 일체의 비결을 이미 알았기 때문이다.

바울은 왜 이런 말을 할 수 있을까? 그것은 하나님께서 그에게 힘을 주셨기 때문이다. 고난은 아무나 당하는 일이 아니다. 그것도 순교다. 그는 그 순교가 어떤 죽음이 될 것을 알고 있다. 주님이 부어주신 그 풍성한 은혜와 감격이 넘치고, 그 주님을 위해 자신을 기꺼이 드리고자 하는 마음으로 가득하다. 그 어떤 고난이 따른다 해도 이 일을 이룰 것이다. 이 일은 하나님이 우리에게 힘과 능력을 주셔야 가능한 일이다.

"이와 같이"는 "나는 기뻐하고 너희 무리와 함께 기뻐하리니"를 말한다. 이렇듯 "너희도 기뻐하고 나와 함께 기뻐하라"는 것이다. 나뿐 아니라 너희도 기뻐하라. 내가 너희와 함께 기뻐하듯 너희도 나와 함께 기뻐하라는 것이다.

바울은 "내가 너희와 함께 기뻐하듯 너희도 나와 함께 기뻐하라" 명령한다. 기쁨에의 초대다. 바울 혼자만의 기쁨이거나 빌립보 교인들만의 기쁨이 아니다. 어느 한쪽만의 기쁨이 아니라 함께 하는 기쁨(synchairo, rejoice with)이다. 이 기쁨은 함께 드림을 통한 기쁨이다. 이 기쁨을 함께 나누자(share)는 것이다.

그는 "각각 자기 일을 돌아볼 뿐더러 또한 각각 다른 사람들의 일을 돌아보아 나의 기쁨을 충만케 하라(빌 2:4)." 말한 바 있다. 나눔도 함께 하라고 했다. 혼자가 아니다. 함께 다른 사람을 돌아보아 나의 기쁨을 충만하게 하라고 했다.

바울은 기쁨도 함께 나눌 때 상승작용을 한다는 것을 잘 알고 있었다. 하늘나라에서, 하나님 앞에서 기쁨으로 찬양하기를 원하는가? 홀로 찬양하는 것도 좋다. 하지만 우리 모두 함께 찬양할 때 우리의 기쁨과 감격은 그 어느 것과 비교할 수 없을 것이다. 바울은 이 기쁨의 원리를 알고 있었다. 그리스도인에게 있어서 하나님 자체가 행복이요 감사다. 주님을 생각만 해도 기쁘다. 그러나 이 기쁨을 함께 할 때 증폭된다.

바울은 지금 감옥에 있다. 감옥에 있음에도 불구하고 그리스도 안에 있는 기쁨과 행복을 전하고 있다. "기뻐하라. 기뻐하고 기뻐하라." 그리스도인의 기쁨은 기뻐할 수 없는 환경 속에서도 기뻐할 수 있는 것이다. 상황과 조건을 뛰어넘는 기쁨이다. "항상 기뻐하라. 감사함으로 아뢰라." 그리스도인의 감사도 감사할 수 없는 상황에서도 감사하는 것이다. 그것이 진정한 감사다.

빌립보서의 키워드는 기쁨이다. 교인들을 생각하니 기쁘고, 복음이 전파되는 것을 보니 기쁘다. 그런데 이 글을 쓸 때 바울은 감옥에 있었다. 인간적으로 볼 때 도저히 기뻐할 수 없는 처지다. 그런데 왜 기뻐한다고 할까? 그것은 그리스도가 날로 전파되기 때문이다. 빌립보 교인들의 헌신과 믿음 위에 자신의 생명이 전제로 드려진다면 더할 나위 없이 영광이 되기 때문이다. 그것을 생각만 해도 기쁘다. 이것이 바로 바울의 마음이요 예수 그리스도의 마음이다.

묵상하기

1. 바울은 자신이 전제처럼 부어진다 할지라도 기쁨으로 순교의 피를 뿌릴 것이라 했다. 전제가 되겠다는 것은 결코 쉽지 않다. 내 의지로 되는 일도 아니다. 바울과 같은 상황이라면 당신은 어떻게 할 것인가?
2. 바울은 빌립보 교인들에게 "너희 믿음의 제물과 섬김 위에 내가 나를 전제로 드릴지라도 라고 했다. 교인들의 헌신이 주(主)고, 자신은 부(副)가 된다 해도 좋다는 말이다. 당신에 대한 평가가 낮아질 때 과연 섭섭해하지 않을 자신이 있는가?
3. 그리스도인의 기쁨은 혼자만의 기쁨이 아니라 함께 할 때 배가 된다. 당신은 어떤 때 배가 되는 기쁨을 누린 경험을 가지고 있는가?

08

디모데(19-24절): 자기의 일이 아니라 예수의 일을 구하는 자

19. 내가 디모데를 속히 너희에게 보내기를 주 안에서 바람은 너희의 사정을 앎으로 안위를 받으려 함이니
20. 이는 뜻을 같이하여 너희 사정을 진실히 생각할 자가 이밖에 내게 없음이라
21. 그들이 다 자기 일을 구하고 그리스도 예수의 일을 구하지 아니하되
22. 디모데의 연단을 너희가 아나니 자식이 아버지에게 함같이 나와 함께 복음을 위하여 수고하였느니라
23. 그러므로 내가 내 일이 어떻게 될지를 보아서 곧 이 사람을 보내기를 바라고
24. 나도 속히 가게 될 것을 주 안에서 확신하노라

"내가 디모데를 속히 너희에게 보내기를 주 안에서 바람은 너희의 사정을 앎으로 안위를 받으려 함이니(19절)."

바울은 빌립보 교회를 방문하고 싶다. 하지만 지금 감옥에 있어 그럴 수 없다. 감옥이 장애물이다. 그래서 한 가지 바라는 바가 있다. 그는 이것을 '주 안에서 바람은'이라 하고 있다. 그것은 자기 대

신 디모데를 그 교회에 빨리 보내는 것이다. 그러나 이 일은 모두 '주 안에서' 이뤄질 줄 믿고 그렇게 되기를 소망한다는 뜻을 담고 있다.

빌립보교회는 바울이 복음을 전하다 로마에서 감옥에 갇혔다는 소식을 듣고 크게 염려하고 있었다. (바울이 에베소나 가이사랴에 갇혔다고 주장하는 학자도 있지만 로마라는 것이 일반적이다.) 하지만 그리스도를 위해 해야 할 일이 남아있기 때문에 살아서 빌립보 교회로 가게 될 것을 확신하고 있던 바울은 그들의 교역자인 에바브로디도가 떠나 있는 상태여서 오히려 그들의 형편을 알고 안심시킬 필요성을 느꼈다. 에바브로디도는 오랫동안 로마에 머물러 있어야 했다. 그래서 자기와 함께 있는 디모데를 보내고자 한 것이다. 그들에게 격려가 필요했기 때문이다.

바울이 디모데를 속히 그들에게 보내고자 하는 또 다른 이유가 있다. 빌립보 교회의 사정(condition, state)을 알아서 자기도 안위(good comfort, KJ)를 받고 싶었기 때문이다. '안위를 받는다(eupsycheo)'는 것은 '용기를 얻게 된다(be encouraged),' '기쁜 마음이 되다(be cheered)'는 뜻을 가지고 있다. '나도(kago)'라는 단어가 한글번역에서는 생략되었는데, 이것은 빌립보 교인들이 먼저 마음의 평안을 얻고, 이것을 통해 자신도 평안을 얻고자 한다는 뜻을 가지고 있다. 상호 평안을 비는 마음이 담겨있다. 그 모습이 참으로 아름답다.

"이는 뜻을 같이하여 너희 사정을 진실히 생각할 자가 이밖에 내게 없음이라(20절)."

20절은 바울이 디모데를 왜 빌립보 교회에 파송하고자 하는지, 그리고 그가 왜 적임자인지 그 이유를 설명하고 있다. 일종의 추천서인 셈이다. 이유는 간단하다. '너희 사정을 진실히 생각할 자가(who takes a genuine interest in your welfare)' 이밖에 내게 없기 때문이다. 디모데라면 믿을만한 사람이라는 말이다. '뜻을 같이 하여(isopsychos)'는 '한 마음, 한 뜻으로(like-minded)'라는 말이다. 디모데는 누구보다 자기의 마음을 잘 알고 있고, 그가 어떤 말을 하고 어떤 결정을 내리던지 그것은 자기의 생각과 같을 것임을 확신하고 있다. '생각하다(merimnao)'는 '염려하다,' '돌보다(care for),' '관심을 가지다'는 뜻이다. 디모데는 바울의 마음을 잘 이해하고 빌립보 교회에 대해 진정으로 염려하고 관심을 가지고 있다는 말이다.

여기서 한 가지 짚고 넘어갈 점이 있다. 예수님께서는 "염려하지 말라"고 하셨다. 그런데 바울과 디모데는 지금 빌립보 교인들을 생각하며 염려하고 있는 것이다. 이것은 성경적으로 맞는 일일까? 예수님은 "목숨을 위하여 무엇을 먹을까 무엇을 마실까 몸을 위하여 무엇을 입을까 염려하지 말라 [--] 내일 일을 염려하지 말라(마 6:28, 34)." 하셨다. 하지만 바울은 "아직도 날마다 내 속에 눌리는 일이 있으니 곧 모든 교회를 위하여 염려하는 것이라(고후 11:28)." 하였다. 염려의 대상이 다르다. 세상일을 두고 염려하는 것은 잘못된 것이지만 하나님 나라와 그 의를 두고 염려하는 것은 우리가 마땅히 해야 할 일이다.

"이밖에 내게 없음이라." 지금 그를 보내는 것이 가장 좋다는 것이다. 바울은 이 말을 통해 디모데를 강력 추천하고 있다. 그런데 늘 바울과 함께 있었던 누가나 아리스다고스는 왜 언급이 없을까? 그들은 당시 어디에 있었을까? 이에 대한 언급이 없어 정확한 답을 할 수 없다. 이 때는 그들이 로마에 없었던 것 아닌가 생각할 수 있고,

로마와 빌립보를 오가는 문제나 특히 바울이 갇힌 위기 상황에서 디모데가 가장 적합하다고 생각했을 수 있다.

"그들이 다 자기 일을 구하고 그리스도 예수의 일을 구하지 아니하되(21절)."

21절은 빌립보 교회를 진실히 생각할 자가 디모데밖에 없는가를 설명하고 있다. 여기서 '그들이 다'는 'those all(hoi pantes)'으로, 디모데와 성질이 다른 모든 사람들(everyone)을 가리킨다. 디모데 외에도 생각나는 사람들이 있기는 하지만 그들은 아니라는 말이다. 어거스틴은 당시 로마에 있었던 바울의 동료들 상당수는 돈을 위해 고용된 자들이었다고 주장했다.

그들은 무엇보다 자기 일(his own interests)을 구하고, 예수 그리스도의 일을 구하지 않는다. 세상일을 추구하지만 하나님 나라와 그 의를 구하지 않는다. 삶의 목표와 삶의 방식이 다르다는 말이다. 그런 사람들에게 주의 일을 안심하고 맡길 수 없다. 자기에게 유익이 될 때는 몰라도 환경만 바뀌면 언제 돌아설지 알 수 없기 때문이다. 주의 일을 하다가 결국 세상을 좇아 바울을 떠난 데마(딤후 4:10)와 같은 사람도 있지 않은가.

하지만 디모데는 자기에게 손해가 되는 줄 알면서도 묵묵히 그 손해를 감수하는 사람이다. 자기 일이 아니라 주의 일을 구하기 때문이다. 바울은 그를 하나님의 일을 함께 하는 예수 그리스도의 인물로 간주하였다. 철두철미 예수의 마음을 품고 섬기기 때문이다.

바울은 왜 이런 말을 했을까? 그것은 로마에서 빌립보까지 가는 것도 힘들고, 그곳에 가서 처리해야 할 일도 만만치 않다는 것을 알았기 때문이다. 그 일이라면 그들에게 맡길 수 없다. 하지만 디모데라면 어떤 희생을 치루더라도 기꺼이 감당할 수 있음을 그는 확신하고 있다. 디모데는 그만큼 바울로부터 인정을 받고 있다. 바울, 디모데, 빌립보 교회 모든 관계에서 이 점이 매우 중요하다. 바울을 그동안의 사역 경험을 통해 이 점이 중요하다는 것을 알았을 것이다.

"디모데의 연단을 너희가 아나니 자식이 아버지에게 함같이 나와 함께 복음을 위하여 수고하였느니라(22절)."

바울은 디모데의 신앙의 됨됨이를 말하면서 그의 연단을 너희가 알 것이라 했다. 여기서 연단(dokime)은 '시험을 잘 견디어 내었음'을 의미한다. 이미 검증된 믿음의 사람(his proven worth, NASB)이라는 말이다. NIV는 '디모데 자신이 입증했다(Timothy has proved himself)'고 말한다.

바울과 디모데는 특별한 사이다. 바울이 지금의 터키 땅 루스드라를 방문했을 때 그를 주님께 인도했다. 어머니는 믿음을 가진 유대인이었고, 아버지는 헬라인이었다. 바울은 그를 전도여행에 동행케 했다. 바울이 에베소에 오래 머물며 복음을 전했을 때 그도 함께 했다. 바울이 투옥되고 석방된 뒤에도 그는 바울과 함께 여행했다. 에베소 교회에 문제가 생겼을 때 바울은 그를 그곳 남겨두었다. 디모데는 바울이 아끼는 제자였다. 그는 거짓이 없고 순수한 믿음을 가진 자였고, 주위사람들로부터 칭찬을 받았다. 연단은 결과로 나타난다. 그것이 증거가 된다. 사도행전 16장과 17장은 그것을 입증하고 있다. "너희가 아나니." 디모데의 인물됨을 빌립보 교회가 잘 알고 있으리라는 것이다. 바울은 그것을 확신하고 있다.

바울은 그의 모든 수고를 한 마디로 "자식이 아버지에게 함같이 나와 함께 복음을 위하여 수고하였느니라." 하였다. 디모데가 자신을 대할 때 자식이 아버지를 대하듯 존경과 예의를 갖췄다. 극진히 대했다는 말이다. 왜 그렇게 했을까? 그것은 바울이 복음을 위해 고난을 참고 헌신하고 있다는 사실을 누구보다 디모데가 잘 알고 있고, 이에 뜻을 같이 하여 그는 바울을 영적인 아버지로 대한 것이다.

마찬 가지로 바울은 디모데를 믿음 가운데서 낳은 아들로 간주했다. 그리고 디모데를 교회에 소개할 때도 "내 사랑하고 신실한 아들 디모데(고전 4:17)"이라 했다. 바울은 그가 자신과 함께 복음을 위하여 수고했다고 했다. 디모데가 바울을 극진히 섬긴 것은 다 복음 때문이었다. '수고하였느니라(edouleusen)'는 '섬기다,' '종노릇하다'는 뜻을 가지고 있다. 복음을 위해 기꺼이 종노릇했다는 말이다. 복음을 통한 깊은 전우애, 동지애가 있음을 보여준다. 이것은 우리의 복음 안에서 서로 어떻게 대하고 일해야 하는가를 가르쳐 준다. 현대 교회에서 교인들이 교역자들을 정성을 다해 섬기는 것도 그들이 복음을 위해 수고하기 때문이지 결코 지위 때문이 아니다.

"그러므로 내가 내 일이 어떻게 될지를 보아서 곧 이 사람을 보내기를 바라고(23절)."

바울은 23절을 통해 자기의 계획을 알리고 있다. 디모데는 로마 감옥에 있는 자기에게 가장 필요한 인물이다. 그럼에도 불구하고 자기 일의 형편을 보아서 디모데를 빌립보 교회에 기꺼이 보내겠다는 것이다. '내 일이 어떻게 될지를 보아서(how things go with me)'라는 말은 자신에 대한 재판결과를 염두에 둔 것으로 보인다. 석방 되면 자신이 가게 될 수 있다. 그렇지 않다면 디모데를 보내겠다는 말이다. '바라고'는 이것이 자신의 소망임을 보여준다.

"나도 속히 가게 될 것을 주 안에서 확신하노라(24절)."

디모데를 파견할 뿐 아니라 자기도 속히 그들에게 가게 될 것을 확신하고(confident) 있다. 이것은 바울 자신이 석방을 기대하고 있음을 보여준다. 변덕이 많은 황제 네로를 믿는 것은 아니지만 영지주의자들이 교회를 교란시키고 있는 환경에서 빌립보 교회를 방문하고자 하는 이 깊은 마음을 주님이 들어주실 것이라 생각한 것이다. '주 안에서 확신하노라(I trust in the Lord, NASB).' 이것은 그의 간절함을 나타내고 있는 말이다. 그는 앞서 빌립보 교인들을 보고자 하는 간절한 마음을 피력한 바 있다. 그 마음이 지금도 변함없음을 다시금 확인시켜주고 있는 것이다. 빌립보 교회를 향한 그의 사랑은 고난 가운데서 더 빛나고 있다.

묵상하기

1. 바울은 디모데를 전적으로 신뢰했다. 고난 가운데서도 연단된 믿음을 그 누구보다 잘 알았기 때문이다. 우리의 믿음도 고난 가운데서 더욱 입증된다. 오늘 당신이 처한 고난을 통해 믿음도 자랄 것이다. 그것을 믿는가?
2. 바울은 사역자라 하면서 자기의 일을 구하는 자가 있고, 주의 일을 구하는 자가 있다고 했다. 주님의 일을 기회 삼아 자기 이익을 취한다면 주님은 기뻐하지 않으신다. 지금까지 나의 사역이 정녕 주의 일을 구하는 것이었는지 반성해보자.
3. 디모데는 바울을 믿음의 아버지로 섬겼다. 예수원 토리 신부의 조부인 토리(R. A. Torrey)도 무디를 섬겼다. 영적인 면에서 자신보다 뛰어난 무디를 통해 주님이 하시는 일을 보았기 때문이다. 당신은 영적인 동지들을 주안에서 깊이 사랑하고 존경하는가?

09

에바브로디도(25-28절): 나의 형제요 함께 군사 된 자

25. 그러나 에바브로디도를 너희에게 보내는 것이 필요한 줄로 생각하노니 그는 나의 형제요 함께 수고하고 함께 군사 된 자요 너희 사자로 내가 쓸 것을 돕는 자라
26. 그가 너희 무리를 간절히 사모하고 자기가 병든 것을 너희가 들은 줄을 알고 심히 근심한지라
27. 그가 병들어 죽게 되었으나 하나님이 그를 긍휼히 여기셨고 그뿐 아니라 또 나를 긍휼히 여기사 내 근심 위에 근심을 면하게 하셨느니라
28. 그러므로 내가 더욱 급히 그를 보낸 것은 너희로 그를 다시 보고 기뻐하게 하며 내 근심도 덜려 함이니라

"그러나 에바브로디도를 너희에게 보내는 것이 필요한 줄로 생각하노니 그는 나의 형제요 함께 수고하고 함께 군사 된 자요 너희 사자로 내가 쓸 것을 돕는 자라(25절)."

디모데를 빌립보 교회로 보낼 것처럼 말하던 바울이 25절에 갑자기 빌립보 교회 교역자인 에바브라디도를 보내는 것이 좋겠다고 말한다. '그러나'는 긴박한 전환의 뜻을 담고 있다. 그를 너희에게 보내는 것이 필요하겠다는 것이다. 디모데를 생각했다가 갑자기 왜 그

를 보내는 것이 좋겠다는 결심을 하게 된 것일까? 에바브로디도가 병들었다는 소식을 듣고 빌립보 교회가 염려를 하고 있고, 에바브로디도 자신도 가고 싶어 하며, 그의 회복된 모습을 교인들이 보게 된다면 염려와 근심이 덜어질 것으로 판단했을 것이다.

　에바브로디도(Epaphroditus)는 어떤 사람일까? 그는 빌립보 교회가 바울에게 선물을 전하고 바울이 필요한 만큼 머물면서 그를 돕도록 파송한 인물이다(빌 4:18). 그는 빌립보 교회 출신으로 바울과 빌립보 교회로부터 신임을 받았다. 로마시대에 이 이름은 흔했다. 사랑과 미의 여신 '아프로디테의 사랑을 받는 자'라는 뜻을 가지고 있기 때문이다. 그가 왜 이름을 바꾸지 않았을까 의문이 들기도 하지만 이름보다는 삶이 더 중요하지 않겠는가. 줄여서 에바브라(Epaphras)라 하기도 한다. 따라서 골로새의 교역자인 에바브라와 동일인물이 아닌가 생각되기도 하지만 에바브라가 바울과 같이 로마의 옥에 갇혀 있었기(몬 1:23) 때문에 같은 사람이 아닐 가능성이 더 높다.

　바울은 그를 보낼 필요성을 언급하면서 그가 바울에게 있어서 어떤 사람인가를 말해주고 있다. 그는 에바브라디도를 '나의 형제,' '함께 수고하는 자,' '함께 군사 된 자,' '너희 사자,' 그리고 '나의 쓸 것을 돕는 자' 등 5가지로 소개하고 있다. 앞의 세 개는 '나의'에 연결되어 있고, 나머지 둘은 '너희'에 연결되어있다. 앞부분은 바울 자신과의 관계를 나타내고, 뒷부분은 빌립보 교회와의 관계를 나타낸다.

　'나의 형제(my brother)'는 그리스도 안에서의 한 형제라는 말이다. 믿음 안에서 한 가족, 육적 관계를 넘어선 영적 가족(spiritual family)이라는 믿음과 확신이 담겨 있다.

　'함께 수고하는 자'는 동역자(fellow worker)라는 말이다. 오직 그리스도와 그의 복음을 위해 함께 수고하고 노력한다는 말이다. 동역자라는 말에는 권위의식이나 계급의식이 포함되어 있지 않다.

'함께 군사 된 자'는 바울 자신뿐 아니라 그도 그리스도의 군사로서 복음에 대적하는 원수들에 맞서 함께 싸운다. 복음의 전우(fellow soldier)라는 말이다.

'너희 사자(your messenger)'는 '너희가 보낸 자'라는 뜻이다. 사자는 사도(apostolos)로 번역된다. '보냄을 받은 자'라는 뜻이다. 예수의 12제자와 같은 의미의 사도가 아니라 빌립보 교회에서 봉사하다가 그 교회의 대표로 보냄을 받아 바울에게 왔다는 의미에서 사도다.

'나의 쓸 것을 돕는 자(minister to my need)'란 바울이 감옥에 있을 때 도와 준 인물이라는 말이다. 빌립보 교회는 옥에 갇혀 있는 바울을 위해 그가 필요로 하는 물건들(헌물)을 에바브로디도 편에 보냈고, 에바브로디도 자신도 바울에게 시중들며 섬겼다. 바울은 '돕는 자'를 제사와 관련된 '레이투르고스(leitourgos),' 곧 '섬김'이라는 단어를 사용했다. 그의 섬김을 하나님 나라를 위한 '거룩한 섬김'으로 해석했다. 그 섬김을 기뻐 받으신다는 말이다.

바울은 왜 빌립보 교회에 에바브로디도를 이렇듯 소개할까? 바울을 돕도록 파송한 것인데 바울이 석방되기도 전에 빌립보 교회로 돌아가면 왜 빨리 돌아왔느냐면서 문제를 삼을 가능성에 대비한 것으로 보인다. 바울과 사이가 틀어진 것은 더 더욱 아니다. 오히려 그가 얼마나 신실한 종인가를 말하고 그를 따뜻이 마지하기 바라는 마음이 숨어있다. 모세에게 아론이 있었듯이 바울에게 에바브로디도가 있었다.

"그가 너희 무리를 간절히 사모하고 자기가 병든 것을 너희가 들은 줄을 알고 심히 근심한지라(26절)."

바울은 여기서 에바브라디도의 근황을 설명해주고 있다. 바울은 먼저 그가 얼마나 빌립보 교인들을 보고 싶어 하는 지를 말해준다. "그가 너희 무리를 간절히 사모하고." 사모한다(epipothon)는 말은 견디기 어려울 정도로 심히 보고 싶어 한다(longing for)는 것이다. 향수병에 걸린 것이다. 그만큼 교인들을 사랑한다는 말이다. 바울도 예수 그리스도의 심장으로 빌립보 교인들을 사모한다 했다. 그 심정은 둘 다 마찬가지다.

하지만 에바브로디도가 크게 근심하는 것 한 가지가 있다. "자기가 병든 것을 너희가 들은 줄을 알고 심히 근심한지라." 겟세마네 동산에서의 주님의 심정을 묘사할 때도 '근심하다'는 단어를 사용했다. 스트레스를 받을 만큼(deeply distressed, full of heaviness) 심적 고통이 컸다는 말이다. 자기가 병든 것 때문에 근심하는 것이 아니라 자기가 병든 것을 교회 성도들이 듣고 근심할 것을 생각하니 그 때문에 오히려 마음이 아프다는 말이다. 자기의 건강에 대해서는 조금도 염려하지 않고 오히려 자신에 대한 빌립보 교회 성도들의 근심을 걱정하고 있다. 자기 유익을 구하지 않고 오로지 성도들의 유익만을 생각하고 있다는 점에서, 교인들을 너무나 사랑하고 있다는 점에서 교역자로서의 모범됨을 본다. 이런 사람이 있는 곳에는 하나님의 평화가 임할 것이다.

"그가 병들어 죽게 되었으나 하나님이 그를 긍휼히 여기셨고 그뿐 아니라 또 나를 긍휼히 여기사 내 근심 위에 근심을 면하게 하셨느니라(27절)."

한글 성경에는 번역이 되지 않았지만 '실로(gar)'라는 단어가 있다. '사실을 말하면(indeed)'이라는 뜻이다. "(실로) 그가 병들어 죽게 되었으나." 바울은 그가 어떤 병에 걸렸는지는 말하지 않았다. 하지만 병든 사실을 감추기보다 솔직하게 공개했다. 원문을 보면 '죽음에 가까웠다(sick nearly unto death)'고 말한다. 이 편지를 쓰는 바울이나 그것을 받은 빌립보 교인들의 마음이 어땠을까?

병의 원인은 여러모로 추정이 가능하다. 로마로 가는 도중에 병에 걸렸을 가능성, 감옥에서 바울의 시중을 드느라 무리했을 가능성, 바울을 대신해 로마에 있는 교인들도 돌봐주었을 가능성도 있다. 그밖에 다른 원인으로 인해 갑자기 병들었을 수 있다. 하여튼 죽을 지경에 이르렀다. 에바브로디도 자신뿐 아니라 바울도 그를 위해 열심히 기도했을 것이다.

"하나님이 그를 긍휼히 여기셨고 그뿐 아니라 또 나를 긍휼히 여기사." 그가 병에 걸려 죽음에 이를 지경이 되었지만 하나님이 그를 불쌍히 여기셨고, 또 바울을 불쌍히 여기셨다. 살려주셨다는 말이다. 자기 목숨을 생각지 않고 헌신적으로 섬긴 그를 하나님께서 보시고 죽음에서 건져주신 것이다. 그것은 바울은 그의 쾌차가 하나님이 자기를 긍휼히 여기신 것이라 하였다. 바울도 그의 병에 대해 크게 염려하고 있었기 때문이다. 그런 환경에서 우리도 긍휼히 여겨달라고 기도할 수밖에 없다.

"내 근심 위에 근심을 면하게 하셨느니라." '내 근심 위에 근심(sorrow upon sorrow)'은 무엇일까? 자신이 투옥되어 있는 데 설상가상으로 에바브로디도의 죽음이 가까워 보이는 때문일까? 빌립보교회에서 바울에게 애써 파송한 에바브로디도가 죽을 지경에 이르렀으니 얼마나 가슴이 아프겠는가. "누가 약하면 내가 약하지 아니하며 누가 실족하게 되면 내가 애타지 아니하더냐(고후 11:29).”

하지만 하나님은 그를 살리셨다. “근심 위에 근심을 면하게(spare me) 하셨느니라”는 말은 사랑하는 동역자의 질병으로 인한 근심으로부터 벗어나게 함으로써 크게 기뻐하고 안도했다는 말이다. 우리는 여기서 옥중에 있는 자기 자신보다 동역자를 먼저 생각하는 모습을 보게 된다. 하나님의 교회를 위해, 그리고 동역자를 위해 걱정하고 서로 상대의 안녕과 행복을 바라는 아름다움을 본다. 얼마나 바람직한 모습인가.

“그러므로 내가 더욱 급히 그를 보낸 것은 너희로 그를 다시 보고 기뻐하게 하며 내 근심도 덜려 함이니라(28절).”

“그러므로 내가 더욱 급히 그를 보낸 것은.” 바울은 그를 빌립보 교회로 급히 보냈다고 말한다. ‘더욱 급히’는 ‘더 간절히(all the more eager),’ ‘더 조심해서(the more carefully)’라는 뜻을 가지고 있다. ‘보냈다(epempsa)’는 것은 무슨 뜻일까? 바울이 이미 그를 보냈다면 에바브로디도는 빌립보로 가는 중이 될 것이다. 그렇다면 이 빌립보 교회를 위한 서신은 누가 따로 가져갔다는 말인가? 정황상 누구를 따로 보낼 형편이 아니다. 이 서신은 에바브라디도가 가지고 간 것으로 이해되고 있다.

급히 그를 빌립보 교회로 보낸 이유가 있다. “너희로 그를 다시 보고 기뻐하게 하며 내 근심도 덜려 함이니라.” 그것은 바로 빌립보 교회 성도들이 죽을 지경에 있던 그가 살아 돌아온 것을 보고 기뻐하고, 그 기쁨으로 인해 바울 자신의 근심도 덜려한다(have less anxiety)는 것이다. ‘근심을 던다’는 것은 ‘고통을 면한다’는 뜻을 가지고 있다. 이것은 바울, 에바브로디도, 그리고 빌립보 교회의 관계가 얼마나 돈독했는가를 보여준다. 나아가 디모데가 아니라 에바브로디도를 보내야겠다고 결심하게 된 배경을 읽을 수 있다.

묵상하기

1. 바울은 동역자 에바브로디도에 대해 깊은 신뢰를 보냈다. 나의 형제, 나의 동역자, 나의 전우, 얼마나 아름다운 명칭인가? 우리의 동료 사역자들에 대한 우리의 이해와 관심은 어떤가? 당신은 그들에게 어떤 명칭을 붙여주고 싶은가?

2. 에바브로디도는 빌립보 교인들을 간절히 보고 싶어 했다. 중한 병에 들어 더욱 그러하지 않았겠는가? 그럼에도 불구하고 자기가 병든 것을 빌립보 교인들이 들은 줄 알고 오히려 염려했다. 자기의 병보다 교인들의 염려를 더 걱정하였다. 당신이 그러면 어떻게 하겠는가?

3. 에바브로디도가 병들어 죽게 되었을 때 바울의 마음이 얼마나 아팠을까? 기도하며 주님께 매달렸을 것이다. "하나님이 그를 긍휼히 여기셨고 그뿐 아니라 또 나를 긍휼히 여기사." 하나님은 우리를 불쌍히 여기는 분이시다. 오늘 당신의 '근심 위에 근심'을 주님께 맡기라.

10

모든 기쁨으로(29-30절): 그를 영접하고 존귀히 여기라

29. 이러므로 너희가 주 안에서 모든 기쁨으로 그를 영접하고 또
이와 같은 자들을 존귀히 여기라
30. 그가 그리스도의 일을 위하여 죽기에 이르러도 자기 목숨을 돌
보지 아니한 것은 나를 섬기는 너희의 일에 부족함을 채우려
함이니라

"이러므로 너희가 주 안에서 모든
기쁨으로 그를 영접하고 또 이와 같은 자들을 존귀히 여기라(29절)."

바울은 에바브로디도뿐 아니라 이와 같은 동역자에 대해 빌립보
교회가 취해야 할 태도 두 가지를 부탁하였다.

첫째는 "이러므로 너희가 주 안에서 모든 기쁨으로 그를 영접하
고"이다. '영접하고(prosdechesthe)'는 환영하고 환대하라는 말이다.
에바브라디도가 일찍 오게 된 것을 이상한 눈초리로 보지 말고 기쁨
으로 맞으라는 것이다. 그는 위대한 믿음의 사람이다. 더욱이 그는
죽음의 문턱에서 돌아왔다. 영웅으로 대하고 환영하기에 충분하다.

바울은 빌립보 교인들에게 그를 '주 안에서 모든 기쁨으로' 맞으

라 당부했다. '주 안에서'는 주님께서 그를 영접하듯 교인들도 그 정신으로 그를 맞으라는 말이다. '모든 기쁨으로(with all joy)'는 '큰 기쁨으로(with great joy, with all gladness),' 온 마음을 다해 맞으라는 것이다. 자기의 몸을 돌보지 않을 정도로 충실하게 사역을 감당한 교역자들을 따뜻하게 맞는 것은 교회가 마땅히 가져야 할 태도이다. 그것도 의무감에 어쩔 수 없이 형식적으로 대하는 것이 아니라 깊이 우러나오는 사랑과 기쁨으로 대한다면 더할 나위 없이 좋다.

둘째는 "이와 같은 자들을 존귀히 여기라"는 것이다. '이와 같은 자들(men like him)'은 에바브로디도와 같은 사람들을 말한다. 그들을 존중하고 귀히 여기라는 것이다. 주를 위해, 교회를 위해 헌신한 이들을 몰라보거나 무시하는 것은 바람직하지 않다. 하나님의 백성은 하나님의 사람을 알아보고 귀히 여기며 존중해야 한다. 아무리 훌륭한 주의 종이라 할지라도 하나님이 주시는 위로뿐 아니라 성도들로부터의 격려가 필요하다. 마음으로만 하는 것이 아니라 구체적인 행동으로 나타나야 한다. 우리가 사역자들에 대해 어떤 대우를 하고 있는지 깊이 생각하고 반성할 필요가 있다.

"그가 그리스도의 일을 위하여 죽기에 이르러도 자기 목숨을 돌보지 아니한 것은 나를 섬기는 너희의 일에 부족함을 채우려 함이니라(30절)."

30절은 빌립보 교회가 에바브로디도를 기쁨으로 영접하고 존귀하게 여겨야할 이유에 대해 언급하고 있다. "그가 그리스도의 일을 위하여 죽기에 이르러도 자기 목숨을 돌보지 아니한 것은." '죽기에 이르러도,' 곧 '죽음 가까이 다가갔어도' 자기 목숨을 돌보지 (paraboleusamenos, having disregarded) 아니했다. 목숨 잃을 것을 각오하고 위험도 감수했다는 말이다.

그 목적은 뚜렷하다. 바로 '그리스도의 일을 위하여,' 곧 '주님의 일을 위해,' 지상 최대의 과제인 '복음을 위한' 것이다. 죽음에까지 이르렀던 것은 그리스도의 일 때문이라는 것이다. 그 사명에 목숨을 건 것이었다. 이것은 사명자만이 가질 수 있는 가장 가치 있는 일이 자 목숨을 버린다 해도 아깝지 않은 모험이다. 에바브로디도는 주의 일을 위해 생명을 내걸었다. 로마에 퍼진 열병이든 네로의 분노든 그 어떤 위험이든 상관하지 않고 그리스도를 위해 자기 생명을 내건 사람이자 모든 위험을 무릅 쓴 자(risk taker)였다. 이처럼 신실한 사 역자였기에 그야말로 존경받아 마땅하다는 것이다.

바울은 그가 이렇게 한 것은 "나를 섬기는 너희의 일에 부족함을 채우려 함이니라" 하였다. '부족함을 채운다'는 것은 에바브라디도가 빌립보 교인들이 바울에게 다하지 못한 섬김을 대신 채우기(make up for the help you could not give me, to supply your lack of service toward me, to complete what was deficient in your service to me.) 위해 자기 힘에 지나치도록, 아니 자기 목숨을 돌아보지 않을 정도 로 열심을 다했다는 말이다. 그는 바울이 결코 잊을 수 없을 정도로 모든 것을 무릅 쓰고 희생적으로 섬겼다. 이로 인해 병세가 악화된 그를 하나님은 기억하시고 살려주셨다. 바울이 이처럼 에바브로디도 를 칭찬한 이유는 무엇일까? 직접적으로는 에바브로디도를 귀하게 여기라는 바람이 있다. 하지만 그의 이 같은 모범된 삶이 빌립보 교 회의 분열을 치료하는데 간접적으로나마 도움을 줄 수 있을 것으로 판단했기 때문이다.

고린도전서에 이런 말씀이 있다. "내가 스데바나와 브드나도와 아

가이고가 온 것을 기뻐하노니 그들이 너희의 부족한 것을 채웠음이
라 그들이 나와 너희 마음을 시원하게 하였으니 그러므로 너희는 이
런 사람들을 알아주라(고전 16:17, 18)." 부족한 것을 채우는 모습,
그리고 그로 인해 서로의 마음을 시원케 하는 일이 고린도교회에서
만 일어나지 않았다. 빌립보 교회에서도 일어났다. 이런 일들은 누
군가의 희생적인 섬김이 있었기 때문이다.

바울은 빌립보서 2장을 통해 디모데와 에바브로디도 두 사람의
헌신을 기록하였다. 그들은 복음을 위해서라면 자기 목숨조차 아까
워하지 않은 사람들이다. 어디 그 뿐일까. 바울은 결박당했을 뿐 아
니라 죽음도 각오하고 있다. 그들 모두 주 안에서 하나 된 영적 가족
애, 함께 일하는 동지애, 어떤 어려움에도 물러서지 않겠다는 전우
애로 뭉쳐있다. 주의 종들의 이 같은 헌신으로 인해 주의 교회는 오
늘도 빛나고 있다.

묵상하기

1. 바울은 빌립보 교회를 향해 주님 안에서 기쁨으로 에바브로디도를
   맞아들이라 한다. 또한 그와 같은 사람들을 존경하라고 권한다. 주
   의 사역자를 존경하고 돕는 것은 주님을 존중하고 돕는 것과 같다.
2. 에바브로디도는 자신을 파견한 빌립보 교인들을 대신해서 최선을
   다했다. 그는 모든 위험을 무릅쓰며 바울을 도왔고, 주님의 일이라
   면 목숨을 아끼지 않았다. 오늘 당신은 진정 에바브로디도가 될 수
   있겠는가?

빌립보서
3장

형제들에게 고함(1-3절): 행악하는 자들을 삼가라

1. 끝으로 나의 형제들아 주 안에서 기뻐하라 너희에게 같은 말을 쓰는 것이 내게는 수고로움이 없고 너희에게는 안전하니라
2. 개들을 삼가고 행악하는 자들을 삼가고 몸을 상해하는 일을 삼가라
3. 하나님의 성령으로 봉사하며 그리스도 예수로 자랑하고 육체를 신뢰하지 아니하는 우리가 곧 할례파라

"끝으로 나의 형제들아 주 안에서 기뻐하라 너희에게 같은 말을 쓰는 것이 내게는 수고로움이 없고 너희에게는 안전하니라(1절)."

"끝으로(to loipon)"는 문자적으로 "마지막으로 말합니다(finally)"라는 말이다. 여기서 끝내겠다는 것이 아니라 하고 싶은 말이 더 있음을 의미한다. 지금까지 기뻐할 것을 강조한 것을 다시 한 번 강조하면서 단원을 바꿔 다른 화제로 들어가겠다는 뜻으로 이해할 수 있다.

바울은 빌립보 교인들을 '나의 형제들'이라 불렀다. 그리고 당부한다. "주 안에서 기뻐하라." 그는 빌립보서를 통해 자신뿐 아니라 교인들에게 기뻐할 것을 말했다. 1장에서는 어떤 방도로든 복음이

전파 되는 것을 보며 기뻐하고, 2장에서는 섬김의 제물이 될 수 있어 기뻐한다. 그런데 3장에서는 '주 안에서' 기뻐하라 한다. 기쁨의 원천이 사람에게 있지 않고 주님에게 있다는 말이다. 인간적으로 기뻐할 수 없는 상황 가운데 처한다 해도 주님 때문에, 주님이 주시는 힘으로 기뻐할 수 있다는 말이다. 이것은 그리스도인의 기쁨이 수준 높은 것임을 생생하게 보여준다.

'주 안에서'는 우리가 기뻐할 수 있는 이유와 근거, 목표가 분명함을 가르쳐 준다. 우리는 종종 "우리는 누구인가? 우리는 왜 살고, 어디로 가고 있는가?" 의문을 가진다. 인생에서 궁극적인 질문이기도 하다. 그러나 아무도 이 질문에 답을 주지 못한다. 오직 주님만이 주실 수 있다. 우리는 세상에 속한 자가 아니라 하나님의 자녀요 그의 거룩한 백성이다. 우리는 썩어 없어질 육신의 영광을 위해 사는 것이 아니라 그의 영광을 위해 산다. 그리고 하나님이 통치하는 영원한 나라로 간다. 그러기에 우리는 기뻐할 수 있다. 바울은 여기서 예수님 때문에 우리의 신분이 변하게 된 것을 기뻐하고 있다. 그리고 푯대를 향해 나갈 때 기쁨을 유지할 수 있음을 보여주고 있다. 그것이 바로 "주 안에서 기뻐하라"이다.

"너희에게 같은 말을 쓰는 것이 내게는 수고로움이 없고 너희에게는 안전하니라." '너희에게 같은 말을 쓰는 것'이란 무엇일까? 그것은 여러 모로 생각할 수 있다. 기뻐하라고 거듭 강조하는 것일 수도 있고, 서신으로 교인들에게 계속 당부한 말들, 또는 이 서신 밖에서도 부탁했던 말들일 수 있다. 말을 반복하는 것은 번거롭고 귀찮은 일일 수 있다. 그러나 그는 그것을 '수고로움(okneron, troublesome)'이 되지 않는다고 말한다. 전혀 개의치 않는다는 말이다. 반복해 들은 이 말이 교인들의 귀에 박혀 영적으로 위험한 상황에 처했을 때 그 위험으로부터 막아주는 안전판(safeguard) 역할을 할 수 있으리라 믿기 때문이다.

"개들을 삼가고 행악하는 자들을 삼가고 몸을 상해하는 일을 삼가라(2절)."

바울은 빌립보 교인들에게 "개들을 삼가고 행악하는 자들을 삼가고 몸을 상해하는 일을 삼가라."명령했다. 복음을 거스르는 자들, 곧 유대교화 된 자들, 거짓 사도들을 경계하라는 말이다. 이들은 모두 복음의 가르침과는 거리가 먼 사람들이다. 예수의 십자가 공로를 무효화하며 율법을 통해서만 구원을 얻는다고 가르치기 때문이다. 바울은 그들의 가르침을 문제 삼고, 그들을 멀리하고 경계하라 한다. 그들은 교회에 들어와 우리를 율법의 종으로 삼고자하는 거짓형제들이다. 바울은 예수를 안 뒤 율법주의자들을 경계했다. 회심하기 이전 그는 율법주의자로 살았지만 회심 이후 그는 완전히 다른 삶을 살았다.

바울이 그들을 한 마디로 개들(dogs)이라 한다. 여기서 개(kynas)는 애완용개가 아니라 집 없이 떠돌아다니는 들개다. 들개는 더럽고 사나울 뿐 아니라 이리저리 돌아다니며 사람을 물어뜯고 상처를 낸다. 개라는 말은 원래 유대인들이 이방인을 멸시할 때 사용하는 단어다. 그런데 이 단어를 성도들을 꾀는 유대인들에게 적용하였다. 그들은 복음의 내용을 변질시키고 성도들을 유혹해 유대교로 개종시키기 위해 교회 주변을 배회한다. 거룩한 공동체를 해치는 무리들이다. 그들은 바울이 가는 곳마다 나타나 훼방하고, 교인들을 말씀에서 벗어나게 한다. 그들과 교제하지 말고, 그들의 말을 받아들이지 말라. 한 마디로 위험한 개들이니 조심하라는 말이다.

행악하는 자들(kakous ergatas, evil workers)은 악한 일꾼들이다. 공동성경은 '악한들'이라 했다. 말로는 주님을 위한다고 하지만 사리사욕에 눈이 어둡고 교회 안에서 분란을 조장한다. 사람들을 파멸로 인도하는 사단의 세력들이다. 바울은 포피를 자르고 행위를 통해서만 구원을 얻는다고 주장하는 유대인들을 자신뿐 아니라 다른 사람들에게 해를 주는 행악자로 간주했다.

'몸을 상해하는 일'은 '포피를 잘라내는 것(katatomen, mutilation, concision)'을 말한다. 개역한글 성경은 '손할례당(損割禮黨, the cutters, mutilators of the flesh)'이라 했다. 손(損)은 한자로 '덜 손'이다. 손할례당은 살만 잘라내는 할례당, 곧 참뜻으로 하지 않는 형식주의자들을 가리킨다. 공동성경은 '형식적인 할례를 주장하는 자들'이라 했고, NASB는 '거짓된 할례당(the false circumcision)'이라 했다.

바울은 손할례 '카타토메(katatome)'와 할례 '페리토메(peritome)'를 구분했다. 손할례는 살을 베어내는 할례만을 구원의 징표로 삼는 유대율법주의자들의 할례임에 반해 할례는 진정한 의미의 할례, 곧 페리토메는 마음과 입과 귀 모두에 할례를 받는 것을 말한다. 페리토메가 할례의 영적인 의미를 살린 참 할례이지 카타토메는 진정한 의미의 할례가 아니라는 말이다.

개, 행악자, 손할례당 교회 안에 율법주의자들이 활동하고 있었던 것을 볼 때 빌립보 교회는 영적으로 아주 위험에 직면해 있었음을 알 수 있다. 이런 상황을 정확히 인지하고 있던 바울은 빌립보 교회를 염려하지 않을 수 없다. 다른 복음, 곧 율법주의로 복음을 왜곡시키는 자들을 용납할 수 없다. 그래서 단호히 말한다. "개들을 삼가고 행악하는 자들을 삼가고 손할례당을 삼가라." "삼가라(blepete)"라는 말이 세 번이나 반복된다. 강력히 경계하고 주의하라는 말이다.

"하나님의 성령으로 봉사하며 그리스도 예수로 자랑하고 육체를 신뢰하지 아니하는 우리가 곧 할례파라(3절)."

"우리가 곧 할례파라." 할례파(the circumcision)는 '페리토메'다. 진정한 의미의 할례를 존중한다. 그들은 어떤 사람인가? 바울은 "하나님의 성령으로 봉사하며 그리스도 예수로 자랑하고 육체를 신뢰하지 아니하는 우리"라 선언한다. 진정한 할례당은 세 가지 증거로 나타난다. 하나님의 성령으로 봉사하고, 예수 그리스도를 자랑하며 육체를 신뢰하지 않는 것이다. 진정한 할례당은 예수 그리스도에 속한 사람이라는 말이다.

하나님의 성령으로 봉사한다는 것은 외형적인 할례의식이 아니라 신령과 진정으로 예배하고, 섬기는 것을 말한다. 봉사에는 예배(latreuontes)라는 의미도 담겨 있다. 성령의 감동으로 마음속 깊이 주님을 경배하고(worship by the Spirit of God) 나아가 이웃을 위해 섬김의 삶을 산다. 말씀과 행동이 함께 가는 이것이 바로 참된 예배다. 우리의 내면 깊은 곳까지 들어와 우리를 통째로 바꾸시는 성령의 역사가 있어 가능한 일이다.

예수 그리스도를 자랑한다(kauchomenoi)는 것은 주안에서 기뻐하며(rejoice in Christ Jesus, KJV) 사는 것, 주 안에서 영광을 돌리며(glory in Christ Jesus) 사는 것을 말한다. 더 이상 자기 자신의 영광을 위해 살지 않는다. 손할례당은 할례의 외형적 의미에만 집착할 뿐 예수 그리스도를 자랑하지 않는다. 하지만 진정한 할례당은 인간 자신의 행위나 업적을 자랑하지 않고 오직 예수 그리스도만을 자랑한다. 물질이 풍족하지 못하다 해도, 몸이 쇠하다 해도 그리스도로 인해 기뻐한다. 성공이 그것에 있지 않기 때문이다. 그리스도인의 삶은 이처럼 차원이 다르다. 우리는 여기서 바울이 비록 감옥에 갇혀 있다 해도 얼마나 그리스도인으로서의 승리감과 자신감을 가지고 사는 가를 읽을 수 있다.

진정한 할례당은 육체를 신뢰하지 아니한다(put no confidence in the flesh). 육신(sarx)을 의지하는 것은 형식주의자로, 영적으로 거듭나지 않았음을 보여준다. 주님이 베풀어주신 그 큰 은혜를 망각하고 육신의 할례만을 내세우기 때문이다. 우리는 예수 그리스도를 전적으로 신뢰한다. 구원을 얻기 위해서는 자신의 육적인 성취나 자랑을 포기하고 오로지 주님을 신뢰하며 겸손하게 주님께 나가야 한다. 우리의 육체가 아니라 우리의 죄 때문에 피 흘리신 그 무한한 사랑과 은총을 감사함으로 받고, 더 깊은 영적인 자리에 나가는 사람이 바로 진정한 할례당이다.

우리는 결단해야 한다. 손할례당으로 살 것인가, 아니면 진정한 할례당으로 살 것인가? 그리스도 안에서 살 것인가, 아니면 그리스도 밖에서 살 것인가? 성령으로 봉사하고, 오직 주님을 자랑하며, 더 이상 자신의 육체를 신뢰하지 않을 때 오늘 당신은 개들의 공격으로부터 자유로울 수 있다. 더 이상 자기를 의지하지 말고, 하나님의 은총을 받아들이라. 병든 교회를 치료하는 데 가장 중요한 것은 주님의 말씀이다. 주님의 말씀으로 들어가지 않으면 치료될 수 없다. 십자가에 못 박히신 예수님 앞으로 그 문제를 가지고 가야 해결된다.

묵상하기

1. 바울은 하고 싶은 말이 많다. 그는 조용히 "나의 형제들아" 타이르
   듯 말한다. 무엇보다 "주 안에서 기뻐하라" 당부한다. 나아가 편지
   에서 여러 말로 반복해서 말하는 것은 교인들의 영적인 안전을 위
   해 좋은 것이라 한다. 성경을 읽다보면 반복해서 언급되는 말씀이
   있다. 우리는 어떻게 반응해야 할까? 반복에 싫증내는 것이 아니라
   그 말씀이 그만큼 중요하다는 것을 깨달아야 한다.

2. 바울은 "개들을 삼가고 행악하는 자들을 삼가고 몸을 상해하는 일
   을 삼가라" 한다. 한 마디로 복음과 거리가 먼 거짓사도들, 형식적
   유대주의에서 벗어나지 못한 사람들을 경계하라는 말이다. 우리 시
   대에도 복음과 다른 것을 가르치는 사람들이 있다. 그 영혼을 불쌍
   히 여기되 그들의 가르침에 절대 따라서는 안 된다. 사단은 우는 사
   자처럼 먹이를 찾고 있다.

3. 바울은 표피만 자르는 '카타토메'가 아니라 마음을 자르는 '페리토
   메'가 되어야 한다고 말한다. 페리토메는 성령으로 봉사하며 그리스
   도 예수로 자랑하고 육체를 신뢰하지 아니한다. 당신은 지금 그런
   사람인가?

예수를 알기 전의 나(4-6절): 율법의 의로는 흠이 없는 자

4. 그러나 나도 육체를 신뢰할 만하며 만일 누구든지 다른 이가 육
   체를 신뢰할 것이 있는 줄로 생각하면 나는 더욱 그러하리니
5. 나는 팔일 만에 할례를 받고 이스라엘 족속이요 베냐민 지파요
   히브리인 중의 히브리인이요 율법으로는 바리새인이요
6. 열심으로는 교회를 박해하고 율법의 의로는 흠이 없는 자라

"그러나 나도 육체를 신뢰할 만하며
만일 누구든지 다른 이가 육체를 신뢰할 것이 있는 줄로 생각하면
나는 더욱 그러하리니(4절)."

"그러나"는 '하기야,' '사실,' '따지자면'이라는 말이다. 바울은 이
말로 육체적인 할례를 고집하는 유대주의자들에게 도전한다. 유대교
화한 그들 못지않게 자신도 그런 삶을 살았기 때문이다.

"나도 육체를 신뢰할 만하며." 육신에 관한 한 나도 신뢰를 둘 만
하다. 육신적인 면을 따지자면 자기도 내세울 만한 것이 있다는 말
이다. 그들과 견주어도 유대인으로서 하등 뒤질 것이 없다. 자신감
이 넘친다.

"만일 누구든지 다른 이가 육체를 신뢰할 것(pepoithesin, confidence)이 있는 줄로 생각하면 나는 더욱 그러하리니." 만일 어떤 사람이 육적인 것을 가지고 자랑하려 든다면 나에게는 자랑할 만한 것이 더 많다. 물론 그것은 어리석은 일이다. 하지만 그들이 그것을 하도 자랑하고 그로인한 특권을 내세우니 자신도 그들 못지않게 자랑할 것이 많고 그에 따른 특권도 가지고 있다는 말이다.

"나는 더욱 그러하리니." 자신이 유대주의자들을 비판하는 것이 그들에 비해 열등하다는 의식에서 나온 것이 결코 아니란 말이다. 하지만 육체를 신뢰하는 것이 구원에 이르도록 할 만큼 진정 가치가 있는가? 결코 그렇지 않다. 거꾸로 말해 육체적 자랑은 무익하고, 구원과 상관이 없다는 것을 바울은 강조하고 있다. 그리스도를 알면, 주님의 은혜를 안다면 사실 그것은 버려야 할 것들이다.

"나는 팔일 만에 할례를 받고 이스라엘 족속이요 베냐민 지파요 히브리인 중의 히브리인이요 율법으로는 바리새인이요(5절)."

바울은 신뢰할만한, 곧 내세울만한 육적인 것들에 대해 열거한다. 5절의 첫 네 가지는 부모로부터 물려받은 것이고, 5절의 끝부분과 6절에 나타난 세 가지는 자신의 업적과 관계되는 것이다. 그 모두 자신이 바리새인으로 있었을 때 그들 못지않게 추구해온 것이요 자랑스럽게 생각해왔던 것들이다.

"나는 팔일 만에 할례를 받고." 그는 율법에 따라 8일 만에 할례(peritome)를 받았다. 이삭도 예수님도 8일 만에 할례를 받았다. 이것은 그가 정통파 유대인에 속한다는 것을 입증하는 말이다. 아브라함의 직계요 개종한 이방인이 아니라는 것이다. 종교적으로 그만큼 다르다는 말이다. 당시엔 신분에 따라 할례를 받는 날짜가 달랐다.

이스마엘 족속이나 서자 출신은 13일에 할례를 받았고, 이방인은 개종할 때 할례를 받았다.

"이스라엘 족속이요." 이스라엘 족속(the people of Israel)이라는 말은 야곱의 자손으로 하나님과 특별한 관계에 있음을 드러낸다. 언약의 자손이라는 말이다. 하나님의 선택받는 유대인이지 이스마엘 족속이나 에돔 족속이 아니란 말이다. '이스라엘 족속'은 언약에 관한 한 진정한 이스라엘인이라는 강한 자부심을 드러내고 있다.

"베냐민 지파요." 베냐민 지파(the tribe of Benjamin)라는 것은, 자신은 야곱의 12지파, 특히 야곱이 사랑한 라헬의 소생, 그것도 약속의 땅에서 출생한 출신이라는 것이다. 예루살렘 성과 성전이 베냐민 땅에 있었고, 외래문화에 오염되지 않아 순수했다. 이스라엘의 초대 왕 사울, 이스라엘 민족을 위기에서 구한 모르드게 모두 베냐민 지파사람이었다. 베냐민 지파라 할 땐 자신도 엘리트 그룹이자 귀족계급에 속했음을 드러낸다.

"히브리인 중의 히브리인이요." 바울은 자기의 부모 모두 히브리인으로, 자신은 히브리인에게서 태어난 히브리인이임을 강조하였다. 그는 히브리 순혈에다 유대 생활방식을 철저히 지키며 살아왔다. 히브리인 중의 히브리인(a Hebrew of Hebrews)이라는 말은 유대인으로서의 강한 자부심이 담겨 있다. 히브리인들은 원래 아람사람이었다. 히브리란 말은 '건너갔다'는 뜻을 가지고 있다. 이방인들이 다른 민족과 구별하기 위해 붙인 말이다. 바울이 자신을 히브리인 중에 히브리인이라고 한 것은 유대인들의 이 같은 사고방식을 반영하고 있다. 훗날 히브리인들은 이스라엘이나 이스라엘 자손이라는 말을 좋아했고, 바벨론 포로에서 돌아온 다음엔 헬라인과 구별되기 위해 유대인이라 불리기를 좋아했다.

"율법으로는(kata nomon, in regard to the law) 바리새인이요." 바울은 바리새인의 아들로 태어났고, 예루살렘에서 유명한 유대학자 가말리엘(Gamaliel) 문하에서 엄격한 교육을 받았다. 가말리엘의 제자였다는 말이다. 가말리엘은 유명한 랍비 힐렐(Hillel)의 손자로 그 학파에 소속되어 있었다. 힐렐은 유대교의 주류를 이루는 바리새파의 창시자이다. 가말리엘은 '율법의 영광'이라 할 만큼 큰 율법학자로 '라반(rabban)'이라 불리었다. '랍비 중 랍비,' '큰 스승'이란 말이다. 바울이 여기에서 공부를 했다는 것은 바리새인으로서 최고 수준의 신학교를 나왔다는 것을 의미한다. 바리새인은 원래 '분리,' '구별'의 뜻을 가지고 있다. 정치가 아니라 종교의 순수성 지키려 했고, 율법과 전통 그리고 규칙을 중시했다. 그는 "율법으로는 바리새인이요."라고 말함으로써 자신이 도덕적으로나 율법으로나 어느 바리새인보다 뒤지지 않음을 강조하고 있다. 그러나 바리새인들은 자신들의 이 같은 율법 준수의 전통을 지나치게 강조함으로써 하나님의 율법을 오히려 격하시키는 결과를 가져왔다. 말씀보다 전통을 중시했기 때문이다.

"열심으로는 교회를 박해하고 율법의 의로는 흠이 없는 자라(6절)."

그는 바리새인으로서 누구보다 앞서 그리스도인들을 핍박했고, 흠 없이 율법을 지켰다. 그만큼 열심히 컸고, 남달랐다는 말이다. 이 두 가지는 앞 절에서 자신이 바리새인이었다는 사실과 함께 바리새인으로서 그가 개인적으로 얼마나 타의 추종을 불허할 만큼 열심히 일했는가를 보여준다.

"열심으로는(as for zeal) 교회를 박해하고." 자신이 교회의 핍박자가 되었을 만큼 아주 열성적이었다는 말이다. 바울은 바리새인으로서 교회를 핍박하는데 앞장섰다. 초기 그리스도인들은 그를 두려워했다. 하지만 그 열심(zelos, zeal)은 유대교인의 긍지요 자랑이며 바리새파의 특징이었다. 그들은 교회를 핍박하고, 그리스도인들을 죽이는 것을 하나님에 대한 충성으로 오해하였다. 잘못된 열심인 것이다. 회심 후 바울의 그 열심은 이방을 향한 선교 열심으로 바꾸어졌다. 올바른 열심이다. 목표와 방향이 달라진 것이다. 이것은 예수님의 주권적인 개입과 성령으로 거듭났을 때 비로소 가능했다.

"율법의 의로는(as for legalistic righteousness) 흠이 없는 자라." 바울은 율법을 철저히 지켰으므로 흠이 없다(amemptos, faultless, blameless)고 주장했다. 율법의 의(dikaiosynen, righteousness), 즉 율법이 요구하는 것(의식)으로 따지자면 흠이 없는 사람이라는 말이다. 그는 구약이 명시한 규례들을 지켰고, 유대 종교 지도자들이 가르친 모든 것을 따랐다. 그런 면에서 흠 잡을 데 없다는 말이다. 바리새인들이 볼 때 그것은 의로운 것이고, 만족스러운 것이었다. 하지만 주님의 눈으로 볼 때 그것은 외식이었다. '자기만족'에 불과하다는 말이다.

바울은 이 말씀을 통해 그리스도인들이 자랑해야 할 것은 우리의 육신적인 것들이 아니라 오직 예수 그리스도라는 것을 강조하고 있다. 유대파 교인들이 할례를 자랑했듯이 우리도 교회를 다닌다 하면서 자기가 속한 교파, 교회의 크기, 교회의 큰 건물들, 사회적인 명성, 교회의 출석과 헌금 등 외적인 것을 자랑하며 은근히 "우리는 너희와 달라"라고 말하고 있지 않는지 반성할 일이다. 우리는 주님이 진정 무엇에 가치를 두는가를 먼저 생각해야 한다.

묵상하기

1. 바울은 과거 철저한 바리새인이었다. 그 철저함으로 따지자면 어느 바리새인에게 뒤지지 않는다. 육신의 것을 자랑하고 신뢰하기로 한다면 자기도 할 말이 많다. 우리도 교우 관계에서 과거 육적인 것을 내세울 때가 있다. 그 자랑이 사실 주님께 아픔을 주는 것이라 생각해 본 적이 있는가?

2. 바울은 팔일 만에 할례를 받은 자요 베냐민 지파요 히브리인 중의 히브리인이라는 자부심을 가진 사람이었다. 우리는 육적인 어떤 것을 남 앞에 내세우며 자신을 키우려 했는지 생각해보자.

3. 바울은 열심히 교회를 핍박했던 인물이다. 그 행위도 율법의 의를 이루는 것으로 착각했다. 또한 한 점 흠이 없는 자라 생각했다. 잘못된 열심의 결과이다. 혹 우리 속에 잘못된 생각이나 교만으로 이웃에 상처를 준적은 없는가?

예수를 안 후의 나(7-9절): 모든 것을 해로 여김

7. 그러나 무엇이든지 내게 유익하던 것을 내가 그리스도를 위하여 다 해로 여길뿐더러
8. 또한 모든 것을 해로 여김은 내 주 그리스도 예수를 아는 지식이 가장 고상하기 때문이라 내가 그를 위하여 모든 것을 잃어버리고 배설물로 여김은 그리스도를 얻고
9. 그 안에서 발견되려 함이니 내가 가진 의는 율법에서 난 것이 아니요 오직 그리스도를 믿음으로 말미암은 것이니 곧 믿음으로 하나님께로부터 난 의라

"그러나 무엇이든지 내게 유익하던 것을 내가 그리스도를 위하여 다 해로 여길뿐더러(7절)."

이 말은 율법주의자들에 대한 포고이자 더 이상 세상의 가치에 매이지 않겠다는 바울의 자기선언이다. 가치관가 달라졌다는 말이다.

"그러나 무엇이든지 내게 유익하던 것을." '그러나(alla)'는 앞서 말한 것과는 대조를 이룸을 표시한다. 전의 생각과는 뚜렷이 다르다는 말이다. '유익하던 것'은 '수익들(kerde, gains)'이다. 8일 만에 할례 받은 것, 히브리인 중의 히브리인이라 자부하던 것, 그리고 철저

한 바리새인으로서 그리스도인들을 열심히 핍박했던 그 모든 것을 가리킨다. 그것들은 그에게 이익이 되는 것이었다. 바리새인으로서 내세울만한, 그 공동체로부터 인정받을 만한 가치가 충분히 있었기 때문이다. '그러나' 이제 달라졌다.

"내가 그리스도를 위하여 다 해로 여길뿐더러." 예수님을 만난 뒤 완전히 달라졌다. "다 해로 여길뿐더러." 이익이 아니라 해, 곧 '손실(zemian, loss)'이 되었다. '여길뿐더러'가 아니라 '여겼을뿐더러(hegemai)'다. 현재 완료형이다. 그것을 이미 다 손실로 처리했다는 것이다.

그 이유는 간단하다. "내가 그리스도를 위하여," 곧 "그리스도 때문(dia ton Christon, because of Christ)"이다. 세상의 그 어떤 것도 예수 그리스도에 비교할 수 없기 때문이다. 바울은 무엇보다 예수님의 가치를 알게 되었다. 예수님 외에는 무가치하다는 것을 절실히 깨달은 것이다. 온 천하를 얻었다 해도 주님을 잃으면 모든 것을 잃은 것이다. 가치관의 획기적인 전환이다. 그리스도인은 무엇보다 예수님의 가치를 바로 가져야 한다. 그래야 예수의 참 증인 되고, 고난도 받을 수 있다. "내가 그리스도를 위하여." 삶의 목적과 방향도 달라진다. '나를 위하여'가 아니라 '그리스도를 위하여'다.

그리스도를 알면 버려야 할 것이 있다. 과거에 신뢰했던 세상적인 것들이다. 그것을 버리지 않고선 예수를 얻을 수 없다. 세상적인 것은 육적인 욕구를 잠시 채워줄 수는 있지만 영원한 것이 되지 못한다. 영적인 복, 궁극적인 복은 예수님으로부터 온다. 세상 것을 자랑하지 말라. 그것을 추구하고 자랑으로 삼으면 그것으로 얻을 수 있는 것은 없다. 오히려 우리를 망하게 한다. 율법의 행위로도 예수를 얻을 수 없다. 오직 예수 그리스도, 그의 은혜를 자랑하라. 바울의 이 말씀으로부터 우리가 발견해야 할 것은 인간적 자랑이 아니라 예수를 발견하는 것이다. 그는 예수를 만난 뒤 이 가치관을 확고히 가지고 그것에서 벗어나지 않았다. 그의 바리새 동료들이 그를 배반자로 여겼을 만큼 완전히 변했다.

함석헌은 질문했다. "당신은 과연 그 사람을 가졌는가?" 그 사람은 나의 모든 것을 바칠 수 있는 사람이다. 바울은 그 사람을 발견했다. 바로 예수 그리스도다. 아니, 그 자신이 예수 안에서 발견되었다. 회심 전 그는 누구보다 자신을 알고 하나님을 잘 안다고 생각했다. 매우 독선적이었고, 다른 사람의 말도 듣지 않았다. 하지만 회심 후 자신이 죄인이며 무지한 것을 깨달았다. 독선과 무지의 위험으로부터 벗어나 완전히 주님의 사람이 된 것이다.

"또한 모든 것을 해로 여김은 내 주 그리스도 예수를 아는 지식이 가장 고상하기 때문이라 내가 그를 위하여 모든 것을 잃어버리고 배설물로 여김은 그리스도를 얻고(8절)."

"또한 모든 것을 해로 여김은." "또한(alla)"은 7절의 '그러나'와 같은 맥락에서 이어지고 있다. 그렇게 달라진 이유, 곧 세상적인 것들, 율법주의적인 것들을 해로 여긴 이유가 있다. "내 주 그리스도 예수를 아는 지식이 가장 고상하기 때문이라." 예수 그리스도를 아는 지식이 가장 고상하기 때문이다. 예수 그리스도를 아는 지식은 단지 그분에 대해 아는 지식만을 의미하지 않는다. 지적이고 인격적인 모든 것을 포함한다. 가장 고상하다는 것(to hyperechon)은 최고(the surpassing greatness, the excellency)라는 뜻이다. 예수님을 발견한 기쁨이 넘쳐 있음을 보여준다. '안다'는 것은 지식적으로 안다는 것을 의미하지 않는다. 그리스도처럼 살기를 원한다는 뜻을 담고 있다. 바울은 예수의 마음을 알고 그분의 뜻대로 살고자 했다. 그래서 그는 '이 마음을 품으라' 말했고, '나를 본받으라' 할 정도로 예수님을 알았다.

"내가 그를 위하여 모든 것을 잃어버리고 배설물로 여김은 그리스도를 얻고." 이제 그의 삶은 '그를 위한' 삶으로 바뀌었다. 그리하여 그 모든 것(panta)을 잃어도 아깝지 않게 생각하게 되었다. '잃어버리고(ezemiothen),' 곧 손실처리를 이미 했다는 말이다. 그뿐 아니다. 그 모든 것을 배설물(skybala, rubbish), 곧 똥이나 쓰레기로 여겼다. 무가치하고 역겨운 것으로 결론지은 것이다. 더 이상 그것을 추구하지 않겠다는 말이다. 유대인으로서의 특권을 포기하는 순간, 손실처리 순간 얻는 것(gain)이 있다. 예수 그리스도다. 예수는 그가 지금까지 추구해온 인간적인 모든 것을 잃어도, 결코 다른 것과 바꿀 수 없는 최고의 가치다.

바울은 예수를 얻은 뒤 변화되었다. 예수님 만난 후 전에 유익했던 것이 무익하게 되었다. 인생관, 세계관이 달라진 것이다. 세상 것을 자랑하던 과거의 바울이 아니다. 그가 모든 것을 버려서라도 얻고 싶은 것은 오직 예수였다. 예수는 모든 기쁨과 소망의 원천이 되기 때문이다. 예수를 알면 이처럼 달라진다.

"그 안에서 발견되려 함이니 내가 가진 의는 율법에서 난 것이 아니요 오직 그리스도를 믿음으로 말미암은 것이니 곧 믿음으로 하나님께로부터 난 의라(9절)."

육적인 것을 배설물로 여기고 그리스도를 얻는 이유는 무엇인가? "그 안에서 발견되려 함이니(be found in him)." '그 안에서'는 그리스도 안에서, 곧 믿음으로 주 안에서 하나 됨을 가리킨다. 주의 자녀가 되는 것이다. 그와 영적으로 연합되면 그리스도의 의가 나의 의가된다. 우리를 위해 십자가에서 흘리신 구속의 피가 우리의 죄를 깨끗이 씻기 때문이다. 이것은 그리스도 안에서의 신비요 믿음의 신비다.

"내가 가진 의는 율법에서 난 것이 아니요 오직 그리스도를 믿음으로 말미암은 것이니." 그리스도로 인해 얻은 이 의는 바리새적인 율법 행위로 이룰 수 없고, 오직 그리스도를 믿음으로 얻을 수 있다. 인간적인 나의 의(emena dikaiosynen, my own righteousness)가 아니다. 우리가 의롭다 함을 얻을 수 있는 것은 우리 자신이 아니라 오직 그리스도를 믿음으로(dia pisteos Christou, through faith in Christ) 얻을 수 있다. 믿음에 기초하여(epi te pistei, on the basis of faith) 하나님으로부터 오는 의(Theou dikaiosynen, the righteousness which comes from God), 곧 "하나님께로 난 의"다. 이 의는 하나님과의 올바른 관계에서만 얻을 수 있다. 이 의는 그리스도 안에서만 발견된다. 그리스도 밖에서는 얻을 수 없다. 하나님과의 새로운 관계 정립으로 우리가 주님의 자녀가 될 때 비로소 그분의 의가 내 의가 된다. 이 의는 율법으로 난 의, 곧 행위로 인한 의가 아니라 주님을 믿음으로 난 의다. 우리가 받은 그 놀라운 보혈의 은혜로 인해 기쁨과 감사가 넘친다. 우리가 새롭게 거듭난 사람이 될 수 있는 유일한 방법은 주님을 향한 우리의 확고한 믿음이다.

> "하나님이 죄를 알지도 못하신 자로 우리를 대신하여 죄를 삼으신 것은 우리로 하여금 저의 안에서 하나님의 의가 되게 하려 하심이라(고후5:21)."

우리를 의롭다 하시는 이 의의 근원, 곧 구원은 우리가 아니라 하나님께 있다. 우리가 그리스도를 얻고, 우리가 그리스도 안에서 발견되는 일은 너무나 중요하다. 이 일을 위해 모든 것을 배설물로 여겨도 아깝지 않다.

과거 바울은 바리새인으로서 율법의 의를 추구해왔다. 율법의 의로는 흠이 없는 자였다. 그러나 예수 그리스도를 발견한 뒤로는 달라졌다. 나의 의로는 하나님을 만족시킬 수 없다. 우리는 하나님을 만족시킬 수 있는 의를 가지고 있어야 한다.

바울은 나의 의, 나의 선행, 학벌 모두를 배설물로 여겼다. 우리는 모두 주님 때문에 의롭게 된 자다. 죄 많은 우리를 더 이상 죄 짓지 않은 자로 여기셨다. 우리는 그 크신 주님의 의를 힘입어 사는 자다. 나의 의가 결코 아니다. 우리가 하나님 앞에 서는 순간에도 나의 의가 아니라 오직 주님으로 인한 의를 확고히 들고 서 있어야 한다.

묵상하기

1. 영적인 삶에는 위대한 전환이 필요하다. 그것은 내게 유익하다고 생각했던 것과의 단호한 결별이다. 바울은 그것이 "무엇이든지"라 했다. 예외가 없다는 말이다. 주님을 위한 것이라면 그것들을 다 내려놓을 수 있는가? 아니 그것들을 다 해로 여길 자신이 있는가? 그것을 내려놓을 때 우리 영혼이 비로소 산다.

2. 바울이 그 모든 것을 해로 여긴 이유는 그리스도 예수를 아는 지식이 가장 고상하기 때문이라 했다. 당신은 진정 주님을 최고로 여기는가? 바울은 또 그를 위하여 모든 것을 잃어버리고 배설물로 여기는 이유는 그리스도를 얻고자 함이라 했다. 주님은 그 어느 것과도 바꿀 수 없다는 말이다. 당신은 진정 주님을 그토록 사랑한다고 말할 수 있는가?

3. 나아가 바울이 그 모든 것을 해로 여기고 배설물처럼 여기는 이유는 그리스도 안에서 발견되려 함이라 했다. 그리스도 안에서 발견된다는 것은 믿음으로 주 안에서 하나 됨을 의미한다. 주의 순전한 자녀가 되는 것이다. 또한 예수를 주님으로 고백하는 자에겐 의롭다여김을 받는다. 이 의는 율법, 곧 우리의 행위 때문이 아니다. 예수 그리스도를 믿음으로 인해 얻는다. 그래서 하나님께로부터 난 의라 한다. 당신은 참답게 주님이 나의 죄를 위해 피 흘리시고 죽으셨으며 부활하셨음을 믿는가?

바울이 바라는 것(10-12절): 그리스도를 알고 본받는 것

10. 내가 그리스도와 그 부활의 권능과 그 고난에 참여함을 알고자 하여 그의 죽으심을 본받아
11. 어떻게 해서든지 죽은 자 가운데서 부활에 이르려 하노니
12. 내가 이미 얻었다 함도 아니요 온전히 이루었다 함도 아니라 오직 내가 그리스도 예수께 잡힌바 된 그것을 잡으려고 달려가 노라

"내가 그리스도와 그 부활의 권능과 그 고난에 참여함을 알고자 하여 그의 죽으심을 본받아(10절)."

이 절에서 바울이 알고자 하는 것 네 가지가 있다. 그리스도를 아는 것, 그리스도의 부활의 능력을 깨닫는 것, 그분의 고난에 동참하는 것, 그리고 그분의 죽으심을 본받는 것이다. 이것은 율법주의자들이 바라는 것과는 근본적으로 차원이 다르다.

바울은 무엇보다 예수 그리스도를 알고자(gnonai, know) 했다. 그저 지식적으로 아는 것이 아니라 인격적으로 완전히 알고자 했다. 지식이 아니라 경험으로 알고, 얕은 앎이 아니라 내적으로 더 깊이 알고자 했다. 차원이 다른 앎이다. 주님은 우리 삶의 궁극적 가치

(the ultimate value)이자 삶의 모범이다. 그 가치와 모범을 체화, 곧 우리의 것으로 만들어 이 땅에서 그분의 뜻을 실현하는 것 (realization)이 우리 삶의 목적이 되기 때문이다. 그에게 있어서 그리스도를 아는 것보다 더 고상한 것은 없다.

그는 주님의 부활의 권능(dynamin, the power)을 깨닫고자 했다. 이 부활은 예수 부활의 역사적 사실이나 사후 자신이 부활하게 될 그 부활을 말하는 것이 아니다. 자신의 신앙생활에서 내적으로 미칠 그분의 부활의 영향력을 경험을 통해 알고자 한 것이다.

바울은 에베소서를 통해 부활의 능력을 다음과 같이 말한 바 있다. "그 능력이 그리스도 안에서 역사하사 죽은 자들 가운데서 다시 살리시고 하늘에서 자기의 오른 편에 앉히사(엡1:20)." 이것은 재림 때의 부활의 능력이다. 그러나 지금 바울이 부활의 권능을 체험하고자 하는 것은 재림 때의 부활 체험이 아니다. 이 땅에서 주님을 위한 삶을 통해 그 권능을 실존적으로 알고자 한 것이다. 부활의 권능을 깨달으면 고난과 죽음이 두렵지 않게 된다. 주님도 십자가 뒤에 올 영광을 아셨기에 고난을 기쁨으로 이길 수 있었다. 이것은 부활의 권능 (resurrection power)을 아는 그리스도인만이 누릴 수 있는 비밀이다.

바울은 부활의 권능을 알기 위해 기꺼이 그분의 남은 고난, 곧 주의 종으로서 당연한 고난에 참여하고자 한다. 그분의 고난에 참여하는 것은 그리스도와 고난을 같이 나누는 것을 말한다. 그의 고난에의 교제(koinonian, the fellowship)이다. 그 교제는 철저한 순종, 고난, 죽음, 영광 모두에서 주님과 하나 되는 것이다. 주님이 고난을 받으실 때 우리도 고난을 받는다. 진정 고난에 참여함이 무엇인가를 아는 자는 환란 속에서도 기쁨이 넘치게 된다. 현재의 고난 속에서 주님과 함께 할 수 있기 때문이다. 이 기쁨을 누릴 수 있는 것은 우리에게 주어진 특권이자 영광이다.

그분의 죽으심을 본받는 것은 그리스도가 우리를 위해 죽으셨듯이 우리도 주님을 위해 기꺼이 내 삶을 드리는 것을 말한다. 이 경지에 들어갈 때 비로소 부활의 능력을 체득할 수 있다. 주님의 죽으심은 우리를 위한 죽으심이다. 그분이 십자가에서 돌아가셨을 때 사실 우리도 죽었다.

- "우리가 그의 죽으심과 합하여 세례를 받음으로 그와 함께 장사되었나니(롬 6:3)."
- "내가 그리스도와 함께 십자가에 못 박혔나니(갈 2:20)."

바울은 죽음에 있어서도 그분과 같이 되고자(becoming like him in his death) 했다. 고난뿐 아니라 죽음까지도 함께 본받고자(conformed) 한 것이다. 바울은 순교까지 생각했을 수 있다. 그분의 죽으심은 우리를 살리고자 함이 아닌가. 죽으심이 있었기에 부활 또한 있었다. 죽고자 하면 산다. 그리스도인은 사나 죽으나 그리스도만 존귀하게 하려는 사람들이다.

"어떻게 해서든지 죽은 자 가운데서 부활에 이르려 하노니(11절)."

바울은 주님의 부르심에 따라 사는 동안 어떻게 해서든지, 곧 어떤 방도로든(pos, by any means, KJV) 마침내 부활에 이르고자(to attain to the resurrection) 했다. 실제의 삶에서 부활의 능력을 강력하게 얻고자 한 것이다. 말로만의 죽음이 아니다. 주님을 위한 것이라면 고난도 달게 받고, 죽음에 이른다 할지라도 기뻐할 것이다. 바울은 이 소망을 강하게 피력하고 있다. 의심 없는 소망이다. 그 고난과 죽음은 헛된 것이 아니라 영광스러운 것이기 때문이다. 기독교는 소망이 없는 죽음의 종교가 아니라 영을 살리는 생명의 종교다. 바울은 어떻든 그 일에 매진하는 자가 되고 싶다 한다.

"내가 이미 얻었다 함도 아니요 온전히 이루었다 함도 아니라 오직 내가 그리스도 예수께 잡힌바 된 그것을 잡으려고 달려가노라(12절)."

"내가 이미 얻었다 함도 아니요 온전히 이루었다 함도 아니라." 바울이 자신의 영적인 상태에 대해 스스로 평가하는 대목이 빌립보서 3장 12절과 13절에 소개되고 있다. 그는 먼저 12절에서 "내가 이미 얻었다(ede elabon, already obtained) 함도 아니요 이미 온전히 이루었다(ede teteleiomai, already perfect) 함도 아니라." 하였다. 내 모든 경험과 성취를 감안해볼 때 결코 "나는 신앙적으로 앞서 말한 이 모든 것을 가졌다," "나는 이미 완전해졌다"고 말할 수 없다는 것이다. 바울은 자기 자신의 영적 상태에 대해 솔직하고 겸손하게 평가를 내리고 있다. 바울은 스스로 자신이 완전하다거나 성공했다고 생각지 않았다. 이러한 태도는 율법만 지키면 완전하다고 생각하는 율법주의자들과는 아주 다르다.

영적인 면에서 모범이 되는 바울이 이런 말을 했다는 점은 다소 충격적이다. 바울이 누구인가? 예수를 알고자 하고 그를 닮아감에 있어서 감히 어느 누구도 도달할 수 없는 경지에 있는 인물이 아닌가. 그럼에도 불구하고 결코 완벽하지 않으며 자신에게 부족한 면이 보인다는 것을 스스로 인정한 것이다. 부족하다는 것은 주님의 기준에 미치지 못한다는 말이다. 영적 거장의 겸손함이 보인다. 믿음이 클수록 겸손해야 한다.

"예수께 잡힌바 된 그것을 잡으려고 달려가노라." 바울은 다마스쿠스 도상에서 예수님께 사로잡힌바 되었다. 예수님은 햇빛보다 더 강한 빛으로 바울을 완전히 붙잡았다. 이방인의 빛으로 삼기 위함이다. 그 뒤로 예수님이 하시고자 하는 목적이 바울의 목적이 되었다. 그것이 바로 예수께 잡힌바 된 것이다. 주님은 그를 박해자에서 사도로 바꾸셨다.

우리도 예수님께 잡혀야 달라진다. 주님께 잡힌바 된 사람은 더 이상 자신을 위해 살지 않고 주님을 위해 살아간다. "저가 모든 사람을 대신하여 죽으심은 산 자들로 하여금 다시는 저희 자신을 위하여 살지 않고 오직 저희를 대신하여 죽었다가 다시 사신 자를 위하여 살게 하려 함이니라."(고후5;15).

"달려가노라"는 주님을 위해 사는 자는 자들이 해야 할 일이다. 달려간다는 것은 '계속 밀고 나간다(dioko, press on, pursuing)'는 것으로, 고도의 집중력을 가지고 전심을 다해 앞으로 나아간다는 의미를 가지고 있다. 그리스도를 더 알기 위해, 주님의 더 나은 제자가 되기 위해 힘쓴다. 우리는 이 땅에서 그리스도의 제자로서 고난뿐 아니라 죽음에도 동참하며 최선을 다해 달려야 하는 주님의 선한 경주자들이다. 하늘나라에서는 허다한 무리들이 우리를 응원하고 있으며, 하나님은 우리의 경주가 잘 되도록 감독하고 계신다. 경주자들이 해야 할 일은 결승점의 테이프를 잡으려는 듯 푯대를 향해 전력 투구하며 뛰고 또 뛰는 것이다.

묵상하기

1. 바울은 바라는 것이 있었다. 그것은 그리스도를 바로 아는 것이었다. 지식적으로만 아는 것이 아니라 인격적으로 안다. 이것은 믿음 생활의 기본이다. 인격적으로 안다는 것은 무엇을 뜻하는 것일까? 묵상해보자.

2. 바울은 부활의 권능뿐 아니라 주님의 고난에 참여하는 것이 무엇인가를 알고 싶어 했다. 나아가 우리를 위해 죽으심같이 자신도 그 죽으심을 본받고 싶어 했다. 이것은 주님의 은혜를 깊이 아는 자만이 할 수 있는 말이다. 당신은 그 죽음의 자리까지 나갈 수 있는가? 그리고 부활의 순간까지 이를 수 있는가?

3. 바울은 이 모든 것을 얻었거나 온전히 이루었다고 생각하지 않았다. 당신은 그처럼 겸손할 수 있는가? 오늘도 주님께 온전히 붙잡힌 자로서 겸손하게 살아가고 있는가?

05

달려가는 신앙(13-14절): 푯대를 향하여 달려가노라

> 13. 형제들아 나는 아직 내가 잡은 줄로 여기지 아니하고 오직 한 일 즉 뒤에 있는 것은 잊어버리고 앞에 있는 것을 잡으려고
> 14. 푯대를 향하여 그리스도 예수 안에서 하나님이 위에서 부르신 부름의 상을 위하여 달려가노라

"형제들아 나는 아직 내가 잡은 줄로 여기지 아니하고 오직 한 일 즉 뒤에 있는 것은 잊어버리고 앞에 있는 것을 잡으려고(13절)."

"나는 아직 내가 잡은 줄로 여기지 아니하고." '잡다'는 것은 그리스도를 완전하게 '깨닫다,' '붙잡다'는 뜻을 가지고 있다. 주님은 자기를 꽉 붙잡아 인생의 목표가 달라지게 하셨다. 이제 자기가 해야 할 일은 자기를 붙잡으신 주님을 더 이해하고, 붙잡는 것이다. '잡은 줄로 여기지 아니하고.' 그는 자신이 이미 잡았다고 생각지도 않았다. 계속해서 잡으려 달려가고, 완전하게 되기 위해 노력할 것을 말하고 있다.

그것은 오직 한 일에 매진하는 것이다. '오직 한 일(hen, one

thing)'은 '내가 하는 한가지 일(one thing I do)'이다. 문맥으로 그것은 '뒤에 있는 것은 잊어버리고 앞에 있는 것을 잡으려는 것'이다. 하지만 내용적으로 그것은 그리스도를 인격적으로 알고 부활의 능력을 힘입어 살며 애써 영혼을 구원하는 일이다. 그 일의 성취를 위해 뒤에 것은 잊어버리고 앞에 있는 것을 잡는다.

C. S. 루이스의 말처럼 그리스도인들을 작은 예수로 만들어 그 일에 매진토록 해야 한다. 여기에 교회의 존재목적이 있다. 스티븐 코비에 따르면 성공하는 사람은 자기사명서, 곧 목표를 가진 사람들이다. 우리는 그분이 만족할 때까지, 그분이 기뻐하실 때까지 쉬지 않고 달려야 한다. 여호와를 기뻐하는 것이 너희에게 힘이니라. "나의 달려갈 길과 주 예수께 받은 사명 곧 하나님의 은혜의 복음 증거 하는 일을 마치려 함에는 나의 생명을 조금도 귀한 것으로 여기지 아니하노라(행 20:24)."

바울은 복음증거라는 사명에 집중했다. 왜냐하면 그것은 바로 하나님이 기뻐하시는 일이기 때문이다. 예수님도 우리의 영원한 삶의 문제를 해결하시기 위해 오셨다. 영혼구원은 이 땅에서 뿐 아니라 하나님의 나라에 가서도 가치가 있기 때문이다. 우리가 주님의 얼굴을 대할 그 때까지 하나님이 중요하게 여기는 그 일에 에너지를 집중시켜야 한다.

바울은 오직 한 일의 성취를 위해 "뒤에 있는 것은 잊어버리고 앞에 있는 것을 잡으려"했다. 바울은 앞에 있는 것과 뒤에 있는 것을 구분했다. '뒤에 있는 것'은 '뒤에 있는 것들'로 복수다. 그리스도를 알고, 복음을 증거 하는 데 거침돌이 되는 것들이다. 그것은 잊어버려야 한다.

우리에겐 결코 잊어서는 안 될 것이 있고, 빨리 잊어야 할 것들이 있다. 제거해야 할 것을 과감히 제거한다. 하나님은 이스라엘 백성들에게 "옛날을 기억하라(신 32:7)" 하셨다. 이 때 기억해야 할 것은 하나님이 그들에게 풍성하게 부어주신 은혜의 역사다. 그러나 잊어야 할 것도 있다. "너희는 이전 일을 기억하지 말며 옛적 일을 생각하지 말라(사 43:18)." 그것은 예수님의 제자 됨에 있어서 방해가 되는 과거의 것들이다. 이를 테면 과거에 주님 앞에 잘못 했던 일을 비롯해서 율법적으로 살아왔던 것들, 유대인으로 내세운 특권들, 내가 늘 자랑했던 나의 업적과 성취들, 나의 잘못된 습관, 실패한 기억들, 하나님이 기뻐하시지 않는 것들이다. 이것은 우리의 영적인 진전에 방해가 된다. 이런 것들은 잊어버린다(epilanthanomenos, forgetting). 잊는다는 것은 버린다, 배설물처럼 빼내버린다는 뜻을 담고 있다. 죄악 된 모습을 청산하는 것을 말한다. 이런 것들을 버리지 않고 신앙생활을 하고자 한다면 매일 쳇바퀴만 돌뿐 진전이 없다. 그것이 신앙의 진보에 전혀 도움이 되지 않기 때문이다. 우리도 무엇이 내 영적인 삶에서 우선순위가 무엇인가를 깨닫고 그것에 장애가 되는 불필요한 것들을 과감히 제거해야 한다. 과거의 잘못된 것에 매어 현재와 미래를 망칠 수는 없다. 잊을 것은 깨끗하게 잊어야 한다.

- 바울처럼 과거의 모든 죄를 잊어버리자. 바울은 과거 스데반을 비롯해 기독교인들을 죽이는 데 앞장섰던 인물이었다. 그는 주의 종이 된 이후 과거의 일에 매이지 않았다. 그 생각만 하고 살았다면 주님의 일을 할 수 없었을 것이다.

- 내가 잘못한 일도 잊는다. 한 번의 실패가 인생 전체의 실패인 것처럼 낙망하고 자포자기해서는 안 된다. 하나님은 실패를 통

해 배우게 하시며 다음의 기회를 위한 도약대가 되게 하신다.

● 내가 잘한 일도 잊는다. 과거의 인간적 성취나 성공도 잊는다.

과거 잘한 일에 집착하면 회고주의에 빠져 전진하지 못한다. "오직 한 일 즉 앞에 있는 것을 잡으려고." '앞에 있는 것들'이다. 그리스도를 바로 알게 하는 것들, 복음 진보에 꼭 필요한 것들이다. 이것을 꼭 붙잡으려 계속 나아간다(epekteinomenos, straining, reaching forward). 목표를 정하고 애쓰고 힘쓴다. 그리스도인은 꿈을 가지고 있어야 한다. 우리의 목표는 그리스도와 같이 되는 것이다. 리스도인에게는 잊을 것과 잡을 것이 확실히 구분되어 있다.

앞에 있는 것은 뒤에 있는 것과 대조를 이룬다. 버릴 것은 과감히 버리고 앞에 있는 것을 향해 나가야 한다. 이런 의미에서 그리스도인의 삶은 과거 지향적이 아니라 미래지향적이다. 영적인 퇴보가 아니라 진보해야 한다. 이를 위해 과거에 묶여 진전을 보지 못하고 있는 것들에 대해서 과감히 정리할 필요가 있다. 끈 묶인 공, 고삐 달린 소, 동아줄에 묶인 배를 보라. 이것들은 더 이상 나아갈 수 없다.

그리스도 안에서 앞을 보고 성장한다. 승리의 비결은 모든 일을 그리스도 안에서 하는 것이다. 가정의 일도, 직장의 일도, 교회의 일도 그리스도 안에서 할 때 승리할 수 있다. 그리스도 안에는 미래가 있고 성장이 있고, 승리가 있다.

"푯대를 향하여 그리스도 예수 안에서 하나님이 위에서 부르신 부름의 상을 위하여 달려가노라(14절)."

푯대를 향하여(kata skopon, toward goal) 달려간다. 바울에게 있어서 푯대는 그리스도를 온전히 아는 것, 그리스도를 붙잡는 것, 그리고 그리스도에게 붙잡힌 바의 삶을 온전히 사는 것이다. 주님이 그를 위해 세워주신 새로운 삶의 목표다. 이것은 우리가 지향해야 할 목표이기도 하다. 우리는 주님으로부터 부름 받은 경주자다. 경주자는 목표를 향해 전력투구할 때 승리의 날을 맞을 수 있다. 바울도 온전히 이루었다고 말하지 않았다. 그렇다면 우리는 더 뛰어야 하지 않는가.

"하나님이 위에서 부르신 부름의 상을 위하여 달려가노라." 푯대가 있는 곳은 달리기를 마치는 마지막 지점이다. 그곳에 닿기까지 전력 질주한다(dioko, press on). 뒤돌아볼 시간도 없다. 곁눈질도 하지 않는다. 그때까지 긴장의 연속이다. 마침내 그곳에 도달하면 놀라운 일이 벌어진다. 최선을 다한 자들에게 주는 하늘의 상(brabeion, prize)이 준비되어 있기 때문이다. 그것은 바로 부르심이라는 상이다. 주님이 상 받을 자의 이름을 직접 호명하신다. 위에서의 부르심(ano kleseos, the high calling, KJV; the upward call, NASB), 하늘의 부르심이다. 하나님이 우리의 이름을 부를 때 얼마나 기쁠까. 가슴이 벅찰 것이다. 그 이상 무엇을 바랄까. 부르심을 받는 자는 끝까지 달려 이 부르심의 상을 받아야 한다. 푯대는 달리는 선수를 집중하게 만들고, 상은 달린 후의 영광을 생각하게 만든다. 바울은 이 순간을 생각하며 고난의 길도 마다하지 않았다.

바울은 이 순간 승자가 되기 위해 결의를 다진다. 푯대를 향해 나간 자들에게 상 주심을 믿고 확신하라. "내가 선한 싸움을 싸우고 나의 달려갈 길을 마치고 믿음을 지켰으니 이제 후로는 나를 위하여 의의 면류관이 예비 되었으므로 주 곧 의로운 재판장이 그 날에 내게 주실 것이니 내게만 아니라 주의 나타나심을 사모하는 모든 자에게니라(딤후 4:7-8)." 의의 면류관, 곧 부르심의 상이다. 이것을 사모하라. 이 세상의 인정과는 차원이 다르다.

그가 뒤에 것을 잊어버리고 앞에 것을 잡으려 푯대를 향해 달려가 겠다고 말하는 것은 그렇게 해서 더 완전한 자리에 나아가겠다는 다짐이다. 그리스도인은 언제나 자기 자신을 정확히 평가하고, 그 자리에서 일어설 필요가 있다. 발전적이고 미래지향적인 자세를 취하는 것이 바른 태도다.

바울이 자신을 평가하고 부족함을 느끼며 그 자리에서 방향전환을 시도했다는 점에서 고무적이다. 이들을 통해 자신의 영적인 불만족 상태를 인식하는 것이 얼마나 중요한가를 깨닫게 한다. 특히 자신에 대한 부족의식을 통해 주님께 더 가까이 나아가고자 했다는 점이 교훈을 준다. 이 의식은 주님이 주신 그 많은 은혜에 비해 지금까지 주님을 위해 자신이 한 것이 너무나 부족하기에 주님을 위해 더 열심히 일하지 않으면 안 된다는 빚진 자로서의 의식이다. 아직도 부족하다는 마음을 가지면 주님 앞에 더 무릎을 꿇게 되고, 낮아지고 겸손한 삶을 살게 될 것이다. 나아가 주님을 위해 더 일하고, 더 주님을 닮아가고자 할 것이다.

우리 주님이 우리를 위해 주신 그 모든 은혜를 생각하면 갚을 길이 없다. 그럼에도 우리가 주님을 위해 한 것은 너무나 작고 부족하다. 그래서 주님을 갈망하고, 주님의 일이라면 더 열심히 하고 싶은 것이다. 우리에게도 겸손하게 자신을 낮추는 바울의 부족의식이 필요하다. 이 의식과 함께 온 바울의 거룩한 갈망, 얼마나 아름다운가.

묵상하기

1. 바울은 이 말씀을 통해 어떻게 하면 우리의 영적 기초체력을 강화시킬 수 있는가 가르쳐 주고 있다. 그 첫째는 철저한 자기반성이다. 그는 자기가 신앙적으로 완전하다거나 붙잡은 줄로 알지 않았다. 현재의 상태에 결코 만족하지 않았다. 자기만족에 빠지지 않은 것이다. 지금 당신의 영적 상태를 자신은 어떻게 보고 있는가? 솔직히 말해 보자.

2. 둘째로, 뒤에 있는 것들을 과감히 잊어버린다. 그리스도를 아는 것에 방해가 되는 것들, 자신의 육적 성취에 의지하지 않는다. 자화자찬하지 않는다. 옛날의 영적 상태만 회상하고 만족하지 않는다. 당신은 뒤에 있는 것들을 잊어버릴 자신이 있는가?

3. 끝으로, 주님을 향한 오직 한 길, 주님이 부르신 그 길에 집중한다. 그 푯대를 바라보며 결승점에 도달하는 그 순간까지 최선을 다한다. 주님이 당신의 이름을 부르실 그 상을 바라보며 오늘도 기쁘게 달릴 수 있는가?

06

믿음이 성숙한 자의 마음가짐(15-16절): 하나님이 가르쳐 주시리라

15. 그러므로 누구든지 우리 온전히 이룬 자들은 이렇게 생각할지
   니 만일 어떤 일에 너희가 달리 생각하면 하나님이 이것도 너
   희에게 나타내시리라
16. 오직 우리가 어디까지 이르렀든지 그대로 행할 것이라

"그러므로 누구든지 우리 온전히 이
룬 자들은 이렇게 생각할지니 만일 어떤 일에 너희가 달리 생각하면
하나님이 이것도 너희에게 나타내시리라(15절)."

바울은 빌립보 교인들에게 자신이 온전히 이루었다고 생각하지
않았다고 했다. 그러나 푯대를 향한 달음질은 멈추지 않겠다고 선언
했다. 그 다음 그는 말한다. "그러므로 누구든지 우리 온전히 이룬
자들은 이렇게 생각할지니."

그는 '온전히 이룬 자들'이라는 단어 앞에 '우리'라는 말을 붙였
다. 그는 조금 전까지만 해도 자신은 온전하지 않고, 온전함을 추구
한다고 했다. 그런데 '우리'라고 말함으로써 자신뿐 아니라 빌립보
교인들도 '온전히 이룬 자'에 포함시켰다. 이 말은 앞서 언급한 것과

다르다. 그래서 이해에 혼란을 가져올 수 있다.

이 문제를 더욱 바르게 이해하기 위해서는 "온전히 이룬 자들"에 대한 보다 깊은 논의가 필요하다. '온전한(teleioi)'은 두 가지로 말할 수 있다. 하나는 '완전한(perfect)'이고, 다른 하나는 '성숙한(mature)'이다. 바울은 이 둘 중에서 후자를 택한 것으로 보인다. NIV도 '성숙한'으로 번역했다. 물론 '완전한'으로 해석한 번역본들도 있다.

인간은 하나님 앞에서 완전할 수 없다. 절대적인 완전은 결코 아니다. 비교적 완전하다 할지라도 자신을 완전하다고 말하지 않는 것이 완전한 자의 태도다. 이런 의미에서 바울도 자신을 완전한 자가 아니라고 했다. 온전하지도 못하면서 온전하다고 말한다면 그것은 교만한 자요 잘못된 것이다.

그러나 우리는 완전을 추구하는 자이다. 비록 완전한 자는 아니지만 오늘도 조금 더 완전하려고 노력하는 사람이다. 성숙을 향해 나아가는 것이다. 이런 의미에서 '온전히 이룬 자들'은 믿음이 성숙한 사람들을 의미한다. 빌립보 교인들을 그러한 자리로 나아가는 사람들로 평가한 것이다. 이젠 어린 아이와 같은 신앙인이 아니라 장성한 어른이 되지 않았느냐는 말이다. 바울의 이 말은 빌립보 교인들에 대한 평가가 어느 정도 담겨 있다. 바울은 종종 '앞선 그리스도인들에 대해 '신령한 너희는(갈 6:1),' '믿음이 강한 우리는(롬 15:1)'이라는 단어를 사용했다. 물론 바울은 모든 그리스도인들이 온전해지기를 바란다. 이것은 그의 변함없는 간구다. 옥한흠에 따르면 사복음은 "제자가 되라"는 것이 강조되지만 바울서신에선 "온전하게 되라"는 말로 바꾸어진다.

"누구든지 우리 온전히 이룬 자들은 이렇게 생각할지니." "누구든지 우리 온전히 이룬 자들은," 이 문장은 "우리 온전히 이룬 자들은 누구나"로 번역하는 것이 맞다. "이렇게 생각할지니."는 크게 두 가지로 해석할 수 있다. 하나는, 믿음이 성숙한 사람들은 '누구든지,' 곧 그런 사람은 '모두' 이렇게 생각해야 한다는 것이다. 이와 같은 마음가짐과 태도로 살아가야 한다는 말이다. 다른 하나는, 원문을 보면 "이렇게"보다 "이것을(touto, this)" 생각하도록 했다는 것이다. '이 것'은 앞 절에서 말해온 것들로, 우리가 절대적인 온전함에 이르지 못했다는 사실을 가리킨다. 그것을 잊지 말라는 말이다. "생각할지니"는 "생각해야만 한다(phronomen, should be of mind)"는 뜻이다.

"만일 어떤 일에 너희가 달리 생각하면 하나님이 이것도 너희에게 나타내시리라." 바울은 이 시점에서 온전함에 관한 그의 생각을 빌립보교인들이 어느 정도 이해했을 것으로 간주하고 앞으로 더 나아가고자 한다. "만일 어떤 일에 너희가 달리 생각하면." 가정법을 사용했다. 여기서 '어떤 일'은 무엇일까? 원문은 '티(ti),' 곧 '아무것(anything)'이다. 그것이 무엇이든 만일 여러분이 나와 생각이 다를 경우를 가정한 것이다. 그것은 바울이 지금까지 언급한 일이 없는 어떤 특별한 점이 될 수 있고, 언급했다 해도 이해하기 어려운 것들, 또는 부분적으로 어떤 점에서(on some point) 논쟁이 될 수 있는 것들 등 모든 가정이 가능하다.

"하나님이 이것도 너희에게 나타내시리라(apokalypsei, will reveal)." 미래시제다. 시간이 걸린다 해도 하나님께서는 "이것도(kai touto, even this)," 곧 어려운 온갖 난제와 불가사의한 것까지도 분명히 드러내고(reveal) 바르게 가르쳐주실(make clear to you) 것이다. 난제를 궁극적으로 풀어주실 분은 하나님이시다. 그 하나님이 우리를 온전하지 못한 이해에서 온전한 이해로 나아가게 하신다는 것이다.

바울은 빌립보 교인들 가운데서도 자기와 생각이 다른 사람들이 있을 것이라 생각했다. 자기가 아무리 사도로서의 권위를 가지고 말하고 논리적으로 설명을 해준다 해도 그것을 곧이곧대로 받아들이지 않는 사람도 있고, 우직하게 고집을 피우는 교인들도 있다. 그런 마음가짐과 태도를 쉽게 바꿀 수 없다는 것도 바울은 잘 안다. 하지만 그들 속에서 일하시는 하나님께서 어떤 방도로든 선히 깨닫게 해주실 것을 그는 믿었다. 바울의 이 말 속에는 이 모든 과제를 풀어주실 하나님을 전적으로 신뢰하고, 교인들도 하나님의 말씀에 따를 것이라는 신뢰가 담겨있다. 주님이 풀어주실 때까지 우리는 인내해야 한다.

"오직 우리가 어디까지 이르렀든지 그대로 행할 것이라(16절)."

"오직 우리가 어디까지 이르렀든지." '오직(plen)'은 여러 해석이 가능하다. 첫째는 문자적으로 '어쨌든,' '그럼에도 불구하고(nevertheless)'이다. 둘째는, 논증의 마지막 단계에서 '한 가지만 더 말하자면'이라는 것이다. 온전론을 주장해온 자신에 대해 덧 붙여 오해 없기 바라는 뜻이 담겨 있다. 끝으로, '오직 한 가지 것 그것은'이라는 해석이다. 16절 나머지 것을 강하게 지지하는 말이다.

'우리가 어디까지 이르렀든지'는 '우리가 이미 어느 수준에 도달했든지 간에'다. 우리 각자는 믿음에 있어서 성숙 수준이 다를 수 있다. 바울이 말하는 수준과 이 말을 듣는 빌립보 교인들의 수준도 얼마든지 다를 수 있다. 그는 말한다. 그 수준이 어떠하든 우리가 이미 도달한 바로 그것(what we have already attained)에서 "그대로 행할 것이라." 그것에 따라 지속적으로 걸으며 살아갈 것이다(walk, live up to, keep living). '행하다(stoichein)'는 걷는 것(walk)을 말한다.

'그대로'는 원문에 두 형태의 문장을 담고 있다. 하나는 '지금까지 따른 원칙대로(to auto kanoni, by the same rule),' 곧 '바로 그 동일한 기준에 따라(by that same standard)'이고, 다른 하나는 "같은 마음으로(to auto phronein, the same mind)"다. 우리가 진행해온 그 원칙 그대로, 또 같은 마음으로 행하자는 말이다.

그렇다면 이 원칙과 기준은 무엇일까? 한 마디로 진리를 견지하는 것(hold true)이다. 우리는 비록 완전하지 않지만 예수 그리스도 안에서 더 완전해 지기 위해 지속적으로 노력하고, 우리 안에 어떤 문제에서 비록 의견이 다르고 생각이 다른 것이 있다 할지라도 하나님께서 그것까지 가르쳐주시라 것을 확신하며, 같은 마음으로 그것을 믿고 따르는 것이다. 이것은 듣지도 보지도 못할 만큼 아주 새로운 것이 아니다. 지금까지 우리가 지켜온 신앙적 원칙이다. 신앙적으로 수준이 다르고, 머물러있는 단계가 달라도 이 원칙만은 계속 그대로 지키며 살자. 그렇게 되면 종국적으로 우리 모두 같은 것을 생각하게(mind the same thing) 될 것이다. 그것이 우리가 지금 해야 할 일이라는 말이다. 다양성 속에서 일치다. 마음을 같이 하여 믿음의 정도를 지켜 나가면 희망이 있다.

계속 신앙의 정도를 걷는다는 것은 사실 어렵다. 주변엔 정도에서 벗어난 가르침들이 너무나 많다. 율법주의자들은 견고하게 달려든다. 바울은 빌립보 교인들이 당면한 신앙적 과제를 잘 알고 있다. 그래서 이 편지를 쓰고 있는 것이다. 지금 그가 교인들에게 할 수 있는 말은 변함없이 계속 정도를 걷자는 것이다. 하나님 편에 서서 걸으면 하나님이 깨우침을 주시고, 믿음의 걸음을 순전하게 하실 것을 믿는다. 이런 때에 우리에게 필요한 것은 끈기와 용기다. 푯대를 잊지 말고 정진한다. 우리 모두가 같은 목표를 향해 나아갈 때 하나님은 우리를 기뻐하실 것이다.

우리는 하나님의 자녀이다. 하나님은 그 자녀에게 성숙의 정도에 따라 깨닫게 하시고 진리를 따라 살게 하신다. 우리가 잘못된 길에 들 때 주님은 그 길이 아니라고 말씀해 주실 것이고, 우리에게 부족하거나 약한 부분이 있다면 그것이 무엇인가를 일깨우고 채워주실 것이다. 우리에겐 항상 주님이 답이다. 우리는 주님의 이러한 섭리를 온전히 믿고 성실히 따르는 마음가짐과 태도가 중요하다. 또한 마음을 같이 하여 믿음의 정도를 지켜나간다. 이것이 바로 푯대를 가진 신앙인의 자세다.

묵상하기

1. 바울은 그리스도인을 향해 "온전한 그리스도인이 되라" 말한다. 우리는 주님처럼 절대적으로 완전한 자가 될 수는 없다. 하지만 항상 온전함을 추구하는 성숙한 사람이 되어야 한다. 그래야 달라질 수 있다. 그럴 수 있는가?

2. 믿음이 성숙한 사람이라 할지라도 의견이 다를 수 있다. 생각이 나뉘면 혼란스러울 때도 있다. 그러나 성급하게 상대를 나무라거나 실망하지 말자. 하나님께서 적절한 방법으로 밝히 가르쳐 주실 것을 믿는다. 믿음엔 때로 많은 인내와 기다림이 필요할 때가 있다.

3. 신앙의 수준은 다를 수 있다. 그러나 한 가지 확실한 것은 있다. 마음을 같이 하여 믿음의 정도를 지키는 일이다. 그것이 바로 그대로 행하는 것이다. 그리하면 믿음에서 벗어날 수 없다. 어떤 상황에도 믿음의 사람들과 마음을 같이 할 수 있는가?

07

형제들을 향한 권고(17-18절): 너희는 나를 본받으라

17. 형제들아 너희는 함께 나를 본받으라 그리고 너희가 우리를 본받은 것처럼 그와 같이 행하는 자들을 눈여겨보라
18. 내가 여러 번 너희에게 말하였거니와 이제도 눈물을 흘리며 말하노니 여러 사람들이 그리스도의 십자가의 원수로 행하느니라

"형제들아 너희는 함께 나를 본받으라 그리고 너희가 우리를 본받은 것처럼 그와 같이 행하는 자들을 눈여겨보라(17절)."

바울은 빌립보 교인들을 향해 "너희는 함께 나를 본받으라" 말한다. 다 함께 자신을 본받으라(imitate together)는 것이다. "나를 본받음에 있어서 서로 경쟁하라."는 뜻으로 해석하는 학자도 있다. 바울이 앞서 "내가 이미 얻었다 함도 아니요 온전히 이루었다 함도 아니라"며 자기의 불완전성을 시인했음에도 불구하고 왜 자신을 본받으라 했을까? 그가 갑자기 교주나 개인적 우상이 되고자 하는 욕심을 낸 걸까? 그것은 절대 아니다. 나의 본(my example)은 예수 그리스도를 삶의 목표로 삼아, 주님을 닮으려 끊임없이 노력하며 사는 것

을 말한다. 자기를 내세우기보다 자기를 내어주고, 복음을 위해 기꺼이 고난을 당한다. 그처럼 여러분 모두도 오직 그리스도를 본받는 삶을 살아야 한다는 것이다. 이것이 본받음의 요점이다. 바울은 이 말로써 우리 모두 주안에 굳게 서야 한다(stand firm in the Lord)는 것을 확실히 하고 있다. '본'이란 말은 원래 못 자국처럼 강한 타격으로 인해 남겨진 상처를 의미했다. 이 상처 자국이 복음으로 인한 것이니 얼마나 자랑스러운가.

그리고 부탁한다. "너희가 우리를 본받은 것처럼 그와 같이 행하는 자들을 눈여겨보라." 여러분이 우리를 본보기로 삼아 신앙생활을 하는 것과 같이, 우리를 본받아서 사는 다른 사람들을 눈여겨보라는 말이다. 바울은 그리스도를 본받았고, 디모데와 에바브로디도는 바울의 삶을 본받았다. 빌립보 교인들은 바울의 가르침과 그와 함께하는 사람들의 믿음을 본받았다. 바울은 이제 우리가 여러분에게 준 삶과 믿음의 패턴(typon, the pattern, NIV)을 따라 살아가고 있는 사람들을 주의해보라(mark, take note of those) 한다. 그들이 어떻게 걸으며 살고 있는지 그들을 주목하고 자세히 관찰해보라는 말이다. 바울의 모범을 따르는 그들의 믿음과 삶을 본받아 그들과 함께 그리스도에까지 이르는 사람들이 되라는 것이다. 이것은 주님이 모든 일에 있어서 삶의 모범이시기에 가능한 일이다.

바울은 여기에서 따를 것을 따르고, 따를 자를 따라야 한다는 것을 말해주고 있다. 험준한 산이나 밀림에서 선도자에게서 눈을 뗀다는 것은 위험을 자초하는 일이다. 길을 잃으면 전혀 도움을 받을 수 없다. 마찬가지로 험난한 신앙의 경로에서 신앙의 선구자들을 따르는 것은 당연하다.

그렇다면 바울이 보여준 패턴, 곧 우리가 주목하고 따라야 할 것들은 무엇일까? 그것은 먼저 자신을 평가하고(12, 13절), 버릴 것은 과감히 버리며(13절), 미래에 집중하고(13절), 결의를 다진다(14절). 그리고 집중한다. 미래에 포커스를 맞춘다. 그것은 13절 하반절에 있는 말씀, 곧 '오직 한 일 즉 앞에 있는 것'을 잡으려는 것이다. 푯대를 향해 나가는 것이다.

이 일을 위해 지금을 살아가는 우리가 해야 할 일은 무엇일까? 그것은 기본(BASIC)에 충실 하는 것이다.

- B(Bible-centered), 성경중심으로 신앙생활을 한다.
- A(Adjustment-minded), 변화에 적응해야 한다.
- S(Seeker-sensitive), 구도자에 민감해야 한다.
- I(Information-shared), 정보를 나눈다.
- C(Church-focused), 교회중심이어야 한다.

우리의 삶에서 본이 되는 지도자를 갖는다는 것은 축복이다. 주변에 그런 믿음의 사람들을 발견하는 것도 축복이다. 토마스 아 켐피스는 '그리스도를 본받아'라는 책을 썼다. 주님이 보여주신 삶을 본받아 사는 것은 매우 중요한 일이다. 스스로 주님의 말씀 따라 살 수 있다면 더할 나위 없이 좋다. 그렇지 못하면 그렇게 살아가는 사람들을 눈여겨보고 배우며 살아가는 것도 좋을 것이다. 따를 것을 따르자.

"내가 여러 번 너희에게 말하였거니와 이제도 눈물을 흘리며 말하노니 여러 사람들이 그리스도의 십자가의 원수로 행하느니라(18절)."

"내가 여러 번 너희에게 말하였거니와 이제도 눈물을 흘리며 말하노니." 바울은 이 부분에서 심각해졌다. 그가 빌립보 교인들에게 한번이 아니라 여러 번 말한 바 있다. 그리고 지금 다시금 말한다. 그것도 눈물을 흘리며 말한다. 바울이 하고자 하는 그 말이 과연 무엇일까?

"여러 사람들이 그리스도의 십자가의 원수로 행하느니라." 이것은 매우 심각한 수준의 말이다. 비록 바울이 '사악하다'는 말을 사용하지 않았지만 사악하게 살아가는 사람들이 있다고 말한다. 그들은 바로 그리스도의 십자가의 원수로 살아가는 사람들이다. 그런데 '그리스도의 십자가의 원수들(echthrous, enemies)'이다. 한 두 사람이 아니란 말이다. 교인들 가운데 그리스도의 십자가의 원수가 되어 살고 있는 사람이 여러 사람(polloi, many, KJV)이 있다는 것은 영적으로 큰 문제가 아닐 수 없다. 그리스도 십자가의 연인이 되어야 할 사람들이 그것과는 정반대로 십자가의 원수가 되었다면 얼마나 문제가 많은가.

'그리스도의 십자가의 원수'는 어떤 사람들일까? 십자가의 친구와 십자가의 원수는 어떻게 구별될까? 십자가의 친구는 십자가의 정신에 따라 날마다 자기를 부인하며 주님의 사람으로 철저히 사는 자들이다. 이에 반해 십자가의 원수는 자기 탐닉에 빠져 세상과 친구하며 사는 사람들이다. 자기의 욕심과 욕망에 따라 산다. 믿는다 하면서 아직도 유대교 풍습에서 벗어나지 못하는 사람들, 자신들의 부도덕한 행동으로 그리스도에 먹칠을 하는 사람들, 도덕을 폐기하려는 영지주의자들, 하나님의 말씀보다 자신들의 철학을 내세우는 자들을 원수의 그룹에 둘 수 있다.

바울은 빌립보 교인들 중에 왜 이런 사람들이 있다고 할까? 대다수의 교인들은 그렇지 않다. 하지만 몇몇 교인들이 잘못된 가르침에 빠졌다. 당시에는 여러 순회 선교사들이 있었다. 그들이 여러 교회를 순방하면서 복음의 진수에서 벗어나 이단사설로 교인들을 세뇌하기도 했다. 거짓 교사들이다. 그 꼬임에 빠진 것이다. 바울이 한 교회에만 머물러 양을 돌볼 수 없는 환경에서 자주 이런 일이 벌어졌다. 이런 모습은 바울의 여러 서신뿐 아니라 요한 서신 가운데서도 나타난다.

당시 거짓 교사들 중엔 영지주의[3]자(gnosticism)들이 많았다. 영지주의자들에는 금욕주의자도 많았다. 하지만 영을 중시하고 육을 중시하지 않은 가르침도 있어 몸으로 무슨 짓을 하던 상관하지 않는 관능주의자들도 있었다. 바울은 여기서 이들이 바로 영지주의자들이라 언급하지는 않았다. 하지만 당시의 풍조를 고려해볼 때 이 가능성은 매우 높다. 그들은 십자가에 대해 적대적이었다. 그들은 십자가를 인격적인 모독으로 생각했으며, 방종한 삶으로 십자가의 원수가 되었다.

그래서 그들의 꼬임에 빠진 사람들을 생각하면 눈물이 난다. "눈물을 흘리며 말하노니(even with tears, even weeping)"는 바로 저들의 영적인 상태를 생각하며 흘리는 눈물이다. 사랑의 눈물이다. 저들의 영혼을 얼마나 사랑했으면 눈물을 흘리며 말할까. 그런 교인들

---

[3] 영지주의(靈知主義)는 고대 혼합주의적 종교 운동 중 하나로 여러 분파가 있다. 그래서 영지주의를 하나로 말하긴 어렵다. 영지주의는 기독교가 태동하던 1세기부터 3세기까지 기독교와 밀접하게 관련을 맺으면서 번성했다. 영지주의자들은 불완전한 신인 데미우르고스(Demiourgos)가 완전한 신의 영(프네우마)을 이용해 물질을 창조하였고, 인간은 참된 영적 지식인 그노시스(gnosis, 신비적 깨달음)를 얻음으로써 구원을 얻을 수 있다고 믿었다. 영, 곧 프네우마(Divine Spirit)를 알아야 한다는 것이다. 그노시스는 영적 지식, 영적인 앎, 영, 프네우마 등 다양하게 불린다. 이에 반해 기독교에서는 믿음을 통해 구원을 얻는다고 믿는다. 많은 영지주의자들이 윤회를 믿었다. 특히 바실리데스는 윤회 교리를 가르쳐 악한 행위를 하면 죽어서 지옥에 가게 된다는 두려움을 지우는 역할도 했다. 한 때 아우구스티누스도 페르시아의 영지주의 중 한 파인 마니교에 빠진 적 있다.

에게 이렇듯 노골적으로 말을 해야 하는 자신의 마음도 아프다. 그는 진정 양들을 사랑하는 목자였다. 바울은 고린도교인들에게 엄한 편지를 쓸 때나 에베소교인들을 훈계할 때도 눈물을 흘렸다. 지금 과연 우리 가운데 눈물을 흘리며 마음 상해하는 목회자가 얼마나 될까. 우리가 너무 밋밋해진 것은 아닌지 반성할 일이다.

묵상하기

1. 바울은 빌립보 교회 믿음의 형제들을 향해 "너희는 함께 나를 본받으라" 했다. 당신은 다른 믿음의 사람들에게 이런 말을 할 수 있을 만큼 신앙의 멘토로서 삶을 살고 있는가? 나아가 우리가 바울의 신앙을 통해 본받아야 할 점들은 무엇이라고 생각하는가?

2. 바울은 교인들에게 "너희가 우리를 본받은 것처럼 그와 같이 행하는 자들을 눈여겨보라" 하였다. 우리를 본받아서 사는 다른 사람들을 주목하여 보라는 말이다. 우리 주변에는 어려운 환경에도 불구하고 바르게 신앙 생활하려는 사람이 적지 않다. 그들의 처한 상황과 우리의 상황을 비교해볼 때 우리가 보다 영적으로 보충해야 할 점이 있다면 무엇이라고 생각하는가?

3. 바울은 빌립보 교인 중 여러 사람들이 그리스도 십자가의 원수로 살아가는 사람이 있다 하였다. 우리 가운데 이단에 빠져 고민하는 형제는 없는가? 그들을 위해 눈물로 기도해본 적 있는가?

08

그들과 우리의 차이(19-21절): 우리의 시민권은 하늘에 있다

19. 그들의 마침은 멸망이요 그들의 신은 배요 그 영광은 그들의 부끄러움에 있고 땅의 일을 생각하는 자라
20. 그러나 우리의 시민권은 하늘에 있는지라 거기로부터 구원하는 자 곧 주 예수 그리스도를 기다리노니
21. 그는 만물을 자기에게 복종하게 하실 수 있는 자의 역사로 우리의 낮은 몸을 자기 영광의 몸의 형체와 같이 변하게 하시리라

"그들의 마침은 멸망이요 그들의 신은 배요 그 영광은 그들의 부끄러움에 있고 땅의 일을 생각하는 자라(19절)."

바울은 '그들(they)'과 '우리(we)'를 구분했다. 그들은 십자가의 원수들, 곧 참된 그리스도인들과 반대되는 사람들이다. 바울은 그 사람들을 '그들'이라 했다. 이에 반해 '우리'는 그리스도인들이다. 바울은 "나는," "내가," "우리," "형제들"이라는 말을 사용함으로써 '우리'가 '그들'과 다름을 보여주고 있다.

'그들'은 유대주의자들, 방종한 그리스도인들 또는 세속적인 그리스도인들, 세상 사람들을 말한다. 그들은 그리스도 십자가의 원수들

로서 행동한다. 19절은 그들이 왜 십자가의 원수인가를 4 가지로 구체화하고 있다.

"그들의 마침은 멸망(apoleia)이요." 마침(telos)은 끝, 마지막, 최후(end), 곧 종국적 상태를 말한다. 바울은 그들의 결국은 멸망(destruction)이라 선언했다. NIV는 그것이 그들의 운명(their destiny)이라 했다. 악한 믿음과 행위의 결과다. 멸망은 멸절이라기보다 도의 멸망, 곧 영원한 벌에 처해진다는 것을 의미한다. 육신적으로 살아 있다 해도 영적으로 죽었다.

"그들의 신은 배요." 그들은 자기의 배(belly, stomach)를 하나님으로 모신 사람들이란 말이다. 배(koilia)는 자기 자신의 욕망, 세속적 방종을 의미한다. 하나님보다 자기의 욕망 채우기에 더 급급한 사람들이다. 그들의 배는 늘 고프다. 자신의 욕망에서 벗어나지 못하고 그 욕망을 가득 채우려 든다. 하지만 채워도, 채워도 끝이 없다. 그대로 살면 십자가의 원수가 된다. 나를 삶의 중심에 놓아서는 안 된다. 내가 아니라 하나님이 삶의 중심이어야 한다. 우리의 몸은 하나님의 전이 아니던가.

"그 영광은 그들의 부끄러움에 있고." 자기네의 수치를 영광으로 삼고 있다. 그 부끄러운 것들을 오히려 내세우며 으스댄다. 가치관이 완전히 거꾸로 되어 있다. '부끄러운 것들'은 이생의 자랑이다. 하나님의 눈으로 볼 때 이것들은 부질없는 것들이요 결국 부끄러움(shame)에 처할 수밖에 없는 것들이다. 전혀 자랑스럽지 못한 그것들을 오히려 영광스럽게 생각한다. 타락을 즐거워한다. 자유를 방종으로 바꾼 것이다. 세상적인 것과 벗되는 것은 하나님과 원수 되는 것이다. 잘못된 가치관을 고치려 하기보다 오히려 그것을 영광스럽게 생각하고 자랑하는 것은 얼마나 문제가 큰가를 보여준다. 멸망당할 일을 하면서도 부끄러워하지 않는다면 양심에 화인 맞은 것과 다르지 않다.

"땅의 일을 생각하는 자라." 땅의 일(ta epigeia)은 이 세상적인 것들(earthly things)이다. 돈, 지위, 명예 등이다. 생각이 온통 그것에 기울어있다는(minding) 말이다. 썩어질 것들에 종노릇하고 있다. 내 생각의 기움, 곧 나의 경향, 습관, 중심이 과연 어디에 있는 지 깊이 생각해보자. 내가 아니라 예수님이어야 한다. 우리가 땅의 것을 가지고 생활하지 않을 수 없다 해도 그것을 어떻게 영광 돌릴 수 있을까 생각해야 한다. 한 영혼의 탁월성을 알려면 그가 무엇을 사랑하는지 보면 알 수 있다. 하나님과 원수 되는 생각을 하며 살아서는 안 된다.

바울은 이런 말들로 세속적으로 살아가는 사람들을 향해 강력히 경고하고 있다. 그들의 행위를 보고서도 눈 감고 있는 우리와는 판이하게 다르다. 이런 점에서 바울은 매우 용감하다.

"그러나 우리의 시민권은 하늘에 있는지라 거기로부터 구원하는 자 곧 주 예수 그리스도를 기다리노니(20절)."

"그러나 우리의 시민권은 하늘에 있는지라." '그러나'는 그들과 반대되는 '우리'의 성격을 드러나기 위한 표현이다. 그들의 시민권이 이 땅에 있다면 우리의 시민권은 하늘에 있다. 땅의 일을 생각하기보다 하늘의 일을 생각한다.

바울은 '시민권(politeuma, citizenship)' 개념을 통해 빌립보 교인들에게 이해의 폭을 넓히고자 했다. 벌게이트 역본에는 시민권이란 단어대신 '대화(conversation)'라는 단어를 사용했다. KJV도 이를 따랐다. 이것은 행동의 한 면을 강조한 것으로 보인다. 그러나 여기서는 '나라'를 의미한다. 시민권도 이 개념에서 나온 것으로 보인다.

당시 빌립보는 로마의 퇴역장교들이 많이 살고 있었고, 그들은 로마 시민권을 가지고 있었다. 시민권 얘기는 매우 실감나는 것이었다. 로마시민권을 가진 자가 어떤 지위를 누리고, 어떤 혜택이 주어지는 가는 너무도 잘 안다. 하지만 당시 시민권을 갖는다는 것은 매우 어렵다. 당시 로마시민권은 엄청난 돈을 주고 사든지 21년 군복무를 해야 취득할 수 있을 만큼 힘든 것이었다. 하물며 하늘의 시민권을 갖는다는 것은 비교불가의 기쁨이 있다.

바울은 우리는 이미 천국시민권을 가지고 있다고 말한다. 죽어서만 그 나라의 시민이 되는 것이 아니라 이 땅에서도 하늘나라의 시민으로 살아야 한다는 것을 강조하고 있다. 우리의 몸이 비록 이 세상에 있다 할지라도 이 땅에서 하늘나라의 삶을 살고, 이 세상을 천국으로 만드는 데 힘써야 할 주님 나라의 시민이다. 전쟁의 날을 갈도록 하는 것이 아니라 오히려 칼을 평화의 보습(농기구)으로 만들도록 해야 한다. 바울은 빌립보 교인들이 싸움보다 그리스도의 평화를 나타내는 도구가 되기를 바랐다.

한국의 시민권을 가진 국민은 밖에 나가서도 한국에서 일어나는 일을 생각하게 된다. 대화도 한국에 초점이 맞춰있다. 하늘의 시민권을 가진 자는 자나 깨나 주님의 일을 생각한다. 생각을 해도, 기도를 해도, 소망을 해도 온통 하늘을 향해 있다. 하늘나라의 시민이기 때문이다. 하늘나라의 시민은 이 땅의 시민과는 속성이 다르다.

"거기로부터 구원하는 자 곧 주 예수 그리스도를 기다리노니." 바울은 우리를 기다리는 자로 묘사했다. '기다린다(apekdechometha)는 것은 소망가운데 지침 없이 간절히 기다리는 것(eagerly await)을 말한다. 아내가 문밖에 나가 남편이 오기를 간절한 마음으로 기다리는 것처럼 기다린다. 기다리는 대상은 주 예수 그리스도다. 주님은 거기, 곧 하늘나라에서(from heaven) 오실 우리 구주 예수 그리스도다. 우리의 눈은 이 땅이 아니라 하늘을 향해 있다. 재림의 주님을 간절히 기다리는 것이다. 주님이 다시 오리라 약속하셨기 때문이다. 이런 점에서 그리스도인은 기다리는 자요 소망이 있는 자다. 때가 차 초림에 대한 약속이 지켜진 것처럼 주님은 약속대로 이 땅에 다시 오셔서 구원 사역을 완성하시고, 사람들을 고난과 육신의 연약함으로부터 구원하실 것이다. 그때까지 우리가 해야 할 일은 깨어 기다리는 것이다.

"그는 만물을 자기에게 복종하게 하실 수 있는 자의 역사로 우리의 낮은 몸을 자기 영광의 몸의 형체와 같이 변하게 하시리라(21절)."

이 말씀은 우리가 기다리는 구원자 예수 그리스도는 우리의 몸까지 변화시키는 분이심을 강조하고 있다. 바울은 재림의 날에 이 같은 변화가 있을 것을 예언하고 있다.

"그는 만물을 자기에게 복종하게 하실 수 있는 자의 역사로." 재림 때 예수 그리스도는 만물을 당신께 복종시킬 수 있는 능력(the power that enables him to bring everything under his control)을 가지고 오신다. 말씀 한 마디로 천지를 창조하심같이 말씀 한 마디로 우리를 일으키신다. 만물이 그의 말에 복종한다. 이것이 주님의 엄청난 능력이요 역사(the working, KJV, the exertion of the power, NASB)다. 주님은 우주를 만드시고 통치하신다. 우리는 그 때 만물을 자기에게 복종케 하실 수 있는 자, 곧 주님의 역사, 곧 강력한 힘과 권세(power)를 경험하게 된다. 그분이 오시면 모든 것이 달라진다. 만물이 그리스도 안에서 영광스럽게 새롭게 된다.

"우리의 낮은 몸을 자기 영광의 몸의 형체와 같이 변하게 하시리라." 우리의 낮은 몸(our lowly body, our vile body), 곧 비천한 몸을 당신의 영광스러운 몸(his glorious body)과 같은 형상으로 변화시켜 주실 것이다(transform). 죄로 인해 죽을 수밖에 없는 우리의 천한 몸, 타락한 몸을 하늘의 신령한 몸, 썩지 않을 몸으로 변화시켜 주신다. 이것은 놀라운 변화다. 아니 주님만이 하실 수 있는 신비다. 이 몸은 육욕주의자의 몸과는 다르다. 바울은 더 나아가 우리 몸을 하나님의 전이요 몸으로 하나님께 영광을 돌려야 한다고 하였다. 이런 점에서 우리의 몸은 중하고 귀하다. 영지주의자들처럼 영만 중시하고 육을 무시하는 것은 옳지 않다. 우리는 이처럼 새롭게 태어날 영광스러운 존재다. 주님이 영화롭게 부활하신 것처럼 우리도 그의 형상을 따라 새롭게 될 것이다. 이것이 우리의 운명이다.

이 변화의 능력은 죽어서만 나타나는 것이 아니다. 지금 여기에서 나타날 수 있다. 그래서 우리는 "나를 세상 사람에서 주의 사람으로 변화시켜 주옵소서." 기도해야 한다. 십자가의 원수라는 말을 들으며 신앙생활해서는 안 된다. 바울은 말한다. "너희가 믿음에 있는가 너희 자신을 시험하고 너희 자신을 확증하라 예수 그리스도께서 너희 안에 계신 줄을 너희가 스스로 알지 못하느냐 그렇지 않으면 너희가 버리운 자니라(고후13:5)."

끝으로, 바울이 말한 우리와 그들의 차이를 한 표로 보면 다음과 같다.

〈우리와 그들의 차이〉

	우리	그들
신	하나님	배
목표	그리스도를 닮음	세상을 닮음
결과	하늘의 상 받음	이 땅의 상 받음
마음	하나님의 일	땅의 일
시민권	하늘	땅
운명	영생	멸망
영광	기쁨	부끄러움

우리가 진정 그리스도 안에서 성공한 사람으로 살기 위해서는 늘 자신을 살펴 미숙한 그리스도인이 아니라 성숙한 그리스도인이 되도록 해야 한다. 이를 위해서는 훈련이 필요하다(고전 9:24-27; 딤전 4:7-10; 딤후 4:7-8). 우리의 시민권은 하늘에 있다. 우리의 몸은 변화된다. 우리는 하나님의 사람이요 하나님의 일을 하는 사람들이다. 이에 반해 그들의 운명은 멸망이다. 그들의 신은 배다. 그들의 영광은 부끄러움이다. 그들의 마음은 땅의 일에 있다. 더 이상 그들 편에 서서는 안 된다.

묵상하기

1. 바울은 우리와 그들을 구분하였다. 그리고 그들의 마지막은 멸망이라 선언했다. 육체의 욕망을 자기들의 하나님으로 삼고, 수치를 영광으로 알며, 세상적인 일만 생각하기 때문이다. 당신은 자주 욕망에 사로잡히고, 수치를 오히려 자랑삼아 말하며, 세상적인 것만 생각한 적 없는가?
2. 그들이 멸망으로 가는 시민권을 가지고 있다면 우리는 하늘의 시민권을 가지고 있다. 하늘의 시민은 고대하는 것이 있다. 바로 예수님의 재림이다. 당신은 지금 다시 오실 주님을 간절히 기다리고 있는가?
3. 다시 오실 주님은 능력의 주님이시다. 그분의 말에 만물이 복종한다. 그 능력으로 우리의 천한 몸도 영광스러운 몸으로 변하게 하신다. 당신은 진정 그 능력을 믿는가? 부활의 그 순간을 생각하며 기뻐하고 있는가?

빌립보서
4장

주 안에 섬(1절): 주 안에 굳게 서라

1. 그러므로 나의 사랑하고 사모하는 형제들, 나의 기쁨이요 면류
관인 사랑하는 자들아 이와 같이 주 안에 서라

"그러므로 나의 사랑하고 사모하는
형제들, 나의 기쁨이요 면류관인 사랑하는 자들아 이와 같이 주 안
에 서라(1절)."

바울은 빌립보서 4장을 통해 여러 당부를 하고 있다. 편지를 마무
리하면서 하고 싶은 말이 있었기 때문이다. 그 중에 맨 먼저 부탁하
는 것이 바로 주 안에서 굳게 서라는 것이다. 어떻게 굳게 서야 할
까? 그 내용은 2절에서 9절까지 잘 나타나 있다. 교인들이 서로 조
화를 이루며, 서로 관용하며, 무엇에든지 참되기를 바라는 마음이
담겨 있다.

"그러므로," 이 말은 전에 자신이 빌립보 교인들에게 말한 여러
가지 것들을 비추어 생각하라는 뜻으로 사용한 접속사다. 천국의 시
민으로서 구주의 강림을 간절히 바라며 화평한 가운데 살아가고자
한다면 꼭 해야 할 일이 있다는 말이다.

"나의 사랑하고 사모하는 형제들." 그는 당부의 말을 하기 전에 빌립보교인들을 향해 '사랑하고 그리워하는 나의 형제들(adelphoi)'이라 불렀다. 이 부름은 그들에 대한 바울의 사랑이 얼마나 깊고 친밀한가를 보여준다. 교인들인 바울에게 있어서 사랑의 대상이요 사모하는 대상이었다. 바울은 그들을 향해 '나의 형제들(my brothers)'이라 했다. 주 안에서 영적인 한 가족이자 하나님 앞에서 차별이 없는, 동등한 지위를 갖고 있는 사람들이란 말이다.

"나의 기쁨이요 면류관인 사랑하는 자들아." 바울은 그 형제들을 향해 '여러분은 나의 기쁨이며 면류관(my joy and crown)'이라 말한다.

빌립보 교인들은 우리들과 마찬가지로 부족한 것이 많았다. 그럼에도 불구하고 바울은 그들을 가리켜 '나의 기쁨'이라 했다. 부족함에도 불구하고 기쁨을 안겨주는 존재라는 말이다. 그들은 무엇보다 믿음가운데 서 있기 때문이다.

나아가 그는 빌립보 교인들을 가리켜 '나의 면류관'이라 했다. 여기서 면류관(stephanos)은 왕이 쓰는 왕관이 아니라 경기장에서 우승자에게 주어지는 화관을 말한다. 믿음의 경주를 잘 마친 자들에게 주어지는 하늘의 상이다. 바울은 빌립보 교인들이 도중에 포기하지 않고 믿음의 경주를 완주하여 하나님으로부터 그 면류관을 받으리라 확신하고 있다. 그리스도의 날에 승리의 면류관을 받을 때 바울은 자신의 수고가 결코 헛되지 않음을 확인하고 기뻐하게 될 것이다.

이런 의미에서 빌립보 교인들은 바울에게 기쁨과 동시에 영예를 안겨주는 귀중한 존재들이다. 그래서 그는 다시 한 번 말한다. "나의 사랑하는 자들아(my dearly beloved)." "사랑하는 친구들아(dear friends!)." 바울이 빌립보 교인들을 이렇게 부르는 것은 자신의 권면이 책망이 아니라 사랑의 권면임을 보여주고 있다. 교회 안에 산적한 문제를 해결하기 위해서는 무엇보다 교인들을 사랑하는 마음이 필요하다. 사랑하지 못하면 쉽게 포기하고 낙심하게 된다. 하지만 사랑하면 달라진다. 해결방법도 달라진다. 지금 당면한 문제에 압도당하지 말고, 교인들의 약함에 실망하지 말고, 그것들을 통해 이루실 주님의 궁극적인 승리를 바라보라. 이 같은 태도가 빌립보 교인들의 마음을 녹였을 것이다.

"이와 같이 주 안에 서라." 그 날이 오기까지 주 안에 굳게 서라는 것이다. '이와 같이(houtos)'는 '이런 길로(in this way)'를 말한다. 그 길과 방법은 뒷 절에 언급되어 있다. 파멸이 아니라 평강을 가져오는 길이다. 빌립보 교회는 모범적인 교회이기는 하지만 단합하지 못하는 면이 있었다. 그런 가운데 율법주의자들의 도전도 강했다. 그래서 이런 문제를 해결하기 위해서는 인간적인 방법이 아니라 차원이 높은 하나님의 방법이 요구된다.

'주 안에 서라'는 '주님 안에 굳게 서라(stand firm in the Lord)'는 말이다. '서라(stekete)'는 '진실 되게 서라,' '굳게 서라'는 뜻이 있다. 이 단어는 군인이 적의 침입을 받았을 때 굳게 자리를 지키는 모습을 나타내는 군사용어다. 임전태세의 자세다. 병사들이 자기 위치를 벗어나지 않고 굳건히 그 자리를 지키듯 복음의 군사 된 우리도 복음의 길에서 절대 벗어나지 않고 주님을 굳게 믿으며 그리스도인으로서 삶의 자리를 지켜나가야 한다는 말이다. 군사 용어를 사용하는 것은 그리스도인으로 살아간다는 것이 결코 녹록치 않다는 것을 말해준다. 두렵다고 달아날 궁리를 하지 말고, 철저히 경계하고 대적하는 군사처럼 그 어떤 공격에도 당당히 맞서라는 말이다. 우리가 믿음으로 굳게 서지 않는다면 악한 세상의 공격을 이겨낼 수 없다. 믿음을 지키기 위해서는 단호함과 용맹스런 결단이 필요하다.

바울은 "주 안에" 설 것을 강조하였다. 우리가 굳건히 서야 할 자리는 바로 그리스도 안이라는 말이다. 사단은 집요하게 우리를 공격하고 믿음의 자리에서 떨어져 나가도록 한다. 주님으로부터 멀어지게 만드는 것이다. 우리가 아무리 굳게 선다 해도 우리가 선 그 자리가 '그리스도 안'이 아니라면 넘어질 수밖에 없다.

그리스도인이 그리스도 밖에서 얻을 수 있는 것은 아무것도 없다. 모든 것은 주 안에 있다. 우리는 그리스도 안에 있었기에 구원을 얻게 되었고, 주 안에 있기에 지금 주님의 보호를 받고 있다. 다시 오실 주님을 바라보는 것도 우리가 주 안에 있기에 가능하다. 우리가 주 안에 견고하게 서 있는 한 주님은 우리를 위해 일하신다. 주안에 굳게 서는 것만큼 확실한 것은 없다. 바로 그것이 모든 문제해결의 출발점이다.

묵상하기

1. 바울은 빌립보 교인들을 향해 "내가 사랑하고 그리워하는 형제들"이라 했다. 사랑의 대상이요 그리움의 대상이다. 당신은 지금 그리스도안의 여러 형제들을 사랑하며 사모한 적이 있는가? 있다면 어떤 때, 어떻게 그랬는지 말해보라.

2. 바울은 사랑하고 그리워하는 빌립보 교인들을 향해 "나의 기쁨이요 면류관"이라 했다. 자신의 전도를 받아 그리스도인이 되었기 때문에 더 그런 마음이 들었을 것이다. 그 교인들 모두 완벽하게 신앙생활을 한 것은 아니다. 잘못한 것도 있고, 실수도 있다. 또한 문제도 있다. 그럼에도 불구하고 그는 그들을 자랑스럽게 생각하고 있다. 그들이 끝까지 믿음의 경주를 할 것으로 기대하기 때문이다. 마지막 날 기쁨과 명예를 안겨줄 그들을 생각하니 더 사랑스럽다. 당신은 형제들에 대해 이런 기대와 소망을 가지고 신앙생활을 하고 있는가?

3. 바울은 빌립보 교인들을 향해 "주님 안에서 굳게 서라" 당부했다. 주님을 믿으며 굳세게 살아가라는 말이다. 사단은 이 시간에도 우리를 공격하고 있다. 집요하기 그지없다. 우리는 주님이 이미 이루어 놓으신 것을 지키기 위해 더 노력해야 한다. 그 승리는 우리가 '그리스도 주 안에' 있을 때만 가능하다. 당신은 지금 주 안에 굳게 서 있는가?

권면(2-3절): 주 안에서
같은 마음을 품으라

2. 내가 유오디아를 권하고 순두게를 권하노니 주 안에서 같은 마음을 품으라
3. 또 참으로 나와 멍에를 같이한 네게 구하노니 복음에 나와 함께 힘쓰던 저 여인들을 돕고 또한 글레멘드와 그 외에 나의 동역자들을 도우라 그 이름들이 생명책에 있느니라

"내가 유오디아를 권하고 순두게를 권하노니 주 안에서 같은 마음을 품으라(2절)."

2절은 교회에 약간의 문제, 특히 불화가 있었음을 보여준다. 빌립보 교회도 문제가 없는 것은 아니라는 말이다. 이 문제를 빌립보서 서두에 거론하지 않고 맨 뒷장에 둔 것은 나름대로 이유가 있다. 하나 됨과 겸손, 외부의 도전과 내부의 결속 등으로 기본 정지작업을 한 뒤 두 사람이 주 안에서 하나 되어야 함을 강조하면 받아들이기도 쉽고, 효과가 크기 때문이다. 큰 그림을 그린 다음 작은 그림을 그린 셈이다. 큰 목회자로서 바울의 깊은 생각과 세심한 배려의 모습이 보인다.

바울은 유오디아(Euodia)와 순두게(Syntyche) 두 사람의 이름을 거명하고, 두 사람을 향해 견해 차이를 극복하고 한 마음을 품으라 권면한다. 그는 두 사람 중 어느 누구에게도 편파적이지 않았다. 유오디아와 순두게는 빌립보 교회의 두 자매이자 교회의 활발한 리더로서 특별한 역할을 한 것으로 보인다. 빌립보 교회는 자주장사 루디아의 집, 곧 가정교회에서부터 시작했다. 따라서 여성의 지위가 상대적으로 높은 것으로 보인다. 두 사람은 겐그리아의 뵈뵈처럼 집사였을 것으로 간주되고 있다.

유오디아와 순두게가 누군가에 대해 여러 설이 있다. 순두게는 빌립보 간수 순드게스요 유오디아는 그의 아내라는 설, 유오디아는 유대기독교인을 상징하고 순두게는 이방인기독교인을 상징한다는 설, 이 들 두 사람 중 하나는 루디아라는 설 등 이런저런 설이 있으나 모두 신빙성이 낮다. 성경에 쓰인 데로 이해하는 것이 옳다.

유오디아는 '좋은 여행' 또는 '향기'라는 뜻을 가지고 있고, 순두게는 '행복한 기회,' '행운,' 또는 '친절'이라는 뜻을 가지고 있다. 두 사람 모두 아름답고, 좋은 이름을 가지고 있었지만 두 사람의 관계는 이름과는 달리 향기롭거나 행복하지 못했다. 서로 화합하지 못해 오히려 교회의 기도조목이 되었다. 두 사람 모두 소신이 강하고 선이 분명한 사람일 수 있다. 학자에 따라서는 로마교회가 아볼로파와 바울파로 나뉜 것처럼 여기서도 순두게파와 유오디아파로 나뉜 것이 아닌가 생각하기도 한다. 두 파벌이 이 두 여인의 집에서 맞선 것으로 보인다.

바울은 두 여인 사이의 불화가 무엇 때문인지 언급하지 않았다. 하지만 빌립보 교인들은 잘 알고 있을 것이다. 나아가 두 사람 중 누가 잘못했는지도 말하지 않았다. 원인은 사소한 말다툼에서 시작된 것일 수 있고, 교회 내 여성의 권리와 책임 문제일 수도 있고, 교회 주도권 문제일 수도 있다. 그것이 무엇이든 지금 교회 공동체의 단합을 깨뜨리고 있다는 것이 문제다.

'권하노니(parakalo)'는 '간청한다(plead, beseech, urge, exhort)'는 말이다. 두 사람의 심각한 불화는 교회의 차원을 넘어 바울이 염려할 정도로 커졌다. 교회의 중진으로서 책망 받아야 마땅하다. 하지만 바울은 어느 한쪽에 서서 다른 쪽을 비난하지 않았다. 원문을 보면 "유오디아에게 간청하고, 순두게에게 간청한다" 했다. 어느 한쪽을 몰아붙이기보다 두 사람 모두에게 주 안에서 하나 되도록 간청함으로써 어느 한쪽의 승리와 다른 한쪽의 패배(Win-Lose)가 아니라 상승(Win-Win)하도록 하고 있다. 갈등관리의 모범이 아닐 수 없다.

"주 안에서 같은 마음(the same mind)을 품으라." 바울은 두 사람이 주 안에서 한 마음을 품으라(to auto phronein) 권고했다. 예수 그리스도의 마음, 겸손하고 낮아지는 마음으로 둘 사이의 차이를 일치시키라(agree with each other)는 것이다. 인간관계에서 문제가 있다면 주 안에서 서로 관용하고 화합한다. 진리문제가 아닌 한 서로 화합하고 조화를 이루며 사는(live in harmony) 것이 그리스도인의 삶의 원칙이다. 그는 '주 안에서,' 곧 그리스도 안에서 하나 되기를 바랐다. 인간적인 것만 고집하면 해결할 수 없다. 그러나 우리는 그리스도인 아닌가. 인간적인 자존심을 모두 다 내려놓고 예수의 마음을 함께 가지면 화합하지 못할 이유가 없다. 나의 자존심이 아니라 예수의 심장을 가지고 상대를 이해하고 용서하라. 두 사람이 뜻이 같지 아니하면 어찌 동행하겠는가(암3:3).

<차이를 극복하려면>

- 주님의 방법을 사모하라. 기도하며, 주님께 물으라.
- 자기 확신과 상대방의 의견의 차이를 살피고, 상대의 입장에 서보라.
- 먼저 화평의 말을 하고, 먼저 화해하는 자가 되라. 먼저 손을 내밀고, 용서를 구하라.
- 사소한 일이라도 당신의 친절을 보여줄 기회를 찾으라.
- 다른 사람의 성공을 위해 기도하라.
- 당신의 마음에 쓴 뿌리가 있는지 살펴보고, 이를 없애 달라 기도하라.
- 문제된 영역에서 보다 영적으로 성숙한 사람으로부터 조언을 구하라.
- 더 많이 동의하고, 더 적게 논쟁하라.
- 더 많이 고백하고, 더 적게 지적하라.

"또 참으로 나와 멍에를 같이한 네게 구하노니 복음에 나와 함께 힘쓰던 저 여인들을 돕고 또한 글레멘드와 그 외에 나의 동역자들을 도우라 그 이름들이 생명책에 있느니라(3절)."

"또 참으로 나와 멍에를 같이한 네게 구하노니." 두 당사자의 힘으로 풀리지 않을 수 있음을 간파한 바울은 이제 '네게,' 곧 제 3의 인물에게 화해를 조정하도록 부탁한다. 바울은 그의 이름을 밝히지 않은 채 '참으로 나와 멍에를 같이 한 자,' 곧 동역자라 했다. '참으로 멍에를 같이 한 자(gnesie syzyge)'는 자기와 한 멍에를 멘 진실한 협력자(true, loyal yokefellow)이자 짐을 함께 지고 나눈 자다.

바울이 그만큼 신뢰한다는 말이다.

'너'라고 한 그 사람은 과연 누구일까? 이에 대해서도 여러 주장이 있다. 개인이라면 이 서신의 전달자인 에바브로디도일 가능성도 있고 유오디아와 순두게의 남편이나 형제, 빌립보 교인들을 잘 돌봤던 디모데, 누가나 실라, 아니면 다른 인물일 수도 있다. 바울과 함께 조정역할을 잘 할 수 있는 '수주구스(syzyge는 syzygus의 호격)'라는 이름의 한 개인이라는 주장도 있다. 개인을 놓고 이처럼 주장이 다양하다. 나아가 그 사람은 한 개인이 아니라 빌립보 교인 전체라는 주장도 있다. 한 인물에게 그 짐을 지우는 것이 아니라 교회 전체가 하나 되어 두 사람이 화해할 수 있도록 교회 전체가 힘쓰라는 것이다. 여러 가정이 가능하지만 바울이 그 이름을 정확히 밝히지 않기 때문에 단언하기는 어렵다. 하지만 그 사람은 바울이 자기 못지않게 화해조정자로서 그 역할을 충분히 잘 할 수 있다고 믿는 인물임에는 틀림없다. 교회에는 늘 그런 인물이 필요하다.

"복음에 나와 함께 힘쓰던 저 여인들을 돕고." 저 여인들은 지금 도움이 절실한 바로 두 여인이다. 중요한 것은 바울이 그들 모두 자기와 함께 복음에 힘쓰던, 참으로 귀한 여인들로 생각했다는 것이다. '함께 힘쓰던(synethlesan)'이란 말은 경기에서 힘을 합해 싸웠음을 나타내는 단어다. 바울이 복음을 전파할 때 바울의 편에 서서(at my side) 그 어떤 고난도 함께 감수했다는(shared my struggle) 말이다. 그러니 유오디아와 순두게 모두 존경받아 마땅한 귀한 동역자임에 틀림없다. 바울은 두 사람이 어찌해서 불화했는지 그 내용을 말하는 대신 그들이 그리스도의 복음과 교회에 대한 헌신을 언급함으로써 그 무엇보다 앞으로도 복음을 위해 화합해야 한다는 것을 암시하고 있다. 인간적인 모든 것을 버리고 주님을 위해 다시 합하는 것이 가장 좋다는 말이다.

하지만 두 사람의 관계는 심각하다. 바라기는 두 사람 모두 불화를 스스로 해결하는 것이 가장 바람직하지만 불행하게도 그들에게는 지금 그럴 힘과 능력이 없어 보인다. 그렇게 하기엔 너무 늦었던지 도를 넘어섰을 수도 있다. 그러니 이제 교회가 그들을 도울 때라는 것이다. 복음을 위해 그토록 힘쓰고 애쓰던 사람들이 한 교회 내에서 불화하는 것은 예수 그리스도가 우리에게 주신 고귀한 샬롬, 곧 평화를 깨는 것이다.

바울은 '저 여인들을 도우라' 명령한다. '도우라(syllambanou)'는 '노력을 일치시키라'는 뜻을 가지고 있다. 힘써 그들을 다시 결속시키라는 말이다. 두 사람이 같은 마음을 품도록 할뿐 아니라 그렇게 하기로 서로 결심했을 때 교인들이 더 이상 그들을 폄훼하거나 매장시키지 말고 두 사람의 관계가 건강하게 잘 회복되도록 적극 도우라는 것이다. 그들을 도와 교회에 화평을 가져오는 일은 보람이 있고, 그리스도인으로서의 품격을 높이는 일이다. 주의 몸 된 교회가 다시 거룩하게 세워지는 일이니 귀하지 아니한가. 이것은 갈등관계에 있는 성도들에 대해 우리가 어떤 자세를 가져야 하는가를 가르쳐준다.

"또한 글레멘드(Clement)와 그 외에 나의 동역자들을 도우라." 이 번역은 유오디아와 순두게의 화해를 도울 뿐 아니라 클레멘트와 그 밖에 다른 동역자를 도우라는 말로 들린다. 하지만 헬라어 성경 원문은 "클레멘트와 그 밖의 나의 동역자들과 더불어, 복음을 전하는 일에 나와 함께 애쓴 그들(유오디아와 순두게)을 도우라" 되어 있다. 유오디아와 순두게는 바울뿐 아니라 클레멘트, 그리고 바울의 다른 동역자들과 함께 복음을 위해 헌신한 인물이라는 것이다. 바울은 이 말을 통해 두 여인의 헌신을 칭찬하고 격려하고 있다. 그러니 이 두 여인의 어려운 상황을 돕는 것은 당연하다는 말이다. 원문에서 '도우라'는 말은 '(두 여인을) 돕고 (또한 클레멘트와 그 외 나의 동역자들을) 도우라'라기보다 '그들(these),' 곧 두 여인을 도우라 하였다. 다른 번역 성경도 원문을 따르고 있다.

바울은 클레멘트가 누구인지도 말하지 않았다. 서신의 내용으로 보아 유오디아나 순두게 못지않게 복음을 위해 헌신하고 교회에 열심인 인물로 추정된다. 훗날 로마교회의 3대 주교였던 클레멘트가 아닌가 추정하기도 하지만 확실하지는 않다. '그 외에 나의 동역자' 이름도 언급되지 않았다.

유오디아와 순두게는 주의 일을 하는 많은 동역자를 도운 인물들이다. 주님의 일이라면 물불을 가리지 않은 사람들이다. 그러니 두 여인의 화해를 돕는 것은 마땅한 일이다.

"그 이름들이 생명책에 있느니라." 왜 도와야 하는가? 그 이름들 모두 주님의 생명책(biblo zoes, the book of life)에 기록되어 있기 때문이다. 요한계시록 3장 5절에 "이기는 자는 이와 같이 흰 옷을 입을 것이요 내가 그 이름을 생명책에서 결코 지우지 아니하고 그 이름을 내 아버지 앞과 그의 천사들 앞에서 시인하리라"는 말씀이 있다. 천국에는 하나님이 생명을 약속한 사람들의 이름을 기록해 놓은 명부가 있다는 말이다. 그 이름이 생명책에 있는 자는 멸망할 자들이 아니라 모두 하나님 나라의 백성이다. 그들 모두 우리와 함께 다 구원을 받은 자요 천국에서 만날 사람이다. 그러므로 싸우거나 다투지 말고 화합하라는 것이다. "그 이름들이 생명책에 있느니라"

는 말씀은 주 안에서 하나 되어야 할 당위성을 강조하고 있다. 나아가 그들의 도움행위가 그 나라의 백성으로서 얼마나 마땅한 일인가를 보여준다. 바울은 이 권면을 통해 교인들 사이에 잠시 서로 다투고 신앙생활에 어려움이 있다 해도 이 종국적인 상태를 믿으며 화해하리라 기대하고 있다.

빌립보 교회 안에서 서로 다투고 있는 사람들이 있다는 것은 바울의 마음을 불편하게 했다. 특히 유오디아와 순두게 두 여 집사들의 갈등과 불화는 쉽게 조정하기 어려운 것이었다. 바울은 이 문제를 두고 깊게 고민하며 빌립보서 2장에서 그리스도의 낮아지심을 강조하며, 그들의 문제를 그리스도의 낮아지심까지 연결했다. 그리고 4장에 와서는 이 문제를 조심스럽게 드러내면서 자신의 권면을 기쁨으로 받아들이도록 하고 있다. 그는 곳곳에서 자신을 낮추고, 마음을 합하도록 했다. 그들 모두 그 이름이 주님의 생명책에 기록되어 있기 때문이다. 그리스도인은 주님 안에서 영원한 한 가족이다.

묵상하기

1. 바울은 유오디아와 순두게를 정죄하거나 질책하기보다 복음과 교회를 위해 헌신한 것을 강조하고, 주 안에서 한 마음을 품으라 했다. 그들이 교회 공동체의 중요한 일원이요 존경받아야 인물임을 부각시킨 것이다. 권면은 정죄하는데 목적이 있지 않다. 깨닫게 하고 세워주고 화합하도록 하는 것이 중요하다. 그것이 바로 복음적 문제해결 방식이다. 당신이 섬기는 공동체에서 교인들 사이에 문제가 발생했을 때 어떤 방식을 통해 해결했는지 반성해보자.

2. 그리스도인은 예수의 마음을 품고 다른 그리스도인과 함께 일할 수 있어야 한다. 천국은 혼자 거하는 곳이 아니다. 멍에를 같이 하는 사람들이다. 고난도 함께 하며 주의 일을 기쁨으로 감당한다. 당신은 어떤 경우에도 다른 믿음의 형제들과 이 멍에를 같이 할 수 있는가.

3. 바울은 자신과 멍에를 같이한 동역자를 향해 유오디아와 순두게를 도우라 했다. 이 두 여인은 바울뿐 아니라 클레멘트와 다른 동역자들을 힘써 도운 일꾼들이다. 그 이름 모두 생명책에 있다. 우리 모두 한 식구, 하나님의 백성이라는 말이다. 당신은 믿음의 형제들을 영원한 한 가족으로 존중하며 사랑하고 있는가.

하나님의 평강을 얻는 법 Ⅰ(4절): 주안에서 항상 기뻐하라

4. 주 안에서 항상 기뻐하라 내가 다시 말하노니 기뻐하라

"주 안에서 항상 기뻐하라 내가 다시 말하노니 기뻐하라(4절)."

빌립보서의 주요 주제가운데 하나는 기쁨이다. 바울은 빌립보 서신을 통해 교인을 향해 거듭거듭 기뻐하라고 가르친다.

- "무슨 방도로든 전파되는 것은 그리스도니 이로써 내가 기뻐하고 또한 기뻐하리라"(빌 1:18).
- "각각 자기 일을 돌아볼 뿐더러 또한 각각 다른 사람들의 일을 돌아보아 나의 기쁨을 충만케 하라"(빌 2:4).
- "종말로 나의 형제들아 주안에서 기뻐하라"(빌 3:1).

우리는 그가 이 글을 쓸 때 옥중에 있었음을 기억하지 않으면 안 된다. 바울은 지금 옥중에서도 기뻐하며 빌립보 교인들에게도 이 기쁨을 가지도록 하고 있다. 아무리 힘들고 어렵다 하더라도 주안에서 참 평안을 누릴 수 있기 때문이다.

바울은 4장에서 "주안에서 항상 기뻐하라." 명령한다. "기뻐하라(Rejoice)" 말하지만 기쁨은 명령을 한다고 되는 것이 아니다. 항상 기뻐한다는 것도 인간적으로 불가능하다. 그러나 주 안에서는 가능하다. 바울은 이 비밀을 가르쳐 주고 있다. 이 비밀을 알면 하나님의 평강에 이를 수 있다.

"주안에서 항상 기뻐하라." 짧은 명령문이다. 바울은 이 명령을 통해 우리로 하여금 절망이 아니라 기쁨을 선택하도록 하고 있다. '기뻐하라(chairete)'는 '습관적으로, 계속적으로 기뻐하라'는 말이다. 분노나 원망을 선택할 것이 아니라 주 안에서 기뻐할 이유를 깨닫고 끝까지 그 기쁨을 견지하라는 말이다. 그래서 '항상(pantote)'이다.

우리의 삶은 선택이다. 기쁨을 선택하면 그것이 내 것이 될 수 있다. 하지만 원망과 절망을 택하면 삶의 색깔은 완전히 달라진다. 기쁨은 그저 기다린다고 해서 오는 것이 아니다. '주안에서 항상 기뻐하라'는 명령은 하늘의 삶을 선택하라는 말이다. 이 선택과 결단은 거룩하다. 우리는 삶에서 매일 거룩한 결단과 선택을 할 수 있어야 한다. 그러면 7절의 말씀처럼 하나님의 평강을 얻을 수 있다. 기쁨의 선택이 바로 하나님이 주시는 평강에 이르는 첩경이란 말이다.

그렇다면 항상 기뻐해야 할 근거는 무엇인가? 그 답은 '주 안에' 있다. 주님 때문이라는 것이다. 예수 그리스도는 우리 기쁨의 원천이다. 우리가 누리는 하늘의 축복은 예수 때문에 얻은 것이다. 우리는 인간적으로 항상 기뻐할 수 없다. 하지만 주 안에 있으면 항상 기뻐할 수 있다. 나 때문이거나 우리 때문이 아니라 주님 때문이다. 하나님이 우리를 지극히 사랑하시고, 예수님이 우리를 위해 죽으심으로 죄인인 우리가 하나님과 화평을 누릴 수 있게 되었기 때문이다.

이제 우리는 용서 받았고, 하나님의 영광을 바라고 즐거워하는 존재가 되었다. 예수님이 우리의 목자가 되셨다. 하나님의 말씀이 오늘도 우리를 인도하고, 우리는 그의 부르심에 따라 산다. 그리고 주님이 주신 생명의 삶을 누리고 있다. 우리의 미래는 확고히 보장되어 있다. 그러니 어찌 기쁘지 아니한가. 이 기쁨(chara)은 주님이 우리에게 베푸신 은혜(charis)와 깊게 연관되어 있다. 은사(charisma)나 감사(eucharis)도 이것과 서로 연결되어 있다. 주 안에서의 기쁨은 주님으로부터 받은 은혜라 우리 내면에 감사가 넘칠 수밖에 없다. "물밀듯 내 맘에 기쁨이 넘침은" 찬양하는 것은 바로 주님 때문이다.

우리는 예수를 소유한 자들이다. 예수 안에 있는 것이 모두 나의 것이 되었다. 예수 그리스도를 소유한 자는 마음속에서 솟구쳐 오르는 기쁨을 누를 수 없다. 현재의 고난이 아무리 크고 무겁다 해도 장차 나타날 영광에 비교할 수 없다. 그 기쁨을 공동체적으로 누리는 곳이 바로 교회다. 이 모든 것을 예수님의 심장과 시각으로 보지 않으면 누릴 수 없는 기쁨이다. 기쁨의 근거가 이처럼 충분하다면 망설일 이유가 없다. '주안에서 항상 기뻐하라'할 때 그것을 생각만 해도 내 마음에 기쁨이 솟구칠 수 있다. 하늘의 기쁨이 오늘 나의 것이 되는 것이다.

주안에서의 기쁨은 환경을 초월한 기쁨이다. 지금 빌립보 교회는 여러 가지 난제를 안고 있다. 밖으로는 율법주의에 빠진 유대주의자들의 도전도 있고, 이단의 공격도 심하다. 안으로는 교인들끼리 화목하지 못하고 분열되어 있다. 그럼에도 불구하고 항상 기뻐하라 말한다. '그럼에도 불구하고'의 기쁨이다. 주 안에서라면 밖의 환경이 어떠하든지 얼마든지 기뻐할 수 있다는 것이다. 바울이 우리에게 가르쳐준 기쁨은 어떤 환경에서도 그것을 초월할 수 있는 내적인 기쁨 (inner joy)이다. 주안에서의 기쁨은 바로 이것이다. '그럼에도 불구하고'의 기쁨은 우리의 삶을 하늘을 향해 한층 올려준다. 헨리 나우웬은 말한다. "기쁨과 행복은 다르다. 불행 속에서도 얼마든지 기뻐할 수 있다." 그리스도인은 밖이 아무리 어려워도 속으로는 항상 기뻐하는 자들이다.

"내가 다시 말하노니 기뻐하라." 바울은 다시금 기뻐할 것을 강조하고 있다. 이것은 일시적인 감정에서 나온 것이 아니라 내면의 깊은 영혼의 울림을 통해 말하는 것이다. 이 기쁨은 이 세상의 상황에 바탕을 둔 것이 아니라 예수 그리스도 안에 근거한 것이다. 주 안에서만 소유할 수 있는 이 기쁨을 빼앗을 자는 아무도 없다. 나아가 주님은 우리를 결코 포기하지 않으신다. 그러므로 절망할 이유가 전혀 없다. 이 기쁨은 주 안에서 변할 수 없는 확고한 기쁨이다. 이 기쁨은 육체를 신뢰하지 아니하거나 환경을 신뢰하지 않는다. 인간이나 환경에 바탕을 둔 것이 아니라 전적으로 예수님에 바탕을 둔 하늘의 기쁨이다. 이 기쁨을 잃지 않고 굳게 소유하라는 말이다.

항상 이 기쁨을 가지기 위해 우리가 해야 할 일이 있다. 그것은 우리가 언제나 주 안에 굳게 서는 것이다. 주님의 군사로서 그 위치를 벗어나지 않는다. 어떤 상황에서도 흔들리지 않는다. 큰 문제에 부딪혀도 문제보다 크신 주님을 바라본다.

순간순간 하나님의 사랑을 받고 있는 존재임을 확인하라. "소망이 우리를 부끄럽게 하지 아니함은 우리에게 주신 성령으로 말미암아 하나님의 사랑이 우리 마음에 부은바 됨이니(롬 5:5)." 하나님으로부터 사랑을 받고 있다는 것을 생각만 해도 기쁨이 넘친다. 성령을 통해 하나님의 사랑이 흘러 들어와 그 사랑을 무한히 받고 있다는 것을 느낄 때마다 기쁘다. 이 기쁨은 세상이 줄 수 없는 기쁨이다.

문제에 압도당하지 말고 문제보다 크신 하나님께 초점을 맞추라. "백성들아 시시로 그를 의지하고 그의 앞에 마음을 토하라 하나님은 우리의 피난처시로다(시 62:8)." 하나님은 우리에 대한 섬세한 계획을 가지고 계시고, 늘 우리와 함께 하시며, 우리를 순간순간 도우신다. 그렇기 때문에 아무리 어렵고 힘든 상황에서도 우리는 기뻐할 수 있다.

그리고 우리가 소중하게 간직하고 있는 기쁨을 나눠주자. 그리스도인에게 가장 소중한 것이 있다면 돈도, 명예도 아니다. 그것은 예수님이다. 그리스도인은 가장 소중하게 여기는 예수를 이웃과 나눌 때마다 기뻐하는 사람들이다. 바울은 무슨 방도로든 예수가 전파되는 것을 기뻐하지 않았는가. 갇혀있을 때도 복음이 전파된다는 소식을 전해 듣고 그는 기뻐했다.

C. S. 루이스는 우리가 천국에 갔을 때 그곳 문지기가 묻는 말이 있다고 한다. "당신은 예수님을 앎으로써 참을 수 없는 기쁨을 갖고 있는가?" 이 물음에 당신은 어떤 대답을 할 수 있는가.

묵상하기

1. "주안에서 항상 기뻐하라." 바울은 우리로 하여금 기뻐하기로 결단하라고 말한다. 주 안에서 기쁨을 회복하고, 남은 생애 기쁨으로 살기로 결단하라는 말이다. 기쁨의 회심이다. 이 기쁨은 그저 주어지지 않는다. 기쁨의 근거가 따로 있기 때문이다. 이 근거는 세상의 것과 다르다. 당신은 오늘도 주님으로 인해 기뻐할 수 있는가? 기쁨이 내 영혼의 반석에서 샘물처럼 터지도록 하라.

2. 우리는 문제를 만날 때, 상황이 나빠질 때 기쁨을 잃는다. 그러나 주안에서의 기쁨은 문제나 상황을 초월한다. 오히려 그것들을 왜소하게 만든다. 이것이 바로 주님이 주시는 기쁨의 능력이다. 당신은 오늘도 문제보다 크신 주님을 만나 기뻐하고 있는가, 아니면 상황에 압도되어 작아지고 있는가?

3. 사람들은 사랑을 받을 때 기뻐한다. 소중한 것을 손에 넣었을 때도 기뻐한다. 지식이든 재물이든 소식이든 자기의 소중한 것을 남과 나눌 때 기뻐한다. 그리스도인에게 가장 소중한 것은 주님이다. 주님이 주신 그 기쁨을 오늘도 이웃과 나누며 함께 기뻐하고 있는가?

하나님의 평강을 얻는 법 II(5절): 너희 관용을 모든 사람에게 알게 하라

5. 너희 관용을 모든 사람에게 알게 하라 주께서 가까우시니라

"너희 관용을 모든 사람에게 알게 하라 주께서 가까우시니라(5절)."

바울이 하나님의 평강을 얻기 위해 선택하고 결단할 것 가운데 두 번째는 관용(tolerance, forbearance, gentleness, moderation, gentle spirit)이다. 관용하면 하나님이 주시는 기쁨과 평안을 얻을 수 있다는 것이다.

관용은 무엇일까? 일반적으로는 너그러움, 불쌍히 여기는 마음, 용서, 넓은 마음, 큰마음, 온유, 온당함 등 다양한 뜻을 담고 있다. 관용한 자는 오래 참을 수 있고, 관대하며, 마음이 따뜻하다. 내면에 고요함과 평강이 충만하고, 균형 잡힌 인격이 엿보인다. 신사라는 말이다.

관용은 기본적으로 품어주는 것이다. 자기 안에 자기뿐 아니라 다른 사람을 품어 준다. 위가 입을 통해 들어온 각종 음식물을 삭이고

녹여 영양분으로 만들어 각 기관으로 보내듯이 우리도 모든 것을 포용할 필요가 있다. 산이 사람을 가리지 않고 모두 품어주며 그들 삶에 유익을 얻도록 하는 것과 같다. 관용은 너른 마음과 애정이 담겨 있다. 우리는 자신의 뜻과 맞지 않는 사람들, 심지어 해 끼치는 사람을 얼마나 품어 주었는가?

성경이 말하는 관용(epieikes)은 오직 하나님만 바라보고 너그러이 용서하는 것을 말한다. 인간적으로 자기의 권리를 주장할 수 있지만 자기의 권리를 고수하지 않고 오히려 자신을 비우신 주님을 생각하며 그 주장을 펴지 않고 접는 것이다. 내적으로 힘을 갖춘 은혜로움이 있다. 다투지 않고, 긍휼이 가득한 가운데, 선을 행한다. 상대를 더 깊게 배려하며 존중한다. 주 안에서의 기쁨처럼 '주 안에서의 관용,' 주님을 닮은 관용이다. 하나님이 우리를 용서하신 것처럼 우리도 이웃을 용서하라는 것이다. 사단은 우리에게 용서하지 않도록 한다. 용서는 사단에게 속하지 않기 때문이다. 하지만 우리는 관용과 용서로 사단의 계략을 무너뜨린다.

관용의 모범은 예수님이시다. 주님은 십자가상에서도 못 박는 자들을 관용하셨다. "저들이 하는 짓을 저들이 알지 못하나이다. 아버지여 저들의 죄를 사하여 주옵소서." 주님은 그들을 불쌍히 여기고 관용을 보이셨다. 성경에 소개되는 여러 믿음의 조상들도 주장하기보다 양보하는 미덕을 보였다. 특히 약한 자들, 어려움에 처한 자들을 너그럽게 대했다. 우세한 힘에 어쩔 수 없이 굴복하는 것이 아니라 고결한 마음에서 상대를 너그럽게 대한다.

관용을 위해서는 긍휼의 마음, 곧 불쌍히 여기는 마음을 가져야 한다. 헨리 나우웬에 따르면 긍휼은 주님의 마음으로 함께 살아가는 생활방식이다. 우리의 삶을 주님과 함께 온 세계를 품을 수 있는 치유의 공간으로 확장하는 것이다. 예수님은 말씀하셨다. "긍휼히 여기는 사람은 복이 있나니 긍휼히 여김을 받을 것임이요." 우리가 남을 불쌍히 여기지 않으면 하나님은 우리를 법대로 심판하신다.

주님은 우리를 향해 관용하라 말씀하지만 관용하기란 결코 쉬운 일이 아니다. 미움의 대상을 만날 때 인간적으로 "나는 당신을 사랑하지 않는다," "나는 당신을 용서할 수 없다," "나는 당신을 더 이상 신뢰하지 않는다."는 마음이 앞선다. 이기심, 원한, 두려움에 사로잡힌 이 마음을 어떻게 다스릴 수 있을까? 우리 힘으로는 할 수 없다. 그러나 주님이 주시는 평안과 기쁨을 가지고 살면 넉넉히 관용할 수 있다. 하나님이 나 같은 죄인을 용서하셨는데 왜 나는 이웃을 용서하지 못하겠는가?

고사성어에 순망치한(脣亡齒寒)이 있다. 입술이 없으면 이가 시리다는 것으로 춘추시대 말엽 괵(虢) 나라와 우(虞) 나라는 서로 떨어질 수 없는 사이, 결코 관계를 끊을 수 없는 사이에서 나온 말이다. 이가 생각하기에 입술은 약하기 그지없는데 자기 앞에 있어 늘 잘난 체 하니 밉다. 없어졌으면 좋겠다. 그러나 입술이 없다면 이가 시릴 수밖에 없다. 마찬가지로 서로 의지하고 있어 한쪽이 사라지면 다른 쪽도 안전을 확보하기 어렵다. 서로 호응하지 않으면 똑같이 망하거나 어려워지게 된다. 아무리 미운 사람, 저 사람 없으면 좋겠다는 사람도 따지고 보면 다 요긴한 사람이다. 모두 다 주님의 귀한 자녀들이요 우리가 주의 나라에서 영원히 함께 할 사람들이다. 나 혼자서 천국가면 무엇이 좋겠는가. 그들이 없다면 천국도 없다. 그러니 귀하게 생각하고 관용하자. 주 안에서 용서하지 못할 사람, 용서 받지 못할 사람은 없다.

인간관계에서 관용과 기쁨을 가져오려면 먼저 하나님의 말씀에 귀를 기울인다. 성경은 우리로 하여금 받는 것보다 주는 것에 초점을 맞추도록 한다. "주는 것이 받는 것보다 복이 있다 하심을 기억하여야 할지니라(행 20;35)." '무엇을 하면'이나 '무엇 때문에'라는 조건적 사랑보다 '그럼에도 불구하고'의 사랑을 해야 한다. 나아가 상처를 주기보다 치유에 초점을 맞춰야 한다. "누가 뉘게 혐의가 있거든 서로 용납하여 피차 용서하되 주께서 너희를 용서하신 것과 같이 너희도 그리하고(골 3:13)." "우리가 환란 중에도 즐거워하나니 이는 환난은 인내를 인내는 연단을, 연단은 소망을 이루는 줄 앎이로다(롬 5:3-4)."

그래도 용서할 수 없다면 갈보리 십자가의 예수를 바라보자. 용서와 관용은 예수님에 대한 우리의 순종을 나타낸다. 나의 힘으로는 못하지만 주님이 주시는 힘으로 할 수 있다. 내 안에 있는 성령이 힘을 발휘하도록 한다. 용서와 관용은 그리스도 앞에서 하는 것이요 내 안에 있는 예수 그리스도가 힘 있게 나타나는 것이다.

"너희 관용을 모든 사람에게 알게 하라." 바울은 이 관용을 모든 사람에게 알게 하라. "모든 사람에게(pasin anthropois)"는 관용을 특정인에게 한정시키지 말라는 말이다. "알게 하라(gnostheto)"는 것은 관용을 널리 보여 알게 하라는 말이다.

먼저 믿음의 형제들에게 관용을 보이자. 바울은 유오디아와 순두게에게도 주안에서 같은 마음을 품도록 했다. 관용하라는 것이다. 우리는 말로는 "사랑한다"고 하면서 정작 용서하지 못하는 경우가 많다. "주여 이런 나를 용서해 주옵소서." 소리치면서도 남을 용서하지 못하는 우리가 아닌가. 이런 위선이 어디 있는가. 기독교인은 한번 틀어지면 끝까지 용서하지 못하는 사람이라는 말을 더 이상 들어서는 안 된다. 기독교인이라 할지라도 완전을 기대할 수 없다. 목회자도 완전하지 않다. 그러나 교회는 형제의 약함과 실수를 감싸고 풀어주는 곳이 되어야 한다. 헨리 나우웬은 "그 사람의 과거로부터 날마다 죽으라." 한다. 용서하라는 말이다.

함께 하는 가족에게 관용을 베푼다. 가족은 세상 끝까지 가야할 사람들이다. 결혼하면서 지옥의 문을 열고 들어가는 사람도 있다. 미움은 미워하는 상대를 감옥에 가두는 것이다. 그 감옥을 지켜야 하는 사람은 나다. 그래서 나도 똑같이 고통을 당한다. 그럴 때마다 마더 테레사는 이렇게 말한다. "문제가 있을 때마다 기도하고 용서하라." 부모나 형제, 아내, 자식에 대해 온유하게 대하라.

이름도 모르는 모든 사람들, 그러나 우리가 접할 수 있는 모든 사람들에게 관용을 베푼다. 주님은 "네 이웃을 네 몸과 같이 사랑하라" 하셨다. 우리 주변엔 다양한 사람들이 살고 있다. 좋은 사람도 많지만 도저히 용서할 수 없는 사람도 많다. 그러나 그리스도인은 그들까지 포용하고 관용할 수 있어야 한다. 그들에게 하나님을 보여줄 수 있는 방법은 관용이다. 우리의 넓은 마음에 감동하여 하나님 앞으로 나오게 된다면 그 관용은 정말 유용한 관용이다. 이그나티우스는 말한다. "관용으로 우리가 그들의 형제임을 알게 하자."

'주께서 가까우시니라.' 주님 오실 날이 가까워왔으니 너그럽게 대하라는 말이다. "가까우시니라(engys)"는 시간적으로나 공간적으로 가깝다는 말이다. 주님이 곧 재림하실 것을 생각하며 관용하라는 것이다. 재림의 그 날 다시 오실 주님을 생각하면 모든 것을 참을 수 있다. 커 보이던 일도 작아 보일 수 있고, 우리의 마음도 넓어질 수 있다. 그 날 주님은 힘써 관용한 자기의 충성된 일꾼들에게 상을 베푸실 것이다. 그러니 박해를 받고, 험한 말을 들어도 참으며 믿음의 형제들을 격려하고 관용하자. 주님은 그 날뿐 아니라 지금도 자기에게 간구하는 모든 자에게 가까이 하신다. 주님은 지금 여기, 매일 매 순간 우리 곁에 가까이 계시며 관용의 삶을 살도록 격려하신다. 우리는 주님의 말씀과 그의 발자취를 기꺼이 따르는 사람들이다. 이것이 바로 그리스도인만이 가질 수 있는 관용의 비결이다.

결혼 조건이 무엇일까 물으면 배우자의 직업, 재산, 학력 등 여러 가지가 거론되지만 무엇보다 첫째로 꼽히는 것은 성격이 좋은 사람이다. 그 중에서도 너그러운 성격이다. 교회 생활에서도 필요한 것이 관용이다. 너그럽지 못하면 교회 안에서도 분란이 끊이지 않는다. 집안에서도 평안이 없다. 다른 사람을 품지 못하는 그리스도인이 되어서는 안 된다.

플라자 호텔 조셉 도라티는 53년간 도어맨으로 봉직했다. 그 비결을 묻자 그는 만나는 모든 사람을 예수님이라 생각하고 따뜻하게 맞았다고 했다. 감정노동을 하는 그에게 왜 어려움이 없었을까? 하지만 그는 주님을 생각하며 참았다. 주님의 방법으로 평안을 찾았다. 종말을 살아가는 우리도 곧 재림하실 주님을 생각하며 모든 사람을 너그러이 대할 필요가 있다. 때론 관용 그 자체가 고난일 수 있다. 그러나 고난이 나에게 유익이라는 바울의 고백처럼 나의 작은 관용이 우리 모두에게 가져올 유익을 생각하자. 주님께 드릴 관용의 기쁨을 생각하며 오늘도 참고 견디며 마음 문을 넓게 열자. 당신은 주님의 인격으로 다듬어진 하늘의 신사다.

다윗은 "주의 온유함이 나를 크게 하셨나이다(삼하 22:36)." 고백

했다. 주님이 자기를 온유하게 대하지 않았다면 오늘의 자신은 없었다는 말이다. 주님이 우리를 관용하고 온유하게 대하지 않았다면 오늘 우리는 없다. 주의 온유하심과 관용의 은혜를 받은 자는 더 관용해야 한다. 그 은혜가 너무 크기 때문이다.

묵상하기

1. 삶의 현장에서 인간관계로 고민하고, 지칠 때가 종종 있다. 용서하기 어려운 사람을 너그럽게 포용할 만큼 큰마음을 가지기는 더욱 어렵다. 이럴 때 당신은 어떤 생각을 하게 되는가? 조용히 자신의 모습을 생각해보자. 그리고 그리스도인으로 그 문제를 해결하기 위해 어떻게 해야 한다고 생각하는가?

2. 우리 힘으로 관용하기 어렵다. 주님께서 우리 마음을 쫙 펴주지 않으면 불가능하다. 이를 위해서는 오늘도 주님 앞에 나가야 한다. 우리를 위해 십자가를 지신 주님의 마음을 닮아야 가능하다. 당신은 오늘도 주님 앞에 얼마만큼 다가가고 있는가?

3. 바울은 관용하기 어려워하는 빌립보 교인들에게 "주께서 가까우시니라."는 말씀으로 주님을 생각하도록 했다. 주님이 다시 오시면 믿음의 형제들 모두 영광의 자리가 들어가게 된다. 그 나라에 들어가면서까지 미움과 질시, 불관용을 안고 갈 수는 없다. 그 날까지 기다리겠는가? 아니면 지금 이곳에서 주님의 관용을 보일 것인가? 하늘의 평안은 관용하는 순간 임할 것이다.

05

하나님의 평강을 얻는 법 Ⅲ(6-7절): 염려하지 말고 기도와 감사함으로 아뢰라

6. 아무것도 염려하지 말고 다만 모든 일에 기도와 간구로, 너희 구할 것을 감사함으로 하나님께 아뢰라
7. 그리하면 모든 지각에 뛰어난 하나님의 평강이 그리스도 예수 안에서 너희 마음과 생각을 지키시리라

"아무것도 염려하지 말고 다만 모든 일에 기도와 간구로, 너희 구할 것을 감사함으로 하나님께 아뢰라(6절)."

기쁨을 위해 결단할 것은 염려 대신 기도다. 구할 것을 감사함으로 아뢴다. "아무것도 염려하지 말고." "아무것도(about anything)"는 그 어느 것도 염려의 대상이 될 수 없다는 말이다. "염려하지 말고"의 원문은 "걱정하는 것을 중단하라"이다. 여기서 염려는 우리를 불안하게 만들고 괴롭히는 근심이다. 특히 자신이 어찌할 수 없는 것들을 놓고 부단하게 걱정하는 것을 말한다. 자기 자신이 통제할 수 없는 것들을 놓고 쓸데없이 근심하고 걱정하는 것은 심신을 지치게 한다. "근심은 뼈를 마르게 한다(잠 17:22)" 하지 않았는가. 바울은

"목숨을 위하여 무엇을 먹을까 무엇을 마실까 몸을 위하여 무엇을 입을까 염려하지 말라(마 6:25)" 하신 예수님처럼 염려하지 말라 한다.

조사에 따르면 우리의 염려 중 마땅히 해야 할 염려는 8%에 불과하다. 결코 일어나지 않을 일을 염려하는 것이 40%, 과거의 일을 염려하는 것이 30%, 건강 등 쓸 데 없는 일을 염려하는 것이 12%, 사소한 것 10%, 마땅히 해야 할 염려는 8%다.

빌립보 교인들은 사실 걱정을 하지 않으면 안 될 상황에 처해 있었다. 지도자 바울은 지금 감옥에 갇혀 있고, 자신들은 박해와 위협 앞에 그대로 노출되어 있다. 그럼에도 불구하고 걱정을 중단하도록 한 것은 과도한 걱정을 막고, 주 안에 사는 자로서 염려에 대한 태도를 바르게 가지도록 하기 위함이었다.

바울은 왜 그런 걱정은 하지 말라 했을까? 혹시라도 교인들이 실질적으로 직면하고 있는 괴로움을 낮게 평가하는 것은 아닌가? 그가 그 사실을 모를 리 없다. 자신도 투옥되어 앞날이 불투명하다. 그럼에도 불구하고 아무 것도 염려하지 말라 한 데는 이유가 있다. 하나님은 우리의 모든 처지를 익히 아실뿐 아니라 그분은 우리를 지키시는 분이라는 사실이다. 그리스도인은 하나님의 주권과 통치를 인정하는 하나님의 사람들이다. 하나님의 자녀인 우리는 늘 그의 보호아래 있다. 그것을 안다면 우리는 모든 상황을 전적으로 주님께 맡길 수 있어야 한다. 염려한다는 것은 그의 보호하심을 그만큼 신뢰하지 못한다는 것을 보여줄 뿐이다.

염려와 걱정이 큰 경우 우리는 어떻게 해야 할까? 바울은 염려하고 근심할 것이 아니라 기도하라 한다. "다만 모든 일에 기도와 간구로(by prayer and petition)." 모든 일을 놓고(in everything) 기도

하고 간구한다. '아무 것도' 염려하지 않으려면 '모든 것'을 주님께 맡기는 것이다. 모든 것을 하나님께 털어놓을 때 하나님의 평강이 임한다. 이것은 기도만이 평강을 유지할 수 있는 비결임을 가르쳐 준다. 이것은 바울이 개인적인 체험을 통해 익히 터득한 비결이기도 하다.

살면서 걱정이 없을 수 없다. 그러나 마치 하나님이 계시지 않는 것처럼 지나치게 걱정하는 것은 그리스도인으로서 바람직한 태도가 아니다. 우울할 일이 있어 우울한 것은 정상이다. 그럴 일도 없는 데 계속 우울하면 그것은 병이다. 그리스도인도 잠시 우울할 수 있다. 하지만 우울의 종이 되어서는 안 된다. 예수님을 생각하고, 그의 도우심을 구하면 그 우울을 곧 벗어날 수 있다.

하나님께 나아갈 수 있는 것만도 감사한 일이다. 염려를 벗어나는 방법은 하나님을 깊이 생각하는 것이다. 하나님은 우리가 처한 그 어떤 문제보다 크신 분이고, 그 문제를 근본적으로 해결해주실 유일한 분이기 때문이다. 하나님을 떠나면 염려가 생긴다.

신실하신 하나님, 자상하신 하나님께 아뢰는 것이 기도다. 아뢰는 것은 우주를 지으시고 통치하시는 하나님과 의논하고 대화하며 직접 간청하는 것이다. 내가 계획하고 울부짖고 떼쓰는 것이 아니라 하나님이 일하시도록 하는 것이다. 하나님께 강요하는 기도가 아니다. 그런 기도는 불안만 남는다. 기도는 우리의 의견을 날카롭게 제시하는 것이 아니다. 모든 상황을 하나님의 뜻에 내 맡기는 것이다.

"너희 구할 것을 감사함으로(meta eucharistias, with thanksgiving) 하나님께 아뢰라." 바울은 너희가 필요로 하는 것을 감사한 마음으로 말씀 드리라, 하나님이 알게 하라 했다. 나아가 간구의 기도를 할 때 모든 것이 하나님의 뜻대로 이뤄질 것을 믿고 감사한다. 감사는 내가 이 문제로 더 이상 고민하지 않고 하나님께 내 드린다는 표식이다. 이제 우리가 해야 할 일은 놀랍게 역사하실 주님의 역할을 기대하며 평안한 마음으로 기도하며 기다리는 것이다. 그러므로 기도할 때 확신을 가지고 하라. 그것이 주님을 향한 우리의 믿음이다.

감사에는 기쁨이 함께 한다. 현재의 어려운 상황이나 문제보다 크신 하나님, 모든 문제의 해결자인 하나님께 전적으로 의탁하고, 그분의 뜻에 따르기만 하면 되니 감사하지 않을 수 없다. 감사한다는 것은 이 모든 일을 주관하실 하나님께 영광을 돌리고, 모든 문제를 그분에게 맡기며, 우리는 이제 그분의 보살핌 속에 들어간다는 선언이기도 하다. 하나님이 하시니 미래는 결국 축복으로 임할 것이다. 그렇게 되면 우리의 생각도 달라지고, 지금까지 누리지 못한 하늘의 평강이 임한다. 염려도 종식된다.

감사할 때 찬양도 나온다. 시편 135편에 나팔소리가 나고 소고 치며 찬양하는 모습이 있다. 시편 대부분은 간구와 기도, 그리고 찬양과 기쁨으로 가득 차 있다. 하나님을 신뢰하며 기도하고, 믿고 감사하며 찬양한다. 축제의 모습 같다. 하비 콕스는 "현대는 황홀한 축제의 기쁨을 잃었다."고 말한다. 우리도 이 기쁨을 회복해야 한다. 이 기쁨은 본능적 쾌락에서 나온 것이 아니다. 우리의 모든 것을 하나님께 맡길 때 비로소 가질 수 있는 영적인 기쁨이다. 하나님이 있어 가능하고, 하나님이 우리와 함께 할 때 누릴 수 있는 기쁨이다. 쾌락은 인격을 파괴하고 죄에 빠지게 하는 초청장이지만 영적인 기쁨은 우리를 강하게 하고 새 힘을 부어준다. 복음성가 "온 맘 다해"에 "다 이해할 수 없을 때라도 감사하며"라는 구절이 있다. 그리스도인은 이해할 수 없는 상황뿐 아니라 감사할 수 없는 상황에서도 감사하며 사는 사람들이다. 이런 마음으로 살면 하늘의 기쁨이 찾아온다. 우리도 그만큼 강해진다.

"그리하면 모든 지각에 뛰어난 하나님의 평강이 그리스도 예수 안에서 너희 마음과 생각을 지키시리라(7절)."

"그리하면 모든 지각에 뛰어난 하나님의 평강이." "그리하면"은 하나님의 평강을 갖는 데 조건이 있다는 말이다. 그것은 앞서 언급한 비결들이다. 주안에서 항상 기뻐하고, 관용하며, 과도히 염려하지 않고 감사함으로 기도하는 것이다. 그리하면 하나님의 평강이 따라온다는 것이다. 내가 원하는 것이 이뤄지든 이뤄지지 않던 감사하면 하나님의 평강이 우리를 지키신다. 하나님이 일하시도록 하면 지각이 뛰어난 하나님이 알아서 다 지켜주신다.

'하나님의 평강(the peace of God)'은 하나님 자신의 영원한 평강(eirene), 곧 하나님 자신이 지니고 있는 평안이다. 이것은 하나님의 임재와 약속에 근거해 하나님으로부터 오는 영혼의 내적 평강이다. 이 평안은 하나님께 감사하고 그분을 깊이 신뢰하는 자들에게 주어지는 하늘의 평안이다. "주께서 심지가 견고한 자를 평강하고 평강하도록 지키시리니 이는 그가 주를 신뢰함이니이다(사 26:3)." 주님이 약속하신 평안이다. "수고하고 무거운 짐 진 자들아 다 내게로 오라 내가 너희를 쉬게 하리라(마 11:28)." 그 평안은 폭풍 가운데서도 임한다. 고난에 처한 자녀들에게 주님은 평강의 미소로 우리를 안도하게 하신다.

이 평안은 "모든 지각에 뛰어난" 평강이다. 이 평강은 인간의 모든 이해를 초월하는(transcend all understanding), 도저히 상상도 할 수 없는 놀라운 평강이다. 이 평강은 너무 크고 깊어 그 높이와 깊이를 가늠할 수 없다. 나아가 이 평강은 인간의 그 어떤 계획보다 훨씬 더 좋은 결과를 가져다주는, 그리고 인간의 그 어떤 계획보다 안전을 보장해주는 평강이다.

"그리스도 예수 안에서 너희 마음과 생각을 지키시리라." 바울은 이 평강이 "그리스도 예수 안에서" 이뤄짐을 강조하고 있다. 하나님의 평강은 그리스도 밖에서 이뤄지는 것이 아니란 말이다. 예수 그리스도 안에 꼭 붙어있을 때, 그의 권위에 복종하고 그의 뜻에 순종할 때 가능하다는 것이다.

"너희 마음과 생각을 지키시리라." 하나님이 우리의 마음과 생각을 지켜준다는 말이다. 여기서 마음(kardia)은 인간의 감정이나 느낌의 깊은 거처이고, 생각(noema)은 판단이나 지혜의 출처이다. '너희 마음과 생각'이라 한 것은 우리의 감정, 생각, 선택과 관련된 인간 내면을 총체적으로 아우르는 말이다. 내면은 눈으로 보이지 않지만 작은 공격에도 쉽게 넘어질 수 있다. 그러므로 이것을 지키기 위해서는 어느 누구도 넘볼 수 없는 완벽한 조치가 필요하다.

'지키시리라(phrouresei)'는 말은 군사용어다. 적의 공격으로부터 보호하기 위해 철통같이 보초를 서는 것처럼 하나님이 우리를 든든히 지키고 보호해주신다는(guard) 말이다. "이스라엘을 지키시는 그분은 졸지도 않으시고 주무시지도 않으신다(시 121:4)." 하지 않았는가. 우리의 모든 염려를 주님께 맡기고 기도하며 감사할 때 하나님의 평강이 우리의 마음과 생각에 주둔하여 모든 염려와 두려움을 소탕하고 우리를 적의 공격으로부터 자유하게 하신다. 빌립보는 로마의 식민지이면서 군사 요새였다. 바울이 이 말을 할 때 그것이 무엇을 뜻하는 것인지 마음 속 깊이 와 닿았을 것이다.

우리의 삶은 두려움의 연속이다. 평안을 찾기 어렵다. 그러나 그 어떤 극한 상황에서도 그리스도인은 주님을 의지한다. 주님의 통치를 믿기 때문이다. 우리가 주의 주권과 통치를 믿을 때 하나님은 수비대를 보내 적의 무차별적 공격을 막아주신다. 우리의 마음과 생각을 온전히 지키시며 하나님의 평강이 우리 안에 임하게 하신다.

바울은 이 짧은 말씀을 통해 모든 근심 걱정을 벗어나 하늘의 평안을 소유하라 말한다. 이 세상 것에 매어 죽어지내지 말고 하나님의 자녀답게 영적으로 강한 자가 되라는 것이다. 세상은 평강을 가져다줄 수 없다. 진정한 평강은 하나님으로부터 온다.

묵상하기

1. 우리는 늘 염려 속에 살고 있다. 그런데 바울은 아무 것도 염려하지 말라고 한다. 그 이유가 무엇인가? 그리스도인은 주님의 주권과 통치아래 사는 사람들이다. 그것을 말로만 고백하지 말고 실제의 삶에서 그것을 입증하는 증인의 삶을 살라.

2. 바울은 걱정을 중단하고 기도하라 한다. 모든 것을 아뢰되 감사함으로 하라 한다. 염려하는 사람이 감사할 수는 없다. 그러나 주의 전적인 도우심을 믿고 확신하는 자는 감사할 수 있다. 감사할 수 없는 상황에서도 감사할 수 있는 사람이 바로 그리스도인이기 때문이다.

3. 바울은 지금까지 주안에서 항상 기뻐하고, 서로 관용하며, 염려 대신 기도하며 살면 모든 지각에 뛰어난 하나님의 평강이 그리스도 예수 안에서 너희 마음과 생각을 지키시리라 했다. 오늘도 이 말씀을 굳게 믿으며 힘 있게 살아가도록 기도하자.

06

평강의 하나님이 함께 하실 조건(8-9절): 이것들을 생각하고 배우고 본 바를 행하라

8. 끝으로 형제들아 무엇에든지 참되며 무엇에든지 경건하며 무엇에든지 옳으며 무엇에든지 정결하며 무엇에든지 사랑 받을 만하며 무엇에든지 칭찬 받을 만하며 무슨 덕이 있든지 무슨 기림이 있든지 이것들을 생각하라

9. 너희는 내게 배우고 받고 듣고 본 바를 행하라 그리하면 평강의 하나님이 너희와 함께 계시리라

"끝으로 형제들아 무엇에든지 참되며 무엇에든지 경건하며 무엇에든지 옳으며 무엇에든지 정결하며 무엇에든지 사랑 받을 만하며 무엇에든지 칭찬 받을 만하며 무슨 덕이 있든지 무슨 기림이 있든지 이것들을 생각하라(8절)."

"끝으로(loipon)." '마지막으로'라는 말이다. 끝 인사가 따로 있기 때문에 사실 마지막은 아니다. 그러나 바울은 이 말을 통해 빌립보 교인들에게 따로 하고 싶은 말이 있음을 보여주고 있다. "형제들아(adelphoi)"는 그 말을 하기에 앞서 다정스럽게 부르는 호칭이다. 우리 모두 주안에서 한 형제라는 말이다.

그는 "무엇에든지(hosa) 참되며"라는 말로 행동을 요청한다. 원문은 "참된 것은 무엇이든지(whatsoever things are true, whatever is true)"라 되어 있다. 이런 식으로 "무엇에든지" 여섯 가지를 소개한다. 그것들을 생각하라는 말이다.

"무엇에든지 참되며(true)." 그 첫째가 "참되라(alethe)"라는 말씀이다. 참되라는 것은 생각이나 말과 행동 모두에서 '진실 되게 행동하라'는 말이다. 이것은 단순히 '진실하다'는 것보다 더 높은 차원의 행동을 요구하고 있다. 참됨은 진리이신 하나님의 속성과 부합할 뿐 아니라 진리이신 예수님의 가르침의 본질이기도 하다. 이것은 우리 신앙의 기초를 이 참됨에 두어야 하고, 이 참됨을 삶의 모든 측면에서 드러내야 한다는 것을 말하고 있다. 참됨을 그저 가치판단으로 삼는 것과는 다르다.

"무엇에든지 경건하며(noble, honest, honorable)." "경건 하라(semna)"는 것은 '고결하고 진지 하라'는 말이다. 경박하거나 천스럽게 행동하지 말고 덕스럽고, 존경할만하며, 지적인 진지함을 갖추어 행동하라. 경외심을 유발할 만큼 고상한 삶을 유지하라는 말이다.

"무엇에든지 옳으며(right, just)." "옳으며(dikaia)"는 "올바르게 행동하라," "정직하라"는 말씀이다. 올바르게 행동하는 것은 규정된 사항들을 다 준수하는 것을 말한다. 정직은 하나님이 우리에게 바라는 중요한 행동지침이기도 하다. 개인과 하나님과의 관계에서도 올바름이 유지되어야 한다.

"무엇에든지 정결하며(pure)." "정결하며(hagna)"는 것은 "순결하라," "흠이 없어야 한다," "더럽히지 마라"는 것이다. 동기도 순수하고 행동도 순수해야 한다. 나아가 삶의 모든 영역에서 정결해야 한다.

"무엇에든지 사랑받을 만하며(lovely)." "사랑받을 만하며(prosphile)" 는 다른 사람들로부터 미움이 아니라 사랑을 불러일으킬 정도로 매력적이어야 한다는 것이다. 이 매력은 외면적인 아름다움을 말하는 것이 아니다. 최후의 승리를 믿으며 성도들을 기쁘게 하고 모든 일에 은혜롭게 행동할 때 나오는 말이다. 사람뿐 아니라 하나님을 기쁘게 하라는 말이다.

"무엇에든지 칭찬받을 만하며(admirable, of good report, of good repute)." "칭찬받을 만하며(euphema)"는 고상한 행동을 통해 좋은 평판을 얻으라는 말이다. "명예로우며," "깨끗하다는 말이 퍼지며," "고결하라"는 것이다. 그리스도인은 그리스도인다울 때 사람들로부터 칭찬을 받을 수 있다. '그리스도인'이라는 말도 바로 이런 칭찬에서 얻은 별명이다. 사람으로부터의 평판도 중요하지만 하나님으로부터의 인정이 더 중요하다.

지금까지 바울이 요구한 여섯 가지 덕목들은 그리스도인으로서 갖춰야 할 도덕적, 신앙적 표준과 일치된다. 이 덕목은 헬라의 도덕가들이 중시했던 것이기도 하다. 바울 시대에도 그런 가치가 중시되고 있었음을 보여주고 있다. 그 덕목은 그때나 지금이나 다르지 않다. 보편적 속성을 가지고 있기 때문이다. 그러나 바울이 이런 점들을 강조할 땐 헬라의 도덕가치에만 한정되지 않는다. 하나님이 요구하고, 예수님이 보여준 덕목을 바라보며 그대로 실행에 옮기도록 하고 있다. 그 초점에 세상적인 것에 국한되어 있지 않다.

나아가 그는 "무슨 덕이 있든지 무슨 기림이 있든지(if anything is excellent or praiseworthy) 이것들을 생각하라." 한다. 지금까지 언급한 것 이외에도 덕이 되고 찬사를 보낼 만한 것들이 있다면 그것들을 마음속에 품으라는 것이다. 덕(arete)은 그리스도인으로서 갖춰야 할 덕성(virtue), 우월성(excellence), 선(good)을 말한다. 그리고 기림(epainos)은 그리스도인으로서 '칭찬이나 찬사를 받을 만한 것들' 모두(if any)를 포함하고 있다.

"생각하라(logizesthe)"는 "그러한 것들을 생각하라(think on such things)"는 것이다. 그것은 그저 일회성에 그치는 잠시의 생각으로 끝나는 것이 아니라 어려운 문제를 풀 때처럼 진지하고 오래 숙고하는 것을 말한다. "계속 생각하고 집중하라," "지금 이 순간도 이것을 생각하라," "자나 깨나 늘 숭고한 생각으로 무장하라," "이것들을 마음에 깊이 새기라"는 말이다. 바울은 빌립보교인들이 거룩한 생각을 지속 하도록 결단을 촉구하고 있다. 깊이 생각할 때 거룩한 행동이 유발되고, 이런 행동이 습관화될 때 삶의 모습이 달라지기 때문이다.

지각에 뛰어난 하나님의 평강을 보존하기 위해서는 우리의 끊임없는 노력이 필요하다. 이러한 덕목들을 우리 속에서 실현되기 위해서는 순간순간 성령이 주시는 생각으로 통제되어야 한다. 세상적인 모든 생각을 사로잡아 그리스도에게 복종하게 하는 것(고후 10:5)이 우리가 할 일이다.

"너희는 내게 배우고 받고 듣고 본 바를 행하라 그리하면 평강의 하나님이 너희와 함께 계시리라(9절)."

"너희는 내게 배우고 받고 듣고 본 바(learned or received or heard from me or seen in me)를 행하라." 바울은 '내게,' 곧 '자기로부터 배우고(emathete), 받고(parelabete), 듣고(ekousate), 본(eidete) 모든 것들을 행동으로 옮길 것을 명령한다. '내게 배우고 받고 듣고

본 바'는 바울이 전한 복음과 교훈, 엄한 시련 앞에서 그가 복음을 위해 어떻게 행동했는지 그로부터 들었던 것, 그리고 그가 자신의 삶을 통해 준엄하게 보여준 모든 것을 말한다. 바울은 복음의 전달자로서 충실한 삶을 살았으며, 지금도 그 사명을 이루기 위해 갇히었다. 빌립보 교인들은 그것을 직접 배우고, 듣고, 보았다.

"행하라(prassete)"는 지속적 실행을 촉구하는 말이다. 바울로부터 배운 대로, 받은 대로, 들은 대로, 본 대로 행하라(put it into practice)는 말이다. 배운 것들을 확실히 지켜 변화하고, 전수 받은 것을 실천하며, 들은 것을 행동에 옮기고, 본 것을 행한다. 본받아 실행함으로써 올바른 삶의 방식을 유지하는 것이다. 아무리 좋은 것, 이상적인 것을 배워 알았다 하더라도 그것을 우리가 실제 행동으로 옮기지 않으면 쓸모가 없기 때문이다. 배운 것을 삶에 실제화(realization)함으로써 복음이 우리 삶에서 순간순간 살아 움직이도록 해야 한다. 그것은 우리가 그것을 얼마나 충실히 지켜내느냐에 달려있다. 진리의 복음은 행동과 동떨어진 것이 아니다. 우리 삶 속에서 표현되어야 한다.

"그리하면 평강의 하나님이 너희와 함께 계시리라(the God of peace shall be with you)." '그리하면'은 지금까지 그가 강조해온 것들에 대한 실행을 의미한다. 바울은 교인들을 향해 무엇에든지 참되고, 경건하며, 바르고, 정결하며 사랑 받을 만하고, 칭찬 받을 만하며, 덕이 되고 칭찬할 만한 이 모든 것을 생각하라 했다. 그리고 자신에게서 배우고 받고 듣고 본 바를 그대로 행하도록 했다. 우리 삶에서 하나님의 것이 분해되지 않고 지켜지도록 한 것이다. 그렇게 한다면 평강의 하나님이 우리와 함께 계실 것임을 확신한다. '평강의 하나님'은 하나님이 평강의 근원이시라는 말이다. 하나님이 주시는 평강은 우리가 이런 삶을 살 때 가능하다. 하나님의 평강을 지속적으로 유지하는 방법은 우리의 견고한 신앙을 바르게 유지하는 것이다.

바울은 빌립보 교인들이 이 말씀에 따라 살면 빌립보 교인들이 더 이상 두려움, 걱정, 불안과 같은 것들이 제거되고, 복음 안에서 평안을 누릴 것을 확신했다. 신앙과 실천 사이에 괴리가 있어서는 안 된다.

묵상하기

1. 바울은 빌립보 교인들을 형제라 부르고, 우리가 생각해야 할 것을 가르쳤다. 특히 여섯 가지를 먼저 강조했다. 그것이 무엇인가? 그리고 그밖에 덕스럽고, 칭찬할만한 것들도 생각하도록 했다. 이것은 우리가 이런 것들을 생각하고 또 생각하면 행동으로 옮기게 되고, 바람직한 이 행동들이 습관화될 것을 믿었기 때문이다. 우리 속에 습관화된 행동들 속에 칭찬할만한 것들은 무엇인지 말해보라.

2. 바울은 빌립보 교인들에게 자신으로부터 배우고, 받고, 듣고, 본 바를 행하도록 했다. 배우고, 들은 것, 본 것으로 만족하지 말라는 말이다. 우리는 일주일에도 몇 번씩 성경 말씀을 읽고, 설교를 듣고, 성도와 교제한다. 우리는 지금 가르침 그대로 살아가고 있는가?

3. 바울은 언제든, 무엇에든 참되고 순수하며 경건한 것들을 생각하고 배운 것을 그대로 행하도록 했다. 그렇게 하면 얻는 복이 있다. 바로 평강의 하나님이 우리와 함께 계시는 것이다. 염려와 걱정, 두려움은 물러가고 하나님의 평강이 우리 안에 임한다. 당신은 지금 그 평안에 거하고 있는가?

07

자족하는 삶(10-14절): 나는 비천에 처할 줄도 알고 풍부에 처할 줄도 알아

10. 내가 주 안에서 크게 기뻐함은 너희가 나를 생각하던 것이 이 제 다시 싹이 남이니 너희가 또한 이를 위하여 생각은 하였으나 기회가 없었느니라

11. 내가 궁핍하므로 말하는 것이 아니니라 어떠한 형편에든지 나는 자족하기를 배웠노니

12. 나는 비천에 처할 줄도 알고 풍부에 처할 줄도 알아 모든 일 곧 배부름과 배고픔과 풍부와 궁핍에도 처할 줄 아는 일체의 비결을 배웠노라

13. 내게 능력 주시는 자 안에서 내가 모든 것을 할 수 있느니라

14. 그러나 너희가 내 괴로움에 함께 참여하였으니 잘하였도다

"내가 주 안에서 크게 기뻐함은 너희가 나를 생각하던 것이 이제 다시 싹이 남이니 너희가 또한 이를 위하여 생각은 하였으나 기회가 없었느니라(10절)."

"내가 주 안에서 크게 기뻐함은." 바울 자신이 주 안에서 크게 기뻐했다. 그런데 한글 번역본에 보이지 않는 단어가 원문에 있다. '데(de)'다. '더욱이,' '게다가,' '그런데'란 뜻이다. 주제를 바꾸면서 다음 내용이 잊어서는 안 될 사항임을 암시한다. 그 주제에 대해 바울

이 매우 신중하게 접근하는 모습을 읽을 수 있다. 그 주제가 바로 자신은 지금 왜 기뻐하는가 하는 것이다.

'기뻐함은(echaren)'은 한글성경에 현재형으로 변역되어있지만 원문은 과거형(rejoiced)이다. 빌립보 교인들은 여러 차례 바울에게 헌금을 했다. 지금으로 말하면 선교비가 될 것이다. 이번에는 에바브로디도를 통해 선물을 보냈다. 그 선물이 무엇인지는 밝히지 않았다. 그것을 받고 바울은 크게 기뻐했다. 그는 자주 '기뻐하라'는 말을 사용했다. 하지만 '크게 기뻐했다(rejoiced greatly)'는 말은 그가 자주 사용하는 단어가 아니다. 그 단어를 사용할 만큼 지금 그는 마음에 큰 감동을 받았음을 보여주고 있다.

그는 왜 크게 기뻐했을까? 그것은 바로 빌립보 교인들이 바울을 잊지 않고 계속 관심을 갖게 되었다는 데 있다. 이 일을 놓고 그는 '주 안에서' 아주 기뻐했다. 주님이 그들에게 주신 생각이고 행동이니 더 기쁘고 감사하다. 그 기쁨과 감격이 이 편지를 쓰고 있는 순간에도 넘치고 있다.

"너희가 나를 생각하던 것이 이제 다시 싹이 남이니." 바울이 정작 기뻐한 것은 선물 그 자체에 한정되지 않는다. 그보다는 바울을 생각하는 마음이 그들 가운데 다시 싹튼 데 있다. 매우 시적인 표현이다. '나를 생각하던 것'은 물질로 바울을 돕겠다는 생각이다. '생각하다(phronein)'는 일회적인 것이 아니라 바울에 대해 계속 관심을 가지고(concern, caring) 있었음을 말한다. '이제 다시(ede pote)'는 '이제 드디어(now at last)'다. 전에 그런 생각을 가지고 있었지만 생각과 실제가 연결되지 않았던 때도 있었다. 이것은 한 동안 빌립보 교회와 바울 사이가 뜸하다가 에바브로디도가 바울을 찾아옴으로 다시 이어졌음을 보여준다. 바울이 2년 이상 가이사랴에 갇히었고, 그 후 항해와 파선과 로마에서의 투옥이라는 과정이 있었기 때문이다. 하지만 마침내 다시 '싹이 났다(anethalete).' 봄에 다시 새싹이 나듯 그런 마음을 갖게 되었고(renewed, revived, flourished) 그것이 행동으로 연결되었다. 그러니 기쁘다는 것이다.

"너희가 또한 이를 위하여 생각은 하였으나 기회가 없었느니라." 빌립보 교인들이 늘 바울을 돕고 싶다는 마음은 가지고 있었다(careful). 바울에 대한 그들의 관심은 변함이 없었다. 하지만 정작 그럴 기회를 갖지 못했다. 상황이 그렇게 만들어지지 않았기 때문이다. 그러니 잠시 관계가 뜸했다 해도 서운할 이유가 전혀 없다. 그들의 나태함을 꾸짖기보다 교회의 사정을 이해하려는 바울의 마음이 크다. 그런 가운데 마침내 선물을 받게 되었다. 그들의 정성과 마음을 생각하니 그 선물이 참으로 귀하고 감사하다.

"내가 궁핍하므로 말하는 것이 아니니라 어떠한 형편에든지 나는 자족하기를 배웠노니(11절)."

"내가 궁핍하므로 말하는 것이 아니니라." 바울이 기쁘다고 한 것은 자신이 궁핍(hysteresin, destitution), 곧 처지가 어려워서, 가난해서, 부족해서 이런 말을 하는 것은 아니다. 그로 인해 그의 궁핍이 해결되었기 때문은 더 더욱 아니다. 하지만 돈 문제로 오해 받는 것은 싫다. 오해 받는 것은 고통스러운 일이다.

"어떠한 형편에든지 나는 자족하기를 배웠노니." 자신은 어떤 처지나 어떤 형편에서도 자족하는 법, 곧 스스로 만족하는 법을 배웠다고 말한다. 원문에 '진짜(gar, indeed)'라는 단어가 더 있다. 진짜 배웠다는 것이다.

'배웠다(emathon)'는 것은 경험을 통해 습득한 것임을 말해준다. 그가 다메섹 도상에서 주님을 만난 그 순간부터 이 글을 쓰는 지금까지 자족을 배우는 삶의 과정이었다. 보수를 주던 안 주던 상관하지 않는다. 돈이 필요하면 일하면 된다. 남은 생애도 예외가 아니다. 자족은 환경의 노예가 되지 않는 능력이자 자립정신이다. 어떤 환경에서든 자족한다. 개척자는 그런 삶에 익숙해야 한다.

자족(autarkes, content)은 모든 욕망을 제거하고 지움으로써 독자적으로 버틸 수 있는 것이다. 소크라테스는 자족을 강조하며 '가장 작은 것으로도 만족하라' 했다. 스토아 철학자들도 자족을 중시했다. 그들은 인간이 자신의 의지로 모든 욕망을 줄이고 제거함으로써 어떤 상황에서도 스스로 감당할 수 있는 상태에 이르고자 했다. 실제 상황은 궁핍하다 할지라도 그 궁핍을 궁핍으로 여기지 않을 만큼 정신적으로 강한 상태, 그것이 자족이다. 반대의 경우도 마찬가지다. 바울도 자족을 말한다는 점에서 그들과 같다. 하지만 방법이 다르다. 자족의 원천은 인간적인 내가 아니라 하나님으로 인한 자족이다.

> "우리가 무슨 일이든지 우리에게서 난 것 같이 스스로 만족할 것이 아니니 우리의 만족은 오직 하나님으로부터 나느니라(고후 3:5)."
> "하나님이 능히 모든 은혜를 너희에게 넘치게 하시나니 이는 너희로 모든 일에 항상 모든 것이 넉넉하여 모든 착한 일을 넘치게 하게 하려 하심이라(고후 9:8)."

그런 의미에서 바울의 자족은 자기를 절대화한 '자족(self-sufficient)'이 아니라 하나님을 전적으로 의지함에서 나온 신앙적 자족, 곧 '신족(God-sufficient)'이다. 하나님은 모든 것을 충족시키는 분(all-sufficient

God) 아니신가.

바울의 자족은 세상의 만족, 육신의 만족이 아니다. 주님을 신뢰하는 데서 오는 만족(Christ-sufficient), 곧 주족(主足)이다. 바울의 자족은 풍부하든 궁핍하든 일체의 상황 속에서 주님으로 인해 만족하는 것이다. 그 자족은 어디에서 나오는가? 그 비결은 '주 안에서 기뻐한다'는 데 있다. 나의 능력과 재력에 있지 않다. 내 것은 배설물과 같다. 그것은 하나님의 것과 비교할 수도 없다. 오히려 주 안에 있는 기쁨, 그 넘치는 기쁨으로 인해 세상을 이긴다. 그러므로 세상의 성공이 아니라 자족으로 빛나는 그리스도인이 되라.

진정 행복을 원한다면 자족하는 삶을 살아야 한다. 고통까지도 필요해서 주신 것이라 생각하며 받아들인다. 바울은 로마감옥에 갇혀 있으면서도 감옥도 하나님이 주셨다 생각했다. 살아도 주를 위하여, 죽어도 주를 위한 것이라 했다. 하나님이 주신 환경, 그 환경이 어떻든 그것을 좋게 받아들인다. 좋던 나쁘던 자기형편을 좋은 것으로 받아들일 수 있을 때, 곧 자족하는 은혜가 넘칠 때 비로소 기뻐할 수 있다.

자족의 원리를 삶에 적용한다. 성공할 때든 실패할 때든 만족한다. 있으면 있는 대로 없으면 없는 대로 만족한다. 우리는 이 수준에 이르기 어렵다. 하지만 우리가 주안에 있으면 가능하다. 하나님은 우리에게 이 수준의 삶을 요구하신다.

"나는 비천에 처할 줄도 알고 풍부에 처할 줄도 알아 모든 일 곧 배부름과 배고픔과 풍부와 궁핍에도 처할 줄 아는 일체의 비결을 배웠노라(12절)."

"나는 비천에 처할 줄도 알고 풍부에 처할 줄도 알아." 사업이 망하거나 경제적으로 결핍이 찾아올 때 우리는 그 불운을 참지 못하고 괴로워한다. 그런데 바울은 비천하게 살줄도 알고 풍족하게 살줄도 안다고 말한다. 비천은 극도로 가난한 것을 말한다. 이와 달리 풍부는 경제적으로 아주 풍요함을 의미한다. 바울은 이 두 극단의 상황 모두가 자기에게 다가와도 그에 따라 각기 처할 줄 안다고 했다. 비천에도 처할 줄 알고, 풍부에도 처할 줄 안다는 것이다. 이것은 가난할 땐 어쩔 수 없이 견디고, 부할 땐 그것을 만끽하며 산다는 의미가 아니다. '안다(oida)'는 것은 그 같은 상황을 경험했고, 그런 상황에서 그리스도인으로서 어떻게 살아야 하는가를 이미 터득했음을 말해준다. 가난한 상황이 와도 긍정적이고 적극적인 태도를 잃지 않고, 부유해도 결코 자만하지 않는다. 시계추는 좌우로 움직인다. 어떤 극한 상황이 와도 그리스도인다움을 잃어선 안 된다.

"모든 일 곧 배부름과 배고픔과 풍부와 궁핍에도 처할 줄 아는 일체의 비결을 배웠노라." 배부르거나 배고프거나 넉넉하거나 궁핍하거나 그 어떤 경우에도 적응할 수 있는 비결을 학습했으며, 지금도 그렇게 살고 있다고 자신한다. '배부름과 배고픔'은 '목초가 많아 말이 그것을 배불리 먹었던지 아니면 목초가 없어 굶주렸던지'를 나타내는 말이고, '풍부와 궁핍'은 '강에 물이 흘러넘치던지 사막처럼 건조하던지'를 나타내는 말이다. 이 말은 자신이 비천에 처할 줄도 알고 풍부에 처할 줄도 안다는 것을 다시금 확인하는 말이다. 그는 일체의 비결을 배웠다고 한다. 비천에 처할 줄도 알고 풍부에 처할 줄도 아는 그것을 그는 '비결'이라 말하고 그에 대한 일체의 비결, 곧 세상에 알려져 있지 않은 자기만의 뛰어난 방법을 학습하고 경험했다고 선언했다. '비결을 배웠다(memyemai, learned the secret)'는 것은 고대 신비 종교 엘리우시스(Eleusis) 제전에서 자주 사용했던 말이다. 종교 입교식 때 여러 신비로운 의식과 과정을 거쳐 그 비밀을 배우는 것처럼 자신도 그리스도 안에서 그 과정을 충분히 거쳤기에 자족의 비결을 잘 알고 있다는 말이다.

이 선언은 빌립보 교인들이 자신을 도와주던 도와주지 않던 간에 어떤 형편에서도 주님이 주시는 자족의 능력을 가지고 있다는 것이다. 궁핍하다고 해서 자포자기해서는 안 된다. 풍부하다고 해서 자만해서는 더 더욱 안 된다. 하나님의 일은 중단되어서는 안 되고, 중단 될 수도 없다. 그러므로 우리도 하나님의 일을 할 때 어떤 형편에서든지 자족하는 비결을 배우고 실천하는 것이 중요하다.

"내게 능력 주시는 자 안에서 내가 모든 것을 할 수 있느니라(13절)."

"내게 능력 주시는 자 안에서." '내게 능력주시는 자'는 '나를 강하게 하시는(strengthen me) 자'다. 그분은 바로 예수 그리스도시다. 바울은 주님을 가리켜 "나를 능하게 하신 예수 그리스도(딤전 1:12)"라 했다. 나에게 능력을 주시는 분에게 힘입는다. 우리는 예수 안에서 환경을 통제할 능력을 받는다. 비천에 처할 줄 아는 것도 능력이다. 감사할 수 없는 환경 속에서도 감사할 수 있는 능력이다. 초자연적인 능력이다. 주님은 나에게 힘을 주시고 강하게 하신다. 그 모두 우리가 주님과 연합되어 있을 때 가능한 일이다. 그러므로 우리는 예수로 말미암아 항상 찬송의 제사를 하나님께 드리지 않을 수 없다(히 13:14-15).

"내가 모든 것을 할 수 있느니라." 여기서 '모든 것'은 '모든 환경'을 가리킨다. 그 어떤 상황이 닥쳐도 주님이 주시는 힘으로 이겨낼 수 있다는(I can do everything through Him) 말이다. '내가 할 수 있다'는 원문은 '나는 강하다(ischyo, I am strong)'이다. 비천하든 풍부하든 주님이 힘주시면 그 어떤 상황도 극복할 수 있을 만큼 나는 강하다는 말이다. 이것은 '주님 없이 내 스스로 모든 것을 할 수 있고 하지 못하는 것은 결코 없다'는 뜻이 아니다. 바울은 말한다. "나를 능하게 하신 그리스도 예수 우리 주께 내가 감사함은(딤전 1:12)." 주님은 모든 힘의 근원이요 생명이시다. 주님이 우리에게 힘을 주실 때 우리는 그 어떤 것도 견디어 내고 마침내 승리할 수 있다.

이 구절은 우리가 즐겨 암송할 뿐 아니라 목회자를 비롯해 많은 성도들이 이 말씀에 의지해 힘을 얻고 다시 일어선다. 때로 이것을 세상의 목표와 그 성취에 맞춰 사용하기도 하는 데 그것은 조심해야 한다. 바울이 이 말씀을 할 때 세상의 성공에 초점을 두지 않았기 때문이다. 그리스도 안에서, 주님의 영광을 위해 자족하는 삶을 사는 것이 목표다. 바울은 부하든 가난하든, 곧 부나 가난이 그를 좌우하지 않았다. 바울이 이렇게 할 수 있었던 것은 '내게 능력주시는 자', 곧 예수 때문이다. 그분 안에 있을 때 자족할 수 있다. 그에게 있어서는 예수가 자족의 비법이다. 그리스도와 연합할 때, 그리스도와 하나 될 때 자족의 능력을 얻을 수 있다. 그 능력으로 주의 일을 적극적으로 한다.

이 자족의 능력을 가지려면 어떻게 해야 하는가? 무엇보다 예수 그리스도가 우리 인생의 궁극적 비전이 되어야 한다. 바울은 "이제도 온전히 담대하여 살든지 죽든지 내 몸에서 그리스도가 존귀히 되게 하려 하나니 이는 내게 사는 것이 그리스도니 죽는 것도 유익함이라(빌 1:20, 21)"고 말한다. 그의 비전은 그리스도를 존귀하게 하는 데 있다. 그리스도가 비전이다. 그는 빌립보 교인들이 "참으로 하나 무슨 방도로 하든지 전파되는 것은 그리스도니 이로써 내가 기뻐하고 또한 기뻐하리라(빌 1:18)" 할 정도로 그리스도가 전파되는 것을 목적으로 삼았다. 우리는 누구를 존귀하게 여기며 살고 있는가? 주님인가 나 자신인가.

나아가 예수 그리스도를 인생의 최고의 보물로 여겨야 한다. 그는 "모든 것을 해로 여김은 내 주 그리스도 예수를 아는 지식이 가장 고상함을 인함이라 내가 그를 위하여 모든 것을 잃어버리고 배설물로 여김은 그리스도를 얻고"(빌 3:8). 그는 예수 그리스도를 최고의 보물로 생각했고, 예수님만으로 만족했다.

보화가 감추인 밭이라는 것을 알고 자기 소유를 다 팔아 그것을 산 사람(마 13:44)처럼 우리는 예수 그리스도를 세상과 비교할 수 없는 보물인 것을 믿는다. 내 안에 예수가 참 보화로 자리 잡으면 비록 재산이 없어도, 직장이 변변치 않아도, 자동차가 없어도, 셋집을 전전해도 괜찮다. 그러나 내 안에 예수가 없으면 남과 비교하는 의식을 갖게 되고 불만만 쌓이게 된다.

바울은 예수라는 보화를 발견한 사람이다. 세상의 눈으로 볼 때 바울은 예수를 믿기 전보다 불행했다. 가난해지고, 그의 학식과 재능을 발휘할 기회를 잃었기 때문이다. 그러나 그는 예수님 때문에 오히려 기뻐했다. 그는 자신의 가족친척은 물론 왕까지도 자신처럼 되기를 바랐다.

자족의 능력은 세상이 이해할 수 없는 능력이다. 그 능력은 세상의 것을 얻는 능력이 아니다. 예수를 수단으로 삼지 말고 목적으로 대하라. 삶 속에서 예수의 가치가 새로워지기를 기도하라. 이 말씀을 통해 예수에 대한 비전을 새롭게 가지자.

바울이 사는 것은 예수님 때문이다. 예수님이 모든 것이요 인생의 목표이다. 빌립보서 4장 10-13절의 말씀은 신약에 기록된 시편 23편이다. 시편 23편을 보면 다윗에게 만족의 원천은 하나님이다. 어떤 상황에서 만족할 수 있도록 하는 분은 예수님이다. 우리가 그리스도 안에 있으면, 주님의 눈으로 보면 모든 것이 달라 보인다. 근심하는 자 같으나 항상 기뻐하고, 가난한 자 같으나 항상 부요케 하는 자다. 세상(옛사람)의 눈으로 보면 근심하는 자 같다. 그러나 주님의 눈으로 보면 항상 기뻐하는 자다. 더 이상 옛사람의 눈으로 보지 않고 주님의 눈으로 보자. 크로스비(F. J. Crosby)는 지었다. "주 안에 기쁨 누리므로 마음의 풍랑이 잔잔하니 세상과 나는 간곳없고 구속한 주만 보이도다." 그 어떤 상황에도 주님은 우리에게 평안, 자유, 기쁨과 감사를 주신다.

"그러나 너희가 내 괴로움에 함께 참여하였으니 잘하였도다(14절)." 바울은 비천에 처하거나 풍부에 처하거나 그 어떤 상황에서도 자족하는 비결을 배웠다고 했다. 이것은 빌립보 교인들이 헌금을 하지 않아도 잘 견딜 수 있다는 말이다. 그런데 바울은 14절을 '그러나,' 곧 '그럼에도 불구하고(notwithstanding, nevertheless)'로 시작했다. 이것은 자신이 그런 말을 했다고 해서 지금 빌립보 교인들이 자신에게 보낸 선물이 필요하지 않다거나 감사할 이유가 없다는 것이 결코 아니라는 것이다. 그는 고맙게도 여러분은 나의 고난에 동참해주었다고 했다.

'너희가 내 괴로움(thlipsei)에 함께 참여한 것'은 고난(affliction) 당하고 있는 자신을 빌립보 교인들이 생각하고 도와 준 것을 말한다. 참여는 펠로우십(koinonia)을 가졌다는 것이고, 나누고(share), 소통했다는(communicate) 것이다. 그 일은 정말 잘한 일이라는 것이다. 바울은 지금 에바브로디도를 통해 헌금을 전해 받고 감사하고 있다. 이것은 빌립보 교인들을 향한 공식적이고 구체적인 감사 표시다. 성도에 대한 감사는 예의다.

바울이 당한 괴로움은 재정적 어려움, 신체적 고난 등 외면적 고통일 수도 있지만 자신이 지금 감옥에 갇혀 있음으로 인해 받는 내면적 고통도 포함된다. 그 괴로움은 바울의 마음을 헤아리고 그 괴로움에 함께 참여함으로써 복음의 동지(partner)가 된 것에 대한 감사도 포함되어 있다. 그것까지 생각하니 더 감사하다.

묵상하기

1. 사람들은 자족하는 삶을 살아야 한다고 말한다. 바울도 어떠한 형편에든지 자족하기를 배웠다고 했다. 그러나 세상 사람들이 말하는 자족과 바울이 말하는 자족은 다르다. 그것이 어떻게 다른지 말할 수 있는가?
2. 바울은 "나는 비천에 처할 줄도 알고 풍부에 처할 줄도 아는 일체의 비결을 배웠노라" 선언했다. 극도로 가난했을 때 당신은 어떤 마음가짐을 가지고 행동했는가? 그것이 바울의 경우와 어떻게 다른가?
3. 바울은 "내게 능력 주시는 자 안에서 내가 모든 것을 할 수 있느니라" 했다. 더 이상 자신을 의지하지 않고 주님을 의지한 것이다. 주님은 우리 힘의 원천이시다. 오늘도 그것을 확신하며 사는가?

08

선물에 대한 감사(15-18절): 이는 향기로운 제물이요 하나님을 기쁘시게 한 것

15. 빌립보 사람들아 너희도 알거니와 복음의 시초에 내가 마게도냐를 떠날 때에 주고받는 내 일에 참여한 교회가 너희 외에 아무도 없었느니라

16. 데살로니가에 있을 때에도 너희가 한 번뿐 아니라 두 번이나 나의 쓸 것을 보내었도다

17. 내가 선물을 구함이 아니요 오직 너희에게 유익하도록 풍성한 열매를 구함이라

18. 내게는 모든 것이 있고 또 풍부한지라 에바브로디도 편에 너희가 준 것을 받으므로 내가 풍족하니 이는 받으실 만한 향기로운 제물이요 하나님을 기쁘시게 한 것이라

"빌립보 사람들아 너희도 알거니와 복음의 시초에 내가 마게도냐를 떠날 때에 주고받는 내 일에 참여한 교회가 너희 외에 아무도 없었느니라(15절)."

"빌립보 사람들아 너희도 알거니와." 빌립보 교인들을 친밀하게 부른다. 그 교인들이 행한 일에 대해 다시 한 번 언급하고 감사를 표하고자 한 것이다. 그 일은 너희도 알고 나도 함께 아는 것이다. 비밀이 아니다.

"복음의 시초에 내가 마게도냐를 떠날 때에." '복음의 시초(arche)'는 빌립보 교회 설립 초기, 곧 이제 복음을 접하고 알아가기 시작하던 초기(the early days of your acquaintance with the gospel)를 말한다. 바울이 마케도니아에서 선교활동을 하던 초기다. 빌립보는 마케도니아에 있는 성이다. 바울이 '마케도니아를 떠날 때'는 바울이 선교여행을 위해 그 지역을 떠나게 되었을 때를 말한다.

"주고받는 내 일에 참여한 교회가 너희 외에 아무도 없었느니라." '주고받는 내 일'은 빌립보 교회가 헌금을 하고 바울이 그것을 받은 관계를 말한다. '주고받는 일(the matter of giving and receiving)'에서 '일(logon)'은 당시 상업적 거래에서 사용하던 단어이고, 주고받은 것은 장부에서 금전출납을 뜻한다. 바울은 상업적 표현을 빌려 빌립보 교회가 자신에게 헌금을 보내고, 그가 정확히 받았음을 확실히 했다. "내 일에 참여한 교회가 너희 외에 아무도 없었느니라." 여기서 '참여'는 바울의 선교활동에 재정적으로 참여하는 것(share)을 말한다. 복음 전파의 파트너로서 고난을 함께 하는 것이다. 바울이 그 지방을 떠날 때 빌립보 교회 외에는 그 어떤 교회도 선교헌금을 해주지 않았다는 말이다. 바울이 고린도에 있을 때 빌립보 교인들이 그를 도왔다. "마게도냐에서 온 형제들이 나의 부족한 것을 보충하였음이라(고후 11:9)."

"데살로니가에 있을 때에도 너희가 한 번뿐 아니라 두 번이나 나의 쓸 것을 보내었도다(16절)." 바울이 데살로니가에 있을 때도 빌립보 교회가 한두 번 지원을 했다. 바울은 이 사실을 여기에서 밝히고 있다. 당시 개척교회에 불과했던 빌립보 교회가 자신을 위해 한 번이 아니라 두 번이나 그랬다는 것이다. 이것은 에바브로디도를 통해 바울에게 보내주기 전의 일이다.

"내가 선물을 구함이 아니요 오직 너희에게 유익하도록 풍성한 열매를 구함이라(17절)."

"내가 선물을 구함이 아니요." 바울이 이처럼 과거에 받았던 것을 언급한 것은 또 다른 선물을 받기 위함이 아니란 것이다. 선교헌금을 받을 때 바울을 시기하는 사람들은 그가 선물을 좋아하는 사람이라 말할 수 있다. 바울은 그런 오해를 불식하기 위해 자신은 선물이나 구하는 그런 사람이 아니라 말한다. 선물에 온통 마음이 가 있는 사람이 결코 아니란 것이다.

"오직 너희에게 유익하도록 풍성한 열매를 구함이라." 그가 마음을 쓰는 것은 성도들이 보내는 헌금이 아니라 성도들의 결실이 풍성하기를 바라는 데 있다. '오직 너희에게 유익하도록'이란 말은 원래 '오직 너희 구좌를 위해서(to the account of you)'이다. 이 구좌는 하나님 나라에 있는 구좌를 말한다. 은행에 예금을 하면 이자가 늘 듯 복음을 위해 선교 헌금을 하는 것은 하늘에 보화를 쌓는 것과 같다는 말이다. '풍성한 열매를 구함이라'는 그들의 하늘 구좌에 영적 결실이 풍성해지기를 바라기 때문이라는 뜻이다. '풍성한(pleonazonta)'은 더 많아지고 부유해지는(abounding) 것을 말한다. 바울이 바라는 것은 빌립보 교인들에게 더 많은 유익이 돌아가게 하는 것이다. 하늘에 보화를 쌓아 두는 방법은 땅에 있는 동안 나누는 것이다. 예수님도 "주는 것이 받는 것보다 복이 있다(행 20:35)" 하지 않으셨는가. 그것이 주님과 복음의 진보를 위한 것이라면 더할 나위 없다.

"내게는 모든 것이 있고 또 풍부한지라 에바브로디도 편에 너희가 준 것을 받으므로 내가 풍족하니 이는 받으실 만한 향기로운 제물이요 하나님을 기쁘시게 한 것이라(18절)."

"내게는 모든 것이 있고 또 풍부한지라." '내게는 모든 것이 있고'

는 '나는 필요한 모든 것을 소유하고 있다'는 뜻으로 해석하기 쉽지만 그런 말이 아니다. '나는 (에바브로디도 편에 보낸) 모든 것을 잘 받았다'는 말이다. '또 풍부한지라'는 '나아가 받은 이것으로 풍족하다,' 곧 '이것으로 부족함이 없다,' '풍족하게 받아 모든 필요가 해결되었다'는 말이다.

"에바브로디도 편에 너희가 준 것을 받으므로 내가 풍족하니." 앞서 언급한 말을 다시 구체화했다. 에바브로디도 편에 보내준 너희 선물을 잘 받았고, 그것을 받음으로 인해 넉넉하게 살뿐 아니라 풍족함을 느끼고 있다는 것이다. 이 말은 그들의 헌금에 대한 깊은 감사의 표현이다. 이 감사는 물질에 국한 된 것이 아니다. 그들의 사랑을 넘치게 받은 것에 대한 감사와 표현하기 어려운 기쁨도 포함되어 있다.

"이는 받으실 만한 향기로운 제물이요 하나님을 기쁘시게 한 것이라." 원문은 "향긋한 향기(osmen euodias), 받으실 만한 제물(thysian dekten), 하나님을 기쁘시게 하는(euareston to Theo)"이다. 바울은 빌립보 교회로부터 헌금을 받았지만 그것을 받으시는 분은 하나님이심을 밝혀주고 있다. 헌금은 하나님께 드린 것이란 말이다. 바울은 그들이 드린 헌금을 '향기'와 '제물' 보았다. 향기와 제물은 구약의 제사와 관련된 용어다. 바울은 그들이 드린 헌금을 향기로운 제물(a fragrant offering), 하나님이 받으실 만한 제물(an acceptable sacrifice), 하나님을 기쁘시게 하는 제물(pleasing to God)이라 했다. 제물로서 완벽하다는 말이다. 다른 말로 말해 향기롭지 않은 제물, 하나님을 기쁘게 하지 못할 제물도 있는데 전혀 그렇지 않다는 말이다. 무엇보다 복음 사역을 위해 기꺼이 드린 헌금이니만큼 향기롭고 하나님이 받으시고 기뻐하시는 제물이 되었다는 것이다. 바울이 빌립보서 4장 10절에서 기뻐한 것은 그들이 헌금한 행위도 포함되지만 그 헌금으로 인해 빌립보 교인들이 하나님으로부터 받게 될 풍성한 복 때문이기도 하다. 빌립보 교인들이 선물을 하면서 하나님께 따로 은혜를 구한 것은 아니지만 복음 사역자에 대한 그들의 사랑과 충성이 하나님을 기쁘시게 하고, 하나님은 그들에게 풍성한 복을 내려주셨으리라.

묵상하기

1. 빌립보 교회는 개척 초기, 곧 모든 것이 부족한 상태에서도 바울의 선교를 위해 물질적으로, 기도로 도움을 주었다. 바울의 사역을 이해한 것이다. 바울도 빌립보 교회의 이 같은 상황을 이해하고 "마게도냐를 떠날 때 내 일에 참여한 교회가 너희 외에 아무도 없었다" 칭찬하였다. 그리스도인의 삶은 무관심이 아니라 상대방을 이해하고 격려하는 것이다. 이해와 격려는 어느 시대를 막론하고 필요한 덕목이다.

2. 헌금은 복음의 진보를 위한 것이다. 그리고 그 헌금은 하늘 구좌에 입금된다. 하늘에 보화를 쌓는 것이다. 그렇다면 하늘 구좌에 쌓이는 것으로 끝나는 것인가? 이 땅의 삶과는 무관한가? 그렇지 않다. 이 땅에서도 하늘의 삶을 산다. 주님이 주시는 풍성한 삶이다. 그런 의미에서 더블(double) 축복이다. 나아가 그 축복이 계속 쌓이므로 다중(multiple) 축복이 된다.

3. 빌립보 교회는 바울을 위해 여러 차례 헌금했다. 복음의 진보에 기꺼이 동업자가 된 것이다. 바울은 그 헌금이 향기로운 제물, 하나님이 받으실 만한 제물, 하나님을 기쁘시게 한 제물이라 했다. 이것은 복음의 진보를 위한 헌신이 얼마나 영광스러운 것인가를 보여준다. 물질적 헌금이 이렇듯 영광스럽다면 당신이 주님을 위해 헌신할 때 얼마나 더 영광스럽겠는가.

09

하나님의 공급(19-20절): 하나님이 너희 모든 쓸 것을 채우시리라

19. 나의 하나님이 그리스도 예수 안에서 영광 가운데 그 풍성한 대로 너희 모든 쓸 것을 채우시리라
20. 하나님 곧 우리 아버지께 세세 무궁하도록 영광을 돌릴 지어다 아멘

"나의 하나님이 그리스도 예수 안에서 영광 가운데 그 풍성한 대로 너희 모든 쓸 것을 채우시리라(19절)."

한량없이 풍요하신 하나님께서 그리스도 예수를 믿는 빌립보 교회 모든 성도들에게 필요한 모든 것을 풍성하게 채워주실 것을 축원한다.

"나의 하나님이 그리스도 예수 안에서." 바울은 '나의 하나님(Theos mou)'이 그들의 필요를 채우신다 했다. 그런데 왜 '나의 하나님'이라 했을까? 그것은 바울과 하나님과의 관계에서 나온 말이다. 하나님은 바울을 지금까지 보호하시고 이끄셨다. 바울에겐 '나의 하나님'이다. 그 하나님이 빌립보 교회의 하나님이기도 하시다. 이제 그 교회 성도들에게 필요한 모든 것을 풍성하게 채워 주시기 바라는

것이다.

채우는 방법은 '그리스도 예수 안에서 영광 가운데' 이루어질 것이다. '그리스도 예수 안에서'는 이 모든 일이 그리스도 예수 안에서 성취될 것임을 말한다, '영광 가운데(en doxe, in glory)'는 예수 그리스도를 통해 영광스러운 방법으로 채우실 것임을 말한다. 그 채우심이 영광 가운데 이뤄진다. 영광 중의 풍성이다. 그것은 '그리스도의 측량할 수 없는 풍성(엡 3:8)'이요 '말할 수 없는 은사(고후 9:15)'이다. 그 축복의 영광은 그 어떤 것과 비교할 수 없을 만큼 크다. 빌립보 교회 성도들이 풍성함을 누릴 때마다 하나님의 사랑을 더욱 느끼게 될 것이다. 그러므로 그 채움은 단순한 채움이 아니다.

"그 풍성한 대로 너희 모든 쓸 것을 채우시리라." 모든 쓸 것은 그들이 필요한 모든 것(all your needs)을 말한다. 그들의 필요를 채우시되 '그 풍성한 대로,' 곧 '그의 풍성하심(to plutos autou, his riches of him)을 따라' 모두 채워(fill up) 주실 것을 기원한다. 하나님은 부족함이 없는 분이시다. 모든 것이 풍성하다. 풍성한 하나님께서 그들이 필요한 수준에 맞게 모든 것을 채워 주시리라.

풍성과 쓸 것은 앞 구절에서 언급된 바 있다. 이 단어가 앞 구절과 연관되어 다시 언급되고 있다. 이것은 빌립보 교회가 바울에게 선물을 보내 풍족하게 한 것처럼 하나님은 빌립보 교회가 필요한 모든 것을 풍족하게 채우시도록 축복한다. 이 채우심은 단지 빌립보 교회 성도들의 현실적 필요의 채움에 국한되지 않는다. 그들의 영적인 필요도 가득 채워주실 것이다.

하나님이 풍성하게 채우시는 목적이 있다. 그것은 단지 빌립보 교회 성도들이 이 땅에서 잘 먹고 잘 사는 것으로 그치는 것이 아니다.

그들의 풍성한 삶이 복음의 진보에 도움이 되게 하고, 그것을 통해 하나님의 영광을 이 땅에서 더욱 드러내기 위함이다. 우리는 그 풍요함을 누릴 자격이 없던 자들이었다. 하지만 예수님이 우리를 위해 십자가를 지셨고, 우리 모두 예수 그리스도 안에 거함으로 그 자격을 얻게 되었다.

"하나님 곧 우리 아버지께 세세 무궁하도록 영광을 돌릴 지어다 아멘(20절)."

하나님 우리 아버지께 영광이 영원히 있기(To our God and Father be glory for ever and ever)를 비는 말씀이다. 바울은 윗 절에서 '나의 하나님'이라 했으나 여기선 '하나님, 곧 우리 아버지'로 바꾸었다. 하나님은 우리 모두의 하나님이시기 때문이다. 그 하나님은 바울의 삶을 주관할 뿐 아니라 빌립보 교회 성도의 마음도 움직이신다. 성도, 곧 자기 자녀들의 형편을 아시고 물질적으로, 영적으로 필요를 넘치도록 채우는 아버지시다. 그러니 그 하나님 아버지께 영광을 돌리지 않을 수 없다. 영광은 하나님 임재 때 쓰인다.

바울은 자신만이 아니라 빌립보 교인 모두와 함께 송영을 올려 드리자 한다. '세세 무궁하도록(to the ages of the ages)'은 '길이길이,' '영원무궁토록'이다. 오직 그분께 영광을 돌린다. 아버지께 길이길이 영광이 있기를 바라는 것이다. '영광(he doxa, the glory)'은 하나님에게 없는 영광을 있도록 하는 것이 아니라 영광 그 자체이신 하나님을 인정하고 찬양하는 것을 말한다. 하나님 우리 아버지께서 영원 무궁토록 영광 받으시기를 비는 것이다. "오직 하나님께 영광을."

묵상하기

1. 바울은 빌립보 교회로부터 선교헌금을 받았다. 바울이 어려웠을 때 받은 귀한 헌금이다. 바울은 받는 것으로 끝나지 않았다. 교인들을 축복했다. "나의 하나님이 그리스도 예수 안에서 영광 가운데 그 풍성한 대로 너희 모든 쓸 것을 채우시리라." 빌립보 교회를 위한 기도이기도 하다. 그리스도인은 서로를 생각하는 사람들이다. "오늘도 나를 보호하시는 하나님, 저들도 풍성하게 보호해 주옵소서." 기도하는 사람들이다.

2. 바울은 빌립보 교인들에게 부탁한다. "하나님 곧 우리 아버지께 세세 무궁하도록 영광을 돌릴지어다 아멘." 우리 하나님, 우리 모두의 하나님 아버지시다. 우리를 돌보시는 하나님, 우리를 영적으로 풍성하게 하시는 아버지시다. 그 하나님께 영광을 돌리자. 영광 받으실 분은 오직 그 한 분뿐이시다.

10

문안과 축도(21-23절): 예수 그리스도의 은혜가 너희 심령에 있을지어다

21. 그리스도 예수 안에 있는 성도에게 각각 문안하라 나와 함께 있는 형제들이 너희에게 문안하고
22. 모든 성도들이 너희에게 문안하되 특히 가이사의 집 사람들 중 몇이니라
23. 주 예수 그리스도의 은혜가 너희 심령에 있을지어다

"그리스도 예수 안에 있는 성도에게 각각 문안하라 나와 함께 있는 형제들이 너희에게 문안하고(21절)."

바울은 서신을 끝맺으면서 이 서신을 받는 빌립보 교회 지도자를 향해 그 교회 교인들을 향해 일일이 안부를 전하도록 한다. 그리고 지금 바울과 함께 있는 믿음의 형제들도 빌립보 교인들에게 문안 인사를 전한다.

"그리스도 예수 안에 있는 성도에게 각각 문안하라." 바울은 빌립보 교회에 안부를 전한다. '그리스도 예수 안에 있는 성도(all the saints in Christ Jesus)'는 문자적으로는 빌립보 교회 모든 성도를 하나로 묶어 표현한 것이다. 한 사람 한 사람 모두 주 안에서 귀한 존재

들이니 그들 모두에게 각각(every saint) 문안하라는 것이다. 그리스도 예수님을 믿는 모든 성도들에게 빠짐없이 문안해 달라는 것이다.

"나와 함께 있는 형제들이 너희에게 문안하고." 바울뿐 아니라 그와 함께 있는 로마의 형제들의 문안을 빌립보 교인들에게 전한다. 믿음의 형제들이다.

"모든 성도들이 너희에게 문안하되 특히 가이사의 집 사람들 중 몇이니라(22절)."

로마 교회 교인들도 빌립보 교인들에게 문안한다. 그 가운데 카이사르 황제의 집안에 속한 사람들이 있었다. 그들도 빌립보 교인들에게도 문안한다는 것이다.

"모든 성도들이 너희에게 문안하되." '모든 성도들'은 로마교회 성도들이다. 그들이 빌립보 교인들에게 문안한다는 말이다.

"특히 가이사의 집 사람들 중 몇이니라." 로마교회 교인 중 특히 카이사르 집 사람들 중 몇 사람도 안부를 전한다. "가이사의 집 사람들 중 몇"은 여러 추측이 가능하다. '가이사의 집(tes kaisaros oikias, Caesar's household)'은 카이사르의 친 가족을 의미하는 것이 아니라 그 집안의 가신(家臣)들을 포함해 노예들, 자유인들, 가족의 종들, 하인들까지 포함된다. 따라서 로마 황실과 연관된 사람들로 고위급 인물들일 수도 있고, 황실에서 일하는 낮은 계급의 종일 가능성도 있다. 그 속에는 빌립보서 1장 13절에 소개된 시위대 안의 몇 사람이 포함될 수도 있다. 바울이 있었던 로마 감옥은 로마 황제의 집의 감옥이었다. 바울이 이 감옥에 있는 동안 이들을 만날 수 있었고, 또 그 기회를 놓치지 않고 복음을 전했을 것이다. 예수를 믿으면 핍박을 받던 그 시기에 카이사르 황제 집에도 예수 그리스도의 사람이 있었다는 것은 놀라운 일이다. 이것은 죽음을 각오한 전도, 죽음을 각오한 믿음이 있었음을 보여준다. 주님은 이미 로마의 카이사르에게 가까이 와 계시고, 그에게 도전하고 계심을 알 수 있다.

"주 예수 그리스도의 은혜가 너희 심령에 있을지어다(23절)."

바울은 문안에 이어 주 예수 그리스도의 은총이 빌립보 교인들의 마음에 내리기를 빈다. 이것은 그가 즐겨 사용하는 축도가운데 하나다.

"주 예수 그리스도의 은혜(the grace of the Lord Jesus Christ)가." 바울은 우리 주 예수 그리스도로부터 오는 은혜(he charis)를 강조했다. 모든 그리스도인의 삶에 있어서 예수 그리스도의 은혜는 필수불가결하다. 우리는 은혜 받을 수 없는 자였지만 주님의 은혜로 죄 사함을 받고, 하나님의 자녀가 되었다. 그 은총이 아니면 우리는 한 순간도 설 수 없다. 그 은혜로 인해 우리의 영혼이 고귀하게 되고 풍요하게 된다.

"너희 심령에 있을지어다(be with your spirit)." 주님의 한없는 은총이 '여러분의 심령(tou pneumatos, the spirit)과 함께 있기를 빈다.' '여러분과 함께 하기(be with you)를 기도한다.'는 말이다. 이 은총이 있는 한 결코 외롭지 않다.

바울은 이 축도로 빌립보 교회에 보내는 편지를 마감하였다. 이것으로 그의 편지가 끝났다 해도 주님은 언제나 그들과 함께 하신다. 그 축도는 지금 우리에게도 미친다. 주님은 우리를 지켜주신다. 할렐루야.

묵상하기

1. 바울은 빌립보 교인들에게 문안한다. 자신뿐 아니라 자기와 함께 한 믿음의 형제들, 로마 교인들, 특히 가이사의 집 몇 사람도 안부를 전한다. 문안은 그저 인사가 아니다. 우리는 '그리스도 예수 안에 있는 성도'들이다. 지금 그들은 그리스도 예수 안에 있기 때문에 고통을 받고 있다. 믿는다는 이유로 감옥에 갇히고 핍박을 받고 있다. 이런 상태에서 문안은 지금 우리가 하는 일상의 문안일 수 없다. 지금 우리에게도 이런 깊은 문안이 필요하다.

2. 바울은 끝으로 축도로 서신을 마친다. "주 예수 그리스도의 은혜가 너희 심령에 있을지어다." 서신을 축도로 끝내는 것이 가장 적절하기 때문이 아니다. 빌립보 교인들에게 지금 가장 필요한 것은 '주 예수 그리스도의 은혜'이기 때문이다. 지금 우리에게 가장 필요한 것도 그 은혜다.

양창삼

서울대학교 정치학과(학사, 석사)
서울대학교 대학원(경영학석사)
웨스턴일리노이대학교(MBA)
연세대학교 대학원(경영학박사)
총신대학교 대학원(M.Div., Th.M.)
한양대학교 경상대학 학장
한양대학교 산업경영대학원 원장
연변과기대 부총장, 챈슬러
현) 한양대학교 경상대학 경영학부 명예교수
   목사

성경관계 저서
요한복음(2012)
로마서의 이해(2009)
창세기(2008)
요한1・2・3서와 요한계시록(2008)
신약의 이해(2007)
구약의 이해(2007)
창세기 강해(1998)
다니엘서(1994)
그 외 다수

빌립보서 : 강해와 묵상

초판인쇄 2017년 1월 6일
초판발행 2017년 1월 6일

지은이 양창삼
펴낸이 채종준
펴낸곳 한국학술정보㈜
주소 경기도 파주시 회동길 230(문발동)
전화 031) 908-3181(대표)
팩스 031) 908-3189
홈페이지 http://ebook.kstudy.com
전자우편 출판사업부 publish@kstudy.com
등록 제일산-115호(2000. 6. 19)

ISBN 978-89-268-7794-4 93230